新劳动合同实务操作

（中小企业实用版）

刘海洋◎编著

图书在版编目（CIP）数据

新劳动合同实务操作：中小企业实用版／刘海洋编著．北京：经济管理出版社，2008.12

ISBN 978-7-5096-0427-4

Ⅰ．新… Ⅱ．刘… Ⅲ．劳动合同法－基本知识－中国 Ⅳ．D922.52

中国版本图书馆 CIP 数据核字（2008）第 180865 号

出版发行：经济管理出版社
北京市海淀区北蜂窝 8 号中雅大厦 11 层
电话：(010) 51915602 邮编：100038

印刷：世界知识印刷厂 经销：新华书店

选题策划：陆雅丽 责任编辑：陆雅丽
技术编辑：黄 铄 责任校对：郭 佳

720mm×1000mm/16 17 印张 316 千字
2009 年 1 月第 1 版 2009 年 1 月第 1 次印刷
定价：32.00 元
书号：ISBN 978-7-5096-0427-4

序

《中华人民共和国劳动合同法》于2007年6月29日第十届全国人民代表大会常务委员会第二十八次会议通过，并于2008年1月1日起施行。2008年9月18日，国务院第535号令公布了《中华人民共和国劳动合同法实施条例》，并于公布之日起施行。《劳动合同法》的出台将深刻地影响今后的劳资关系及利益格局，这种影响将在今后的几年中逐步显现并逐渐扩大。企业员工和用人单位对此都应给予充分的关注。中小企业作为用人单位只有认真研究《劳动合同法》、《劳动合同法实施条例》，转变管理理念，适应《劳动合同法》的要求，才能掌握主动，建立和谐高效的劳动关系。

本书作者结合实际工作经验，从企业人力资源管理的角度，帮助企业人力资源管理人员解读《劳动合同法》的主要条款，针对中小企业签订与履行劳动合同过程中可能遇到的问题进行分析与说明。并用案例、企业规章制度实例、劳动合同实例来进一步理解《劳动合同法》，力求能帮助中小企业人力资源管理部门解决实际操作中的问题。

刘海洋

2008年10月于大连

目　录

第一部分　《劳动合同法》主要条文解读

第二部分 《劳动合同法》与人力资源管理

第三部分　常见劳动合同案例分析

第四部分　人力资源管理制度与劳动合同实例

第五部分　相关法律法规

第一部分 《劳动合同法》主要条文解读

解读《劳动合同法》的书已经相当多了，本书主要是从企业管理者的角度结合业务实际来理解这部法律。

一、怎样理解《劳动合同法》的适用范围

《劳动合同法》第二条 中华人民共和国境内的企业、个体经济组织、民办非企业单位等组织（以下称用人单位）与劳动者建立劳动关系，订立、履行、变更、解除或者终止劳动合同，适用本法。

国家机关、事业单位、社会团体和与其建立劳动关系的劳动者，订立、履行、变更、解除或者终止劳动合同，依照本法执行。

▲简释：

1. 企业：包括法人企业与非法人企业。按其经济性质可分为国有企业、集体企业、民营企业、外资企业等，按企业组织形式可分为公司制企业、合伙制企业、独资企业等。个体经济组织：主要是指雇工 7 人以下的个体工商户。民办非企业单位：主要是指民办的学校、医院、图书馆、博物馆、科技馆等由企业事业单位、社会团体或个人等社会力量利用非国有资产举办的非营利性社会服务机构。

2. 国家机关、事业单位、社会团体中除公务员按公务员管理或比照公务员管埋的外，有一部分是与用人单位建立劳动关系的，劳动关系的订立、履行、变更、解除或者终止劳动合同，依照本法执行。

3. 劳动者：指达到法定年龄，具有劳动能力，以从事某种社会劳动获得收入为主要生活来源，依据法律或合同的规定，在用人单位的管理下从事劳动并获取劳动报酬的自然人。包括本国人、外国人和无国籍人。要成为合法的劳动者必须具备一定的条件并具有劳动权利能力和劳动行为能力。劳动权利能力：是指依法享有劳动权利和承担劳动义务的资格或能力。劳动行为能力：是指以自己的行为依法行使劳动权利和履行劳动义务的能力。根据我国法律规定，劳动者的劳动权利能力和劳动行为能力一般开始的时间是在劳动者年满 16 周岁。

▲解读：

企业是本法所说的用人单位的主要形式。是《劳动合同法》进行规范的

重点。无论国有企业、合资企业、民营企业，还是公司制企业、非公司制企业，都受本法的约束。通俗地讲，你开个买卖要赚钱，要雇工，就要遵守这部法律。国家机关、事业单位、社会团体中与职工建立劳动关系的以及依法成立的会计师事务所、律师事务所等合伙组织和基金会，属于《劳动合同法》规定的用人单位。

二、怎样理解用人单位建立和完善劳动规章制度的义务

《劳动合同法》第四条　用人单位应当依法建立和完善劳动规章制度，保障劳动者享有劳动权利、履行劳动义务。

用人单位在制定、修改或者决定有关劳动报酬、工作时间、休息休假、劳动安全卫生、保险福利、职工培训、劳动纪律以及劳动定额管理等直接涉及劳动者切身利益的规章制度或者重大事项时，应当经职工代表大会或者全体职工讨论，提出方案和意见，与工会或者职工代表平等协商确定。

在规章制度和重大事项决定实施过程中，工会或者职工认为不适当的，有权向用人单位提出，通过协商予以修改完善。

用人单位应当将直接涉及劳动者切身利益的规章制度和重大事项决定公示，或者告知劳动者。

▲简释：

1. 建立和完善劳动规章制度是法律对用人单位的要求，劳动规章制度不是可制定可不制定。

2. 制定规章制度须经过与员工讨论、协商。一是在制定、修改或者决定直接涉及劳动者切身利益的规章制度或者重大事项时，应当经职工代表大会或者全体职工讨论，提出方案和意见，最后与工会或者职工代表平等协商确定。二是在规章制度和重大事项决定实施过程中，员工可以提出修改。即工会或者职工认为不适当的，有权向用人单位提出，通过协商予以修改完善。

3. 规章制度必须进行公示或告知。即便是内容合法合理的规章制度，如果企业没有尽到告知义务，员工违反这类规章也有权不受罚。

4. 必须注意的是经与员工讨论、协商并公示或告知，是制定规章制度的必经程序，不经过此程序的规章制度对员工是没有约束力的。

▲解读：

1. 企业建立各种规章制度是企业管理自身的需要，建立制度对规范企业管理十分重要。但不可否认现实中不少企业各项管理制度不够健全，尤其是部分中小企业，往往只凭管理者的一句话，随意性强，甚至不落实到纸面上，很不规范。《劳动合同法》将与直接涉及劳动者切身利益的企业管理制度加以规范和约束。作为企业管理者应当按法律的规定建立相关制度。

2. 应充分注意到本条规定所流露出的强烈的平等与民主气息。从国有企

业不再包揽个人的一切的时候起，劳动者对企业的发言权就越来越弱。随着企业产权的多样化，更由于劳动力市场买方主导的现实，企业在与劳动者的关系中的强势地位更趋强化。有些企业管理者已习惯于完全以企业自身单方利益的角度来定义劳动关系，而劳动者出于怕失去工作、失去机会的心理，不得不放弃在与自身密切相关的劳动规章制度中的发言权。一些企业在此方面的管理方式不是越来越完善而是越来越简单粗放，听不得劳动者的任何异见。

3. 企业经营管理者须逐渐习惯于与劳动者平和沟通的人力资源管理方式。一些企业经营管理者觉得让员工参与劳动规章制度的建立很麻烦、浪费工夫。其实如果仔细想想：建立规章制度是麻烦了一点，但这样更有利于执行。理由是：其一，经大家讨论研究过的制度会更科学合理一些；其二，员工参与了劳动规章制度的制定，执行制度的自觉性要更高一些；其三，这样做符合法律的规定，法律的有效性要高得多。还有一些企业经营管理者害怕员工参与劳动规章制度的制定，觉得是“夺了权，造了反”。其实劳动规章制度直接关系到员工的切身利益，员工参与并不为过。多数员工的根本利益与企业是相通的，只要企业对待员工公平合理，员工会理解企业的难处的。如果多数员工的要求与企业可能同意的限度差距过大，恐怕企业存在的问题已不是单单劳动规章制度合理不合理的问题了。

4. 对直接涉及劳动者切身利益的规章制度或者重大事项的讨论，首先应当经职工代表大会或者全体职工讨论，提出方案和意见，然后再与工会或者职工代表平等协商确定。充分听取意见，再由用人单位来确定。一般企业的习惯做法是经董事会讨论决定或公司办公会议讨论决定并生效。也不分是否直接涉及劳动者切身利益的规章制度或者重大事项或其他经营管理事项。在《劳动合同法》生效后，用这种程序直接决定涉及劳动者切身利益的规章制度或者重大事项就不再有效。

5. 规章制度和重大事项决定实施过程中，工会或者职工认为不适当可以提出修改，通过协商予以修改完善。有些企业对吃午饭时间、上厕所次数、女职工生育等有过苛的限制，这些违反人的生理、社会道德人伦的规定，是不能受到法律的保护的。应及时修订，保证制度的合法有效。如果企业规章制度的条款违法，劳动者可以依法要求解除合同。给劳动者造成损害的，企业还要承担赔偿责任。

6. 应注意到：须将经与职工讨论、平等协商后形成的相关制度或决定进行公示或告知，才能保证管理制度的合法有效性。用人单位应注意保管好讨论过程、最终决定过程及公示或告知过程中形成的相关材料。

三、怎样理解《劳动合同法》关于劳动关系建立的规定

《劳动合同法》第七条　用人单位自用工之日起即与劳动者建立劳动关系。

用人单位应当建立职工名册备查。

▲简释：

1. 用工之日即劳动者开始提供劳动之日，一般而言也就是人力资源部门所指的起薪日；建立劳动关系就是说劳动者实际提供了劳动，用人单位实际用了工。确定了用工之日便确定了双方劳动用工关系的起始点。

2. 建立职工名册也成为法定义务，不再是可有可无的，也不再只是“自家的事”。

▲解读：

《劳动合同法实施条例》第八条规定：“《劳动合同法》第七条规定的职工名册，应当包括劳动者姓名、性别、公民身份证号码、户籍地址及现住址、联系方式、用工形式、用工起始时间、劳动合同期限等内容。”一个管理比较规范的企业，建立职工名册是一个再正常不过的行为了。不管有没有法律规定都会有一个职工的名册为管理者服务。但确有一些管理不规范的企业，特别是规模小的、员工少的、员工更换频繁的企业没有建立职工名册。从《劳动合同法》的角度而言，不建立职工名册或建立职工名册不规范可能面临以下风险：一是面临劳动行政部门的监督与处罚。《劳动合同法实施条例》第三十三条规定：“用人单位违反《劳动合同法》有关建立职工名册规定的，由劳动行政部门责令限期改正；逾期不改正的，由劳动行政部门处2000元以上2万元以下的罚款。”二是在与劳动者发生劳动纠纷中，缺失一份证明与劳动者存在劳动关系或不存在劳动关系及相关细节的有力证据。

四、怎样理解用人单位不得扣押劳动者证件，不得要求劳动者提供担保或者收取财物的义务

《劳动合同法》第九条　用人单位招用劳动者，不得扣押劳动者的居民身份证和其他证件，不得要求劳动者提供担保或者以其他名义向劳动者收取财物。

▲简释：

1. 不得扣押劳动者的居民身份证。

2. 不得扣押其他证件：如专业技能证书、学历证明等。

3. 不得以其他名义收取财物：如风险金、抵押金，甚至以服装费、电脑费、培训费、住宿费、集资款、入股金等名义。

▲解读：

1. 一些企业担心员工工作不负责任，给企业造成经济的、信誉的损失后一走了之，于是采取扣押劳动者的居民身份证、其他证件、要求劳动者提供金钱等担保或者以其他名义向劳动者收取财物的方式来限制劳动者。这种方式存在以下问题：一是这是在明确告诉员工企业不信任你们。于是员工也就很难信任企业，企业进行企业文化建设的成果会大大地打折扣。相信企业不会将互不

信任作为企业要保留的文化建设成果。二是这一手段效用十分有限，因为有可能伤害企业利益并且想逃避责任的只可能是极少数人，为少数人而伤及大多数员工的利益或情感太划不来。而当发生较严重的伤害企业利益的事件时，上述手段根本不能真的限制住当事人。三是可能面临劳动行政部门的责令整改与处罚。《劳动合同法》第八十四条规定："用人单位违反本法规定，扣押劳动者居民身份证等证件的，由劳动行政部门责令限期退还劳动者本人，并依照有关法律规定给予处罚。用人单位违反本法规定，以担保或者其他名义向劳动者收取财物的，由劳动行政部门责令限期退还劳动者本人，并以每人 500 元以上 2000 元以下的标准处以罚款；给劳动者造成损害的，应当承担赔偿责任……"

2. 其实扣押劳动者证件、财物的这种手段多是在企业员工管理制度不完善、不科学时采用的一种简单且粗暴的管理方法。如果企业建立了比较完善的人力资源的管理制度，依法为员工缴纳社会保险，对员工的约束力其实会更强，企业也可能获得更多的回报。如建立劳动合同管理制度、企业人事档案管理制度，完善企业出具解除或者终止劳动合同证明的管理，规范与加强为劳动者办理档案和社会保险关系转移手续的管理。会在相当大的程度上约束少数伤害企业利益者的不负责任的行为。同时会大大加强全体员工对企业的一种归属感，加强企业的凝聚力。

五、怎样理解订立书面劳动合同的规定

《劳动合同法》第十条 建立劳动关系，应当订立书面劳动合同。

已建立劳动关系，未同时订立书面劳动合同的，应当自用工之日起一个月内订立书面劳动合同。

用人单位与劳动者在用工前订立劳动合同的，劳动关系自用工之日起建立。

▲简释：

首先，劳动合同应当以书面形式签订，口头劳动合同是无效的。其次，订立书面劳动合同的时间是在自用工之日（即劳动者开始提供劳动之日）起一个月内。最后，在实际用工之前就签好劳动合同的，劳动关系自用工之日起建立。

▲解读：

1. 合同有书面与口头之分。《劳动合同法》明确规定劳动合同必须采用书面形式。口头劳动合同是无效的。且这一合同必须在自用工之日起一个月内签订。《劳动合同法》第八十二条规定："用人单位自用工之日起超过一个月不满一年未与劳动者订立书面劳动合同的，应当向劳动者每月支付两倍的工资。"第十四条规定："……用人单位自用工之日起满一年不与劳动者订立书面劳动合同的，视为用人单位与劳动者已订立无固定期限劳动合同。"显然不及时与劳动者签订劳动合同，对企业是十分不利的，将给企业造成很大的被动。

2. 劳动关系从用工之日建立。用工之日与劳动合同之间大概有三种情形：一是用工之日同时签订劳动合同。劳动关系同时建立。双方的用工和劳动行为从用工之日始受劳动法律约束。二是先用工后签劳动合同。劳动关系先于合同建立。法律给签劳动合同一个宽限期，考虑到实际工作中，特别是大批招工时很难做到用工同时立即订立好书面劳动合同，法律允许在一个月内签订劳动合同。三是先签劳动合同约定用工时间，按约定的时间用工。劳动关系的建立晚于劳动合同签订的时间，劳动关系建立之前的合同不具有劳动合同的效力，如果一方违约另一方按民法的规定追究其违约责任。

3.《劳动合同法》对未在用工的同时订立书面劳动合同，约定的劳动报酬不明确的进行了规定。《劳动合同法》第十一条规定："用人单位未在用工的同时订立书面劳动合同，与劳动者约定的劳动报酬不明确的，新招用的劳动者的劳动报酬按照集体合同规定的标准执行；没有集体合同或者集体合同未规定的，实行同工同酬。"

六、怎样理解劳动合同的期限

《劳动合同法》第十二条　劳动合同分为固定期限劳动合同、无固定期限劳动合同和以完成一定工作任务为期限的劳动合同。

▲简释：

即劳动合同以期限为分类标准，分为三种：一是固定期限。即有明确的终止日期，如三年或五年等。《劳动合同法》第十三条规定："固定期限劳动合同，是指用人单位与劳动者约定合同终止时间的劳动合同。用人单位与劳动者协商一致，可以订立固定期限劳动合同。"二是无固定期限即无明确的终止日期。当法定的解除劳动合同的情况出现时，可以解除合同。三是以完成一定工作任务为期限。即约定以某项具体工作任务的完成为合同的期限。

▲解读：

针对目前国内许多企业劳动合同短期化的倾向，《劳动合同法》特别对无固定期限劳动合同的签订进行了进一步明确和限定，诱导劳动关系的稳定和长期化。由于法定无固定期限合同制度的设置，中长期用工将成为企业用工形式的主流。因此，对企业用人的管理水平提出了更高的要求。

七、怎样理解无固定期限劳动合同

《劳动合同法》第十四条　无固定期限劳动合同，是指用人单位与劳动者约定无确定终止时间的劳动合同。

用人单位与劳动者协商一致，可以订立无固定期限劳动合同。有下列情形之一，劳动者提出或者同意续订、订立劳动合同的，除劳动者提出订立固定期限劳动合同外，应当订立无固定期限劳动合同：

（一）劳动者在该用人单位连续工作满十年的；

（二）用人单位初次实行劳动合同制度或者国有企业改制重新订立劳动合同时，劳动者在该用人单位连续工作满十年且距法定退休年龄不足十年的；

（三）连续订立二次固定期限劳动合同，且劳动者没有本法第三十九条和第四十条第一项、第二项规定的情形，续订劳动合同的。

用人单位自用工之日起满一年不与劳动者订立书面劳动合同的，视为用人单位与劳动者已订立无固定期限劳动合同。

▲简释：

1. 无固定期限劳动合同是终止时间不固定、不确切的。无固定期限的劳动合同并非不能解除，在法定的情形下用人单位可以解除劳动合同，无固定期限劳动合同不是终身雇佣合同也不是过去的“铁饭碗”。

2. 签订无固定期限劳动合同分为两种：一是双方协商一致；另一种是法律直接规定的情形。在法律规定的情形中，只要劳动者提出或者同意续订、订立劳动合同的，只要劳动者没明确提出要订立固定期限劳动合同，就应当订立无固定期限劳动合同。

3. 劳动者在该用人单位连续工作满十年的。一是工作满十年不是签过一个十年的合同，也不是签过几个合同合计期限满十年，是工作了十年。二是工作时间为连续。中间去其他企业工作了一段时间就不能计算为连续。但中断一天算不算不连续？一般而言，如果企业恶意利用中断连续的方法来消除劳动者的工作连续，是不会受到法律的支持的，相关法律法规会对此进一步明确。

4. 劳动者在该用人单位连续工作满十年且距法定退休年龄不足十年的规定，是针对用人单位初次实行劳动合同制度和国有企业改制重新订立劳动合同的情形，是避免以往实践中有的用人单位利用改制，让员工先签订一个短期合同，随后以劳动合同到期为由，任意终止老员工的劳动合同。这样规定是对老员工的一个保护。连续工作满十年的起始时间，应当自用人单位用工之日起计算，包括《劳动合同法》施行前的工作年限。

5. 连续订立二次固定期限劳动合同，且劳动者没有《劳动合同法》第三十九条和第四十条第一项、第二项规定的情形。续订劳动合同的规定，意味着用人单位在第一次合同到期时可选择续订或不续订二次合同。在连续订立二次固定期限劳动合同后，签订第三次合同时，订不订立合同，订立固定期限的劳动合同还是订立无固定期限劳动合同，选择权在劳动者，用人单位不能选择也不能拒绝。有专家学者认为本条款并没否定用人单位的选择权，之所以产生此问题，症结在于本项中“续订劳动合同”六个字。但目前劳动法学界、实务界主流的意见是，只要没有《劳动合同法》第三十九条和第四十条第一项、第二项规定的情形，劳动者在与用人单位连续订立了二次固定期限劳动合同后，便有权“决定一切”；即从订立第二次固定期限劳动合同的那一刻起，劳动者就可以预见，自己日后将与用人单位签订无固定期限劳动合同，除非自己不愿意。该条款还有待于进一步的法律的权威解释。目前从事实际人力资源管理工作的人员，还是应从严理解为好。

6. 关于视为用人单位与劳动者已订立无固定期限劳动合同的规定。用人单位自用工之日起满一年不与劳动者订立书面劳动合同的，视为已订立无固定期限劳动合同。企业应注意视为已订立无固定期限劳动合同不是就可以不用签订合同了。《劳动合同法》要求签订劳动合同必须书面化，否则用人单位需按第八十二条第二款的规定每月支付两倍工资。即“用人单位违反本法规定不与劳动者订立无固定期限劳动合同的，自应当订立无固定期限劳动合同之日起向劳动者每月支付两倍的工资”。

▲解读：

1. 在以往的实践中，有些用人单位往往喜欢一年一签劳动合同。有些行业甚至时间更短。原因主要是，先前的法律规定劳动合同到期终止的，企业不需要支付经济补偿金。签短期的劳动合同，避免了采用解除劳动合同的做法，可以规避支付经济补偿金。想续签的就续签，不想续签的企业也无损失，企业的选择权较大。但是，这一做法在新法实施后将不再有这样的效果。

首先，按照《劳动合同法》第四十六条的规定，意味着劳动合同期满后，用人单位不与劳动者续签劳动合同或者与劳动者续签劳动合同时提供的条件比原劳动合同约定的较低导致劳动者不愿续签劳动合同的，用人单位需要支付经济补偿金。这使劳动合同到期终止与劳动合同解除在支付经济补偿金上的区别减小。一年一签劳动合同的优势不再明显。

其次，按照《劳动合同法》第十四条的规定，意味着如果企业选择一年一签劳动合同，那么两年后，由于此时订不订立合同，订立固定期限的劳动合同还是订立无固定期限劳动合同，选择权在劳动者。企业只有两种机会，要么不续签合同，还须支付经济补偿金，甚至赔偿金，然后与劳动者分道扬镳，使自己培养的员工流失，等于为他人培养人；要么续签劳动合同，就面临不得不签订无固定期限劳动合同。

由此可见，新法实施后，企业应十分注意劳动合同期限的合理选择与搭配。

2. 作为企业需注意避免个别劳动者恶意利用“用人单位自用工之日起超过一个月不满一年未与劳动者订立书面劳动合同的，应当向劳动者每月支付两倍的工资”和“用人单位自用工之日起满一年不与劳动者订立书面劳动合同的，视为用人单位与劳动者已订立无固定期限劳动合同”的条款，故意不与用人单位及时签订劳动合同，以达到获取两倍的工资或签订无固定期限劳动合同的目的。

遇此类情况用人单位应按照《劳动合同法实施条例》的规定处理，即第一，自用工之日起一个月内，书面通知劳动者与用人单位订立书面劳动合同，劳动者仍不签订的，用人单位应当书面通知劳动者终止劳动关系。用人单位只需支付劳动者实际工作时间的劳动报酬，无须向劳动者支付经济补偿。第二，当用人单位自用工之日起超过一个月不满一年仍未与劳动者订立书面劳动合同的，须与劳动者补订书面劳动合同，并应当依照《劳动合同法》第八十二条的规定向劳动者每月支付两倍的工资。每月支付两倍工资的起算时间为用工之日起满一个月的次日，截止时间为补订书面劳动合同的前一日。当劳动者仍不与用人单位订立书面劳动合同时，用人单位应当书面通知劳动者终止劳动关系，并依照《劳动合同法》第四十七条的规定支付经济补偿。第三，当用人单位自用工之日起满一年未与劳动者订立书面劳动合同的，自用工之日起满一个月的次日至满一年的前一日应当依照《劳动合同法》第八十二条的规定向劳动者每月支付两倍的工资，并视为自用工之日起满一年的当日已经与劳动者订立无固定期限劳动合同，应当立即与劳动者补订书面劳动合同。

八、怎样理解以完成一定工作任务为期限的劳动合同

《劳动合同法》第十五条　以完成一定工作任务为期限的劳动合同，是指用人单位与劳动者约定以某项工作的完成为合同期限的劳动合同。

用人单位与劳动者协商一致，可以订立以完成一定工作任务为期限的劳动合同。

▲简释：

指用人单位与劳动者约定以某项工作的完成为合同终止期限，某项工作一般可以是一单项任务、一工程项目或因季节性生产任务需要短期用工等。

▲解读：

该种合同方式过去实际工作中运用得不多，一般签订短期劳动合同就可以解决问题。随着劳动合同的法定无固定期限的导向作用，加之《劳动合同法》没有规定连续订立二次以完成一定工作任务为期限的劳动合同需订立无固定期限劳动合同，因此一些因行业特点造成用工不稳定的企业，可能会较多考虑运用此合同方式。但也应注意到由于该方式过去使用得不多，因此大家对如何具体运用经验不多，认识不一，法律对此方式的规定也较粗略。运用得好可以起到灵活机动的效果，也可以降低用工成本；运用得不好，如对一项目结束的标志约定的模糊不清等，也有可能会弄巧成拙。

九、怎样理解劳动合同的生效

《劳动合同法》第十六条　劳动合同由用人单位与劳动者协商一致，并经用人单位与劳动者在劳动合同文本上签字或者盖章生效。

劳动合同文本由用人单位和劳动者各执一份。

▲简释：

劳动合同生效的条件是协商一致、双方签字或者盖章。并非一定是盖了企业公章才生效。本条排除了双方可以约定生效条件的情形。

劳动合同文本应交劳动者保存一份。

▲解读：

1. 生效的时间是双方签字或盖章的日期。如双方不是同时签字或盖章，以后一方签字或盖章的时间为生效时间。应注意劳动合同生效并不意味劳动关系一定同时建立，也有可能劳动关系晚于或早于劳动合同建立。

2. 劳动合同生效并不是只要双方签字或盖章就生效，还要有协商一致、签约主体合格、内容合法等条件。

协商一致是双方意思表示真实，采用欺诈胁迫手段签订的合同是无效的。

主体合格就是用人单位应是公司制、合伙制、独资等企业，个体经济组织，民办非企业单位，国家机关、事业单位、社会团体，取得营业执照或者登记证书的用人单位分支机构，及虽未取得营业执照或者登记证书但受用人单位委托的用人单位分支机构等。劳动者应是年满十六周岁，具有劳动能力的公民。

3. 企业应将劳动合同文本交劳动者保存一份。实践中常有因各种原因企业不将劳动合同交劳动者，如有的用人单位在签订劳动合同时只让劳动者在空白的劳动合同书上签名，签名后不给劳动者，发生纠纷时随意填写不利于劳动者的条款。为防范类似现象，《劳动合同法》明确了劳动合同文本应交劳动者保存。《劳动合同法》第八十一条还规定："用人单位提供的劳动合同文本未载明本法规定的劳动合同必备条款或者用人单位未将劳动合同文本交付劳动者的，由劳动行政部门责令改正；给劳动者造成损害的，应当承担赔偿责任。"

4. 实践中劳动合同的签订还涉及是否进行劳动合同鉴证及是否使用劳动行政部门的合同示范文本的问题。进行鉴证、使用合同示范文本，有利于保证合同条款的完整及内容的合法，减少有问题合同的产生。但应注意的是，是否鉴证及是否使用合同示范文本，不是合同生效的必经程序，不影响劳动合同的效力。

十、怎样理解劳动合同的必备条款和约定条款

《劳动合同法》第十七条　劳动合同应当具备以下条款：

（一）用人单位的名称、住所和法定代表人或者主要负责人；

（二）劳动者的姓名、住址和居民身份证或者其他有效身份证件号码；

（三）劳动合同期限；

（四）工作内容和工作地点；

（五）工作时间和休息休假；

（六）劳动报酬；

（七）社会保险；

（八）劳动保护、劳动条件和职业危害防护；

（九）法律、法规规定应当纳入劳动合同的其他事项。

劳动合同除前款规定的必备条款外，用人单位与劳动者可以约定试用期、培训、保守秘密、补充保险和福利待遇等其他事项。

▲简释：

劳动合同必备条款是劳动合同的核心内容，对于劳动者而言是关系切身利益的内容，如缺少必备条款将不利于劳动者合法权益的保护。

1. 用人单位的名称、住所和法定代表人或者主要负责人：便于明确用工的主体，确定用人单位的主体资格。该必备条款是与劳动法相比新增的条款。

2. 劳动者的姓名、住址和居民身份证或者其他有效身份证件号码：便于明确劳动者的主体，确定劳动者的主体资格。其他有效身份证件号码，如外国公民的护照等。该必备条款是与劳动法相比新增的条款。

3. 劳动合同期限：劳动合同期限分为固定期限劳动合同、无固定期限劳动合同和以完成一定工作任务为期限的劳动合同，视合同双方意思表示而定。

4. 工作内容和工作地点：即劳动者干什么和在哪儿干，应该是具体明确的。工作内容是指工作岗位和工作任务或职责。用人单位应向劳动者说明工作的具体职位、责任、种类和行为要求。工作内容的约定应明确、具体，并有一定的弹性。工作地点是劳动者的劳动场所，是劳动合同的履行地。是指与工作环境、生活环境及影响劳动者就业选择相关联的具体工作地点。而如工作内容填为“劳动”，地点填为“中国境内”等是不符本条立法本意的。工作地点是与劳动法相比新增的条款。由于劳动管理的“属地化原则”，工作地点将涉及劳动仲裁地、最低工资标准等一系列问题，因此工作地点的确定应与此相照应。

5. 工作时间和休息休假：工作时间包括工作时间的长短和工作时间的具体方式。是日六小时还是日八小时，是不定时工作制还是综合计算工时制等。休息休假是劳动者应当享受的权利，企业应依法支付劳动者休息休假期间的工资及享受其他应享有的待遇。休息日是我们一般所说的周末休息日，劳动法规定用人单位应当保证劳动者每周至少休息一日。休假一般分为国家法定休假、带薪年休假、职工依法享受的寒暑假或者探亲假，及病假、产假、婚丧假、事假等。

6. 劳动报酬：劳动报酬是指公民通过劳动取得的收入及其他财物。劳动合同中涉及的劳动报酬主要内容是：工资分配制度、工资标准和工资分配形式；工资支付的办法；加班加点工资及津贴补贴标准；奖金分配办法；工资调整办法；试用期及病事假期间的工资待遇；特殊情况下的工资或生活费的支付办法及其他劳动报酬的分配办法等。

7. 社会保险：参加社会保险是劳资双方的法定义务，一般包括医疗保险、养老保险、失业保险、工伤保险和生育保险。该必备条款是与劳动法相比新增的条款。

8. 劳动保护、劳动条件和职业危害防护：用人单位招聘劳动者时，应当将劳动保护、劳动条件和职业危害防护情况告知劳动者，合同中再进行明确约定。职业危害防护是与劳动法相比新增的条款。

9. 劳动合同除前款规定的必备条款外，用人单位与劳动者可以约定试用期、培训、保守秘密、补充保险和福利待遇等其他事项。

▲解读：

1.《劳动合同法》第十九条规定："劳动合同应当以书面形式订立，并具备以下条款：

（一）劳动合同期限；

（二）工作内容；

（三）劳动保护和劳动条件；

（四）劳动报酬；

（五）劳动纪律；

（六）劳动合同终止的条件；

（七）违反劳动合同的责任。

劳动合同除前款规定的必备条款外，当事人可以协商约定其他内容。"

《劳动合同法》对必备条款进行了调整，增加了用人单位的名称、住所和法定代表人或者主要负责人；劳动者的姓名、住址和居民身份证或者其他有效身份证件号码；工作地点；工作时间和休息休假；社会保险；职业危害防护。删去了劳动纪律，劳动合同终止的条件，违反劳动合同的责任。

2. 劳动报酬应当明确，实践中一些用人单位以保守工资秘密为由，不写报酬的具体金额，只写支付日期或者干脆写按公司相关规定执行，这样很容易引起争议。《劳动合同法》第十八条规定："劳动合同对劳动报酬和劳动条件等标准约定不明确，引发争议的，用人单位与劳动者可以重新协商；协商不成的，适用集体合同规定；没有集体合同或者集体合同未规定劳动报酬的，实行同工同酬；没有集体合同或者集体合同未规定劳动条件等标准的，适用国家有关规定。"

3. 工作时间和休息休假的规定。根据劳动法劳动者每日工作时间不超过八小时、平均每周工作时间不超过四十四小时。用人单位应当保证劳动者每周至少休息一日。企业因生产特点不能实行上述标准的，经劳动行政部门批准，可以实行其他工作和休息办法。《国务院关于职工工作时间的规定》规定为："职工每日工作八小时、每周工作四十小时。"

用人单位应在元旦、春节、国际劳动节、国庆节等法定节日期间依法安排劳动者休假；用人单位由于生产经营需要，经与工会和劳动者协商后可以延长工作时间，一般每日不得超过一小时；因特殊原因需要延长工作时间的，在保障劳动者身体健康的条件下延长工作时间每日不得超过三小时，但是每月不得超过三十六小时。

4. 劳动合同除前款规定的必备条款外，用人单位与劳动者可以约定试用期、培训、保守秘密、补充保险和福利待遇等其他事项。必备条款的刚性比较强。相比之下约定条款更应体现企业自身特点与优势，以利于吸引与留住劳动者。因此，对约定条款如何约定用人单位应更加认真对待。

5.《劳动合同法实施条例》第十四条规定："劳动合同履行地与用人单位注册地不一致的，有关劳动者的最低工资标准、劳动保护、劳动条件、职业危害防护和本地区上年度职工月平均工资标准等事项，按照劳动合同履行地的有关规定执行；用人单位注册地的有关标准高于劳动合同履行地的有关标准，且用人单位与劳动者约定按照用人单位注册地的有关规定执行的，从其约定。"

十一、怎样理解《劳动合同法》对试用期的规定

《劳动合同法》第十九条　劳动合同期限三个月以上不满一年的，试用期不得超过一个月；劳动合同期限一年以上不满三年的，试用期不得超过二个月；三年以上固定期限和无固定期限的劳动合同，试用期不得超过六个月。

同一用人单位与同一劳动者只能约定一次试用期。

以完成一定工作任务为期限的劳动合同或者劳动合同期限不满三个月的，不得约定试用期。

试用期包含在劳动合同期限内。劳动合同仅约定试用期的，试用期不成立，该期限为劳动合同期限。

▲简释：

《劳动合同法》对试用期进行了细化：

1. 劳动合同期限三个月以上和无固定期限劳动合同的才能约定试用期。

2. 试用期最长不超过六个月。

3. 以完成一定工作任务为期限的劳动合同或者劳动合同期限不满三个月的，没有试用期。

4. 不能与劳动者签一次合同就约定一次试用期。

5. 试用期是劳动合同期限的一部分。

▲解读：

1. 试用期是一个约定条款。不是签合同必然就得试用，就当然有试用期，也不是劳动合同的头几个月自然为试用期。想要约定试用期就必须在劳动合同

上明确约定。

2. 试用期包括在劳动合同期限内。如果用人单位采用先和员工签订一个期限极短，如几个月的试用合同（或其他名目，如试岗期、适应期、实习期等），试用期满后再决定是否签订正式劳动合同的方式的，试用期是不成立的，该期限已经是劳动合同期限了。当用人单位认为是签正式劳动合同的时候，其实已经是第二次签订劳动合同了。

3. 以完成一定工作任务为期限的劳动合同或者劳动合同期限不满三个月的及非全日制用工，不得约定试用期。

4. 根据《劳动合同法》第二十条的规定："劳动者在试用期的工资不得低于本单位相同岗位最低档工资或者劳动合同约定工资的百分之八十，并不得低于用人单位所在地的最低工资标准。"《劳动合同法实施条例》第十五条明确为："劳动者在试用期的工资不得低于本单位相同岗位最低档工资的百分之八十或者不得低于劳动合同约定工资的百分之八十，并不得低于用人单位所在地的最低工资标准。"即试用期的工资最低标准在相同岗位最低档的百分之八十、劳动合同约定工资的百分之八十中选择，以孰低原则确定。同时不低于最低工资标准。

5. 劳动者在试用期拥有全部的劳动权利，包括取得劳动报酬、休息休假、劳动保护、社会保障、福利、接受技能培训及提出劳动争议，参与企业民主管理等权利。

6.《劳动合同法》第八十三条规定："用人单位违反本法规定与劳动者约定试用期的，由劳动行政部门责令改正；违法约定的试用期已经履行的，由用人单位以劳动者试用期满月工资为标准，按已经履行的超过法定试用期的期间向劳动者支付赔偿金。"

十二、怎样理解试用期中用人单位解除劳动合同的规定

《劳动合同法》第二十一条　在试用期中，除劳动者有本法第三十九条和第四十条第一项、第二项规定的情形外，用人单位不得解除劳动合同。用人单位在试用期解除劳动合同的，应当向劳动者说明理由。

▲简释：

此条为试用期用人单位解除劳动合同的法定条件。第三十九条规定的是用人单位可以即时解除劳动合同的条件，当然适用于试用期。第四十条第一项为：劳动者患病或者非因工负伤，在规定的医疗期满后不能从事原工作，也不能从事由用人单位另行安排的工作的。第二项为：劳动者不能胜任工作，经过培训或者调整工作岗位，仍不能胜任工作的。

▲解读：

1. 在试用期中，用人单位可以依据本条即时解除劳动合同。试用期解除

合同也不是可以随意解除，也需达到法定的条件。

2. 应当向劳动者说明理由。如如何不符合录用条件（身体条件、受教育程度、实际工作能力等方面），违反了什么规定等。

3. 在试用期中，不得依据第四十条第三项："劳动合同订立时所依据的客观情况发生重大变化，致使劳动合同无法履行，经用人单位与劳动者协商，未能就变更劳动合同内容达成协议的，用人单位提前三十日以书面形式通知劳动者本人或者额外支付劳动者一个月工资后，可以解除劳动合同"的规定，而解除劳动合同。

十三、怎样理解《劳动合同法》对服务期的规定

《劳动合同法》第二十二条 用人单位为劳动者提供专项培训费用，对其进行专业技术培训的，可以与该劳动者订立协议，约定服务期。

劳动者违反服务期约定的，应当按照约定向用人单位支付违约金。违约金的数额不得超过用人单位提供的培训费用。用人单位要求劳动者支付的违约金不得超过服务期尚未履行部分所应分摊的培训费用。

用人单位与劳动者约定服务期的，不影响按照正常的工资调整机制提高劳动者在服务期期间的劳动报酬。

▲简释：

1. 用人单位可以与劳动者约定服务期。条件是：①提供专项培训费用。所谓专项费用是一笔实际支出的费用，是专用于特定培训的。包括用人单位为了对劳动者进行专业技术培训而支付的有凭证的培训费用、培训期间的差旅费用以及因培训产生的用于该劳动者的其他直接费用。②进行的是专业培训。一般的岗前培训，基本从业技能培训，员工企业文化、工作纪律培训不含在内。③要书面约定服务期协议。

2. 可以约定违约金。因违反服务期的约定的，用人单位可以要求劳动者支付违约金。违约金不超过培训费用。

3. 用人单位不得因有服务期约束员工且支付了培训费为由而不给员工正常涨工资。

▲解读：

1. 在《劳动合同法》的规定下，并不禁止用人单位与劳动者约定违约金。《劳动合同法》限定了约定违约金的情形，《劳动合同法》第二十五条规定："除本法第二十二条和第二十三条规定的情形外，用人单位不得与劳动者约定由劳动者承担违约金。"即除了因约定服务期和竞业限制的情形外，用人单位不得与劳动者约定由劳动者承担违约金。

2. 提供专项培训费用，进行专业技术培训是服务期协议存在的唯一条件，提供住房、汽车、户口等特殊待遇已经不能约定服务期了。

3. 服务期的长短由双方协商确定，用人单位一是要注意公平合理，二是要注意调动员工工作积极性，三是要注意约定了较长服务期时，不影响按照正常的工资调整机制提高员工在服务期期间的劳动报酬。

4. 根据《劳动合同法实施条例》第十七条的规定："劳动合同期满，但是用人单位与劳动者依照《劳动合同法》第二十二条的规定约定的服务期尚未到期的，劳动合同应当续延至服务期满；双方另有约定的，从其约定。"

5. 根据《劳动合同法实施条例》第二十六条的规定："用人单位与劳动者约定了服务期，劳动者依照《劳动合同法》第三十八条的规定解除劳动合同的，不属于违反服务期的约定，用人单位不得要求劳动者支付违约金。"

并非只有在劳动者解除约定了服务期的劳动合同时，劳动者才支付违约金。用人单位因劳动者严重违反用人单位的规章制度；严重失职，营私舞弊，给用人单位造成重大损害；同时与其他用人单位建立劳动关系，对完成本单位的工作任务造成严重影响，或者经用人单位提出，拒不改正；以欺诈、胁迫的手段或者乘人之危，使用人单位在违背真实意思的情况下订立或者变更劳动合同；被依法追究刑事责任而与劳动者解除约定了服务期的劳动合同时，劳动者也应当按照劳动合同的约定向用人单位支付违约金。

6. 没有服务期约定的，劳动者不承担支付违约金的责任。

7. 服务期的约定有利于企业较放心地加大对员工的培养，从而提高员工技能，提高企业的竞争力。

十四、怎样理解保密义务与竞业限制

《劳动合同法》第二十三条　用人单位与劳动者可以在劳动合同中约定保守用人单位的商业秘密和与知识产权相关的保密事项。

对负有保密义务的劳动者，用人单位可以在劳动合同或者保密协议中与劳动者约定竞业限制条款，并约定在解除或者终止劳动合同后，在竞业限制期限内按月给予劳动者经济补偿。劳动者违反竞业限制约定的，应当按照约定向用人单位支付违约金。

▲简释：

1. 用人单位可以与劳动者约定保密义务和竞业限制。商业秘密是指不为公众所知悉、能为权利人带来经济利益、具有实用性并经权利人采取保密措施的技术信息和经营信息。其他知识产权为专利权、商标权、著作权等。竞业限制是用人单位对负有保守用人单位商业秘密的劳动者，在劳动合同中或专门的技术保密协议中约定的竞业限制条款，即劳动者在终止或解除劳动合同后的一定期限内不得在生产同类产品、经营同类业务或有其他竞争关系的用人单位任职，也不得自己生产与原单位有竞争关系的同类产品或经营同类业务。

2. 约定保密义务和竞业限制的，需同时约定在解除或者终止劳动合同后，在竞业限制期限内按月给予劳动者经济补偿。该经济补偿标准、数额由当事人自行约定。

3. 可以约定违约金。即劳动者违反竞业限制约定的，应当按照约定向用人单位支付违约金。违约金数额可以由双方商定。

▲解读：

1. 竞业限制的目的是保护用人单位的商业秘密。实务操作中应当注意：一是竞业限制补偿必须在解除或者终止劳动合同后支付，不能约定包含在工资中；二是竞业限制补偿金必须在竞业限制期限内支付，支付周期为每月支付一次，“提前支付”、“按季度支付”等约定均不合法；三是补偿金与违约金数额由合同双方自由约定。

2. 竞业限制的人员限于用人单位的高级管理人员、高级技术人员和其他负有保密义务的人员。“其他负有保密义务的人员”应注意不能滥用，在实践中劳动者是否知悉商业秘密，往往由用人单位来认定，有可能使所有劳动者都成为“其他负有保密义务的人员”，从而侵犯普通劳动者的择业自由权。

3. 竞业限制的范围、地域、期限由用人单位与劳动者约定。

4. 在约定竞业限制条款时，应当同时约定给予劳动者经济补偿。用人单位未按约定在解除或者终止劳动合同后，在竞业限制期限内按月给予劳动者经济补偿的，竞业限制条款失效。

5. 在解除或者终止劳动合同后，前款规定的人员到与本单位生产或者经营同类产品、从事同类业务的有竞争关系的其他用人单位，或者自己开业生产或者经营同类产品、从事同类业务的竞业限制期限，不得超过两年。即竞业限制期最长两年。

十五、怎样理解劳动合同的无效

《劳动合同法》第二十六条　下列劳动合同无效或者部分无效：

（一）以欺诈、胁迫的手段或者乘人之危，使对方在违背真实意思的情况下订立或者变更劳动合同的；

（二）用人单位免除自己的法定责任、排除劳动者权利的；

（三）违反法律、行政法规强制性规定的。

对劳动合同的无效或者部分无效有争议的，由劳动争议仲裁机构或者人民法院确认。

▲简释：

1. 以欺诈、胁迫的手段或者乘人之危，使对方在签合同时并不是自己真实的意思表达，合同无效或者表达不真实的部分无效。

2. 用人单位免除自己应承担的法定责任、排除劳动者应有的合法权利的，合同无效或者相应的条款无效。

▲**解读：**

1. 用人单位招用劳动者时，未如实告知劳动者工作内容、工作条件、工作地点、职业危害、安全生产状况、劳动报酬，以及劳动者要求了解的其他情况时；用人单位了解劳动者与劳动合同直接相关的基本情况，劳动者未如实说明时，有可能构成欺诈而合同无效。如果企业隐瞒职业危害等情况，劳动者提供虚假学历证明、身份证明、没有特种专业的作业资格而提供虚假证明等，可能构成欺诈而合同无效。

2. 合同约定："用人单位有权根据生产经营变化及劳动者的工作情况调整其工作岗位，劳动者必须服从单位的安排、未经批准不得辞职、加班不给加班费、工作受伤自己负责"等条款，有可能因排除劳动者权利而合同无效。

3. 与16岁以下未成年人签订合同，可能因违反法律强制性规定而被确认合同无效。

4. 对劳动合同的无效或者部分无效的确认权，由劳动争议仲裁机构或者人民法院行使。

5. 劳动合同部分无效，不影响其他部分效力的，其他部分仍然有效。

6. 劳动合同被确认无效，劳动者已付出劳动的，用人单位应当向劳动者支付劳动报酬。劳动报酬的数额，参照本单位相同或者相近岗位劳动者的劳动报酬确定。

十六、怎样理解劳动合同的履行

《劳动合同法》第二十九条　用人单位与劳动者应当按照劳动合同的约定，全面履行各自的义务。

▲**简释：**

1. 依法订立的劳动合同对用人单位和劳动者都有法律约束力。双方应当做到切实履行，以实现双方订立劳动合同的目的。不能以支付违约金或其他经济补偿等替代实际履行。这是维护市场经济秩序的基本要求。

2. 合同须全面履行。双方须按合同约定的时间、地点、期限、工作内容，以约定的方式，符合工作质量要求标准履行合同。用人单位应提供适当的工作场所、劳动条件、安全保障、按时支付劳动报酬等。劳动者要遵守用人单位的劳动纪律及其他规章制度，认真履行劳动职责，并亲自完成劳动合同约定的工作任务等。

合同双方要相互配合协作，共同履行合同义务。

▲**解读：**

合同是以实际履行和全面履行为目的的。《劳动合同法》对用人单位履行劳动合同做了如下规定：

1. 用人单位应当按照劳动合同约定和国家规定，向劳动者及时足额支付劳动报酬。

用人单位拖欠或者未足额支付劳动报酬的，劳动者可以依法向当地人民法院申请支付令，人民法院应当依法发出支付令。

2. 用人单位应当严格执行劳动定额标准，不得强迫或者变相强迫劳动者加班。用人单位安排加班的，应当按照国家有关规定向劳动者支付加班费。

对劳动者履行合同做了如下规定：

1. 劳动者拒绝用人单位管理人员违章指挥、强令冒险作业的，不视为违反劳动合同。

2. 劳动者对危害生命安全和身体健康的劳动条件，有权对用人单位提出批评、检举和控告。

十七、怎样理解劳动合同的变更

《劳动合同法》第三十五条　用人单位与劳动者协商一致，可以变更劳动合同约定的内容。变更劳动合同，应当采用书面形式。

▲简释：

1. 劳动合同的变更用人单位与劳动者协商一致。单方变更的对另一方没有约束力。

2. 劳动合同的变更须采用书面形式。

▲解读：

1. 劳动合同的变更只是对原合同的部分内容进行修改补充和删减，不是签订新的劳动合同。新达成的变更协议与原合同中的其他条款具有相同的法律效力。

2. 劳动合同订立时所依据的客观情况发生重大变化，致使原劳动合同无法继续履行的，用人单位应与劳动者协商变更劳动合同内容。

3. 用人单位变更名称、法定代表人、主要负责人或者投资人等事项，不构成合同的变更，也不会造成合同终止或无效，不影响劳动合同的继续履行。

4. 用人单位发生合并或者分立等情况，也不会造成合同终止或无效，原劳动合同由承继其权利和义务的用人单位继续履行。

5. 变更后的劳动合同文本与原劳动合同文本一样，由用人单位和劳动者各执一份。

十八、怎样理解劳动者提前三十日通知解除劳动合同的情形

《劳动合同法》第三十七条　劳动者提前三十日以书面形式通知用人单位，可以解除劳动合同。劳动者在试用期内提前三日通知用人单位，可以解除劳动合同。

▲简释：

1. 劳动者可以单方解除劳动合同。

2. 劳动者单方解除劳动合同的，须遵守提前通知单位的预告期的规定。

3. 须以书面形式通知用人单位。

▲解读：

1. 劳动合同的解除，可以由用人单位与劳动者双方协商一致解除。在协商一致的情况下，不受法定解除条件的限制。

2.《劳动法》第三十一条规定："劳动者解除劳动合同，应当提前三十日以书面形式通知用人单位。"但未说明提前通知后，是否还须用人单位同意，未明确说明是劳动者单方可以解除合同的情形。《劳动合同法》明确为劳动者单方可以解除合同。

3. 劳动者单方解除合同须遵守"提前三十日"和"以书面形式"的规定，未遵守"提前三十日"和"以书面形式"的将会构成违法解除劳动合同，对可能因此给用人单位造成的损失承担赔偿责任。

4. 在试用期内劳动者解除劳动合同须提前三日通知用人单位，但未规定必须以书面形式。《劳动法》第三十二条规定："在试用期内，劳动者可以随时通知用人单位解除劳动合同。《劳动合同法》对此进行了修改，试用期不再可以随时解除劳动合同。"

十九、怎样理解劳动者可以即时解除劳动合同的情形

《劳动合同法》第三十八条　用人单位有下列情形之一的，劳动者可以解除劳动合同：

（一）未按照劳动合同约定提供劳动保护或者劳动条件的；

（二）未及时足额支付劳动报酬的；

（三）未依法为劳动者缴纳社会保险费的；

（四）用人单位的规章制度违反法律、法规的规定，损害劳动者权益的；

（五）因本法第二十六条第一款规定的情形致使劳动合同无效的；

（六）法律、行政法规规定劳动者可以解除劳动合同的其他情形。

用人单位以暴力、威胁或者非法限制人身自由的手段强迫劳动者劳动的，或者用人单位违章指挥、强令冒险作业危及劳动者人身安全的，劳动者可以立即解除劳动合同，不需事先告知用人单位。

▲简释：

用人单位有《劳动合同法》明确规定的过错的，劳动者可以即时单方解除劳动合同。不受三十天预告期的约束。

▲解读：

1. 劳动保护和劳动条件是用人单位的应尽义务。如果用人单位未按国家规定的标准或劳动合同的规定提供劳动保护和劳动条件，致使劳动安全、劳动条件恶劣，严重危害职工身心健康，劳动者可以即时单方解除劳动合同。如在

污染大，粉尘大，有大量工业废气，噪声严重，高温的工作环境中工作，无任何防护的情形等。

2. 未及时足额支付劳动报酬的现象在实践中较常见，许多用人单位已经习以为常，不以为意。按本条的含义，迟付一天或少付一元，也属于未及时足额支付劳动报酬的情形。但实践中未按时支付可能存在不同的原因：如用人单位依照企业惯例在劳动者付出劳动的次月内支付劳动报酬的；财务人员的疏忽而少发或是错发或是漏发工资的；与劳动者对劳动报酬的金额发生争议无法支付的等，不应属于本条的情形，有待于进一步明确。

3. 社会保险有国家强制性。依法缴纳也是用人单位的法定义务。实践中，用人单位不参加社会保险、只参加部分险种、不按劳动者工资水平缴纳社保等情况比较常见，这些均属未依法缴纳的情形。

4. 实践中很多用人单位制定的规章制度不同程度存在不合法的现象。有的是故意而为的，而更多的是不知道规章制度违法。用人单位应及时对规章制度进行梳理，进行合法性审查，保证其有效性。规章制度的违法不仅有内容违法的问题，还要考虑制定的程序的合法性。如果规章制度违反法律、法规的规定，同时又损害了劳动者权益的，劳动者可以即时解除劳动合同。

5. 以欺诈、胁迫的手段或者乘人之危，使对方在违背真实意思的情况下订立或者变更劳动合同的，劳动者可以即时解除劳动合同。（其实此情形下劳动合同是无效的，无效的合同是不须解除的，只须通过劳动争议仲裁机构或者人民法院确认无效。这是立法考虑不周形成的问题。实践中，我们理解为可以即时解除或终止实际存在的劳动关系即可。）

6. 用人单位以暴力、威胁或者非法限制人身自由的手段强迫劳动者劳动的，或者用人单位违章指挥、强令冒险作业危及劳动者人身安全的，劳动者可以立即解除劳动合同，不需事先告知用人单位。以上第一款共六项情形均未明确说明劳动者解除合同需事先通知用人单位。但依《关于〈中华人民共和国劳动合同法〉（草案）的说明》来理解，是须告知用人单位的。一般实践中，劳动者也会将解除理由向用人单位说明。但本项如在暴力强迫的情形下，法律明确劳动者有权不向用人单位告知。

二十、怎样理解用人单位可以即时解除劳动合同的情形

《劳动合同法》第三十九条　劳动者有下列情形之一的，用人单位可以解除劳动合同：

（一）在试用期间被证明不符合录用条件的；

（二）严重违反用人单位的规章制度的；

（三）严重失职，营私舞弊，给用人单位造成重大损害的；

（四）劳动者同时与其他用人单位建立劳动关系，对完成本单位的工作任

务造成严重影响，或者经用人单位提出，拒不改正的；

（五）因本法第二十六条第一款第一项规定的情形致使劳动合同无效的；

（六）被依法追究刑事责任的。

▲简释：

劳动者有《劳动合同法》明确规定的过错的，用人单位可以即时单方解除劳动合同。

▲解读：

1. 试用期间用人单位可以解除劳动合同，前提是须证明劳动者不符合录用条件。试用期劳动者解除合同不须说明理由，但须提前三日通知。用人单位不须提前三日通知，但须证明劳动者不符合录用条件。

用人单位建立明确详细的各岗位的录用条件、评价程序及标准十分必要。

2. 违反规章制度达到严重的程度，可以解除劳动合同。随劳动合同长期化，企业与劳动者解除劳动关系，无法简单靠合同到期来解决。更多的是根据劳动者的工作表现来确定。采用本条款解除合同的情形可能会增多。

以严重违反规章制度解除劳动合同的，用人单位应注意做到：其一，企业内部的规章制度的内容和制定程序必须是符合法律、法规的规定。其二，劳动者的违反规章制度的行为是客观存在和能够证明的，还要达到“严重”的程度，一般性违反规章制度不能适用本条款。其三，用人单位对劳动者的处理符合法律法规和本单位规章制度规定的程序。至于“一般性”、“严重”的具体判断标准，一是根据劳动法规所规定的限度，二是根据用人单位内部的规章制度。用人单位在制定内部的规章制度时应注意：①不能有意免除自己的法定责任。②不能有意排除劳动者权利。③不能过于苛刻，应是多数劳动者能够遵守、能够做到的。不能制定如“吃午饭限时、上厕所限次、女职工限生育”等无理要求的规章制度。④不能过于粗线条，防止产生不同理解的。⑤须是对正常的生产经营秩序、员工管理秩序有较大损害的行为。如违反操作规程，损坏生产、经营设备造成经济损失的，不服从用人单位正常工作调动，不服从用人单位的劳动人事管理，无理取闹，打架斗殴，散布谣言损害企业声誉。

用人单位要依法建立明确详细的规章制度，细化“严重”的具体量化标准，且与员工协商讨论后公布实施。《劳动合同法》第八十条规定：“用人单位直接涉及劳动者切身利益的规章制度违反法律、法规规定的，由劳动行政部门责令改正，给予警告；给劳动者造成损害的，应当承担赔偿责任。”企业应注意依法建立企业的规章制度，保证其效力。

3. 因严重失职，营私舞弊，给用人单位造成重大损害的，可以解除劳动合同。

失职则是一种过失行为，表现为劳动者不履行工作职责。“违纪”和严重失职实践中易被混淆。“违纪”即违反规章制度，违纪是一种故意行为。即劳动者明知劳动纪律的禁止规定仍然违反的行为。严重违纪主要是指违纪的情节严重，侧重于从主观恶劣程度去判断。严重失职主要是指造成的损失重大，侧重于从客观后果程度去判断。严重失职行为，如因粗心大意、玩忽职守而造成事故，因工作不负责而经常产生废品，损坏工具设备，浪费原材料或能源等。劳动者在违纪行为和失职行为中都存在主观过错，程度严重的都将导致可能解除劳动合同。营私舞弊，意即图谋私利而玩弄欺骗手段做犯法的事。如为个人私利出卖用人单位利益、泄露单位商业秘密等，尚不构成刑事责任的。

用人单位要根据自身的特点建立明确详细严重失职、营私舞弊的具体内容，及造成重大损害的量化标准等，与员工协商讨论后公布实施。

4. 劳动者同时与其他用人单位建立劳动关系，用人单位可以即时解除劳动合同的条件为以下二者之一：①对完成本单位的工作任务造成严重影响。②经用人单位提出，拒不改正的。从实务操作角度看，用人单位要证明“造成严重影响”有一定困难。采用向劳动者提出改正要求则易于操作，也容易举证，且不受是否“造成严重影响”的限制。实践中要注意操作要规范，应以书面方式通知劳动者限期与其他用人单位解除劳动关系。

劳动者同时与其他用人单位建立劳动关系，即我们通常所说的“兼职行为”。劳动者完成本职工作，是其应尽的义务。法律、法规并不禁止“兼职行为”，但作为用人单位，当劳动者的“兼职行为”严重影响到本职工作任务的完成，也是不能容忍的。当然，要证明劳动者有兼职行为也不是件简单的事。

5. 劳动者采用欺诈、胁迫的手段或者乘人之危的，常见的是提供虚假资料：如假文凭、假证件、假经历等欺诈手段。用人单位应当建立行之有效的审查制度，把好进人审查关。

6. 被依法追究刑事责任的。按照劳动部《关于贯彻执行〈中华人民共和国劳动法〉若干问题的意见》第29条规定：“‘被依法追究刑事责任’是指：被人民检察院免予起诉的、被人民法院判处刑罚的、被人民法院依据刑法第三十二条免予刑事处分的。劳动者被人民法院判处拘役、三年以下有期徒刑缓刑的，用人单位可以解除劳动合同。”劳动者被劳动教养、刑事拘留、行政拘留、被人民检察院做出不予起诉决定，不属于本项解除劳动合同的条件。

二十一、怎样理解用人单位提前三十日通知解除劳动合同的情形

《劳动合同法》第四十条　有下列情形之一的，用人单位提前三十日以书面形式通知劳动者本人或者额外支付劳动者一个月工资后，可以解除劳动合同：

（一）劳动者患病或者非因工负伤，在规定的医疗期满后不能从事原工作，也不能从事由用人单位另行安排的工作的；

（二）劳动者不能胜任工作，经过培训或者调整工作岗位，仍不能胜任工

作的；

（三）劳动合同订立时所依据的客观情况发生重大变化，致使劳动合同无法履行，经用人单位与劳动者协商，未能就变更劳动合同内容达成协议的。

▲简释：

1. 劳动者患病或者非因工负伤、不能胜任工作、客观情况发生重大变化，用人单位可解除劳动合同。解除劳动合同须遵守以下二者之一：一是提前三十日书面通知，二是支付一个月工资。以便劳动者为重新就业做准备。其额外支付的工资应当按照该劳动者上一个月的工资标准确定。

2. 劳动者患病或者非因工负伤解除劳动合同的，还须同时满足三个条件：一是医疗期满，二是不能从事原工作，三是也不能从事由用人单位另行安排的工作。

3. 劳动者不能胜任工作解除劳动合同的，还须同时满足二个条件：一是经过培训或者调整工作岗位，二是仍不能胜任工作。

4. 客观情况发生重大变化解除劳动合同的，须同时满足三个条件：一是劳动合同无法履行，二是经过用人单位与劳动者协商，三是未能达成劳动合同变更协议。

▲解读：

1. 本条是关于用人单位无过失解除劳动合同的规定。是用人单位根据劳动合同履行过程中客观情况的变化而需解除劳动合同。在劳动者患病或者非因工负伤、不能胜任工作、客观情况发生重大变化三种情境下，首先要有一个工作的调整过程，前两种情况工作的调整不须劳动者的同意，后一种须与劳动者达成一致。

2. 关于医疗期。根据劳动部 1994 年 12 月 1 日发布的《企业职工患病或非因工负伤医疗期规定》的规定，这里所说的医疗期是指企业职工因患病或非因工负伤停止工作治病休息不得解除劳动合同的时限，而不是劳动者病伤治愈实际需要的医疗期。生病期间停工医疗是劳动者权利。医疗期满后，如果劳动者由于身体健康原因不能胜任工作，用人单位有义务为其另行安排力所能及的工作岗位。如果劳动者对新安排的工作也无法完成，说明劳动者已经没有能力履行劳动合同，用人单位可以解除劳动合同。

医疗期是根据职工本人实际参加工作年限和在本单位工作年限计算的，一般为给予三个月以上不超过二十四个月。医疗期计算从病休第一天开始，累计计算。病休期间，公休、假日和法定节日包括在内。对某些患特殊疾病（如癌症、精神病、瘫痪等）的职工，在二十四个月内尚不能痊愈的，经企业和劳动主管部门批准，可以适当延长医疗期。

用人单位需充分掌握医疗期的有关规定，应注意：①医疗期要计算准确。如果计算有误提前解除合同，就不仅要支付补偿金可能还要支付赔偿金了。

②不能从事原工作主要是指身体上不能适应原工作的需要或需要继续休息。劳动者事实上做不了原工作或提出无法从事原来的工作。③用人单位必须另行给劳动者安排一个力所能及的工作。如果劳动者能胜任原来的工作或新安排的工作，用人单位不能以医疗期满为由解除劳动合同。

3. 关于不能胜任工作。“不能胜任工作”是指不能按要求完成劳动合同中约定的任务或者同工种、同岗位人员的工作量。用人单位不得故意提高定额标准，使劳动者无法完成。就是指在正常的工作要求、定额标准下，劳动者不具备从事某岗位工作的能力，不能完成工作任务。这里并不包括用人单位利用苛刻的工作标准，使劳动者无法完成工作任务的情形。有的企业利用“末位淘汰”的方法来解聘员工，“末位”并不当然构成不能胜任工作的条件。在劳动者不能胜任工作时，用人单位须履行协助劳动者适应岗位的义务。以下二者须具其一：一是进行职业培训，提高其职业技能。二是可以把其调整到可能能够胜任的工作岗位上。在用人单位履行上述义务后，劳动者仍然不能胜任工作，说明劳动者不具备在该单位工作的能力，才可以解除与该劳动者的劳动合同。

4. 关于客观情况发生重大变化。是指履行原劳动合同所必要的客观条件发生重大变化。根据劳办发［1994］289号《关于〈劳动法〉若干条文的说明》的解释，发生不可抗力或出现致使劳动合同全部或部分条款无法履行的其他情况，如企业迁移、被兼并、企业资产转移等。并且排除用人单位濒临破产进行法定整顿期间或者生产经营状况发生严重困难的情形。由于兼并的情形《劳动合同法》已规定为原劳动合同继续有效，劳动合同由继承其权利和义务的用人单位继续履行，无须变更劳动合同。因此“客观情况发生重大变化”，还有待于法律法规的进一步解释。

二十二、怎样理解用人单位经济性裁减人员的情形

《劳动合同法》第四十一条 有下列情形之一，需要裁减人员二十人以上或者裁减不足二十人但占企业职工总数百分之十以上的，用人单位提前三十日向工会或者全体职工说明情况，听取工会或者职工的意见后，裁减人员方案经向劳动行政部门报告，可以裁减人员：

（一）依照企业破产法规定进行重整的；

（二）生产经营发生严重困难的；

（三）企业转产、重大技术革新或者经营方式调整，经变更劳动合同后，仍需裁减人员的；

（四）其他因劳动合同订立时所依据的客观经济情况发生重大变化，致使劳动合同无法履行的。

裁减人员时，应当优先留用下列人员：

（一）与本单位订立较长期限的固定期限劳动合同的；

（二）与本单位订立无固定期限劳动合同的；

（三）家庭无其他就业人员，有需要扶养的老人或者未成年人的。

用人单位依照本条第一款规定裁减人员，在六个月内重新招用人员的，应当通知被裁减的人员，并在同等条件下优先招用被裁减的人员。

▲简释：

1. 进行破产重整；生产经营发生严重困难的；企业转产、重大技术革新或者经营方式调整；客观经济情况发生重大变化的四种情形属于经济性裁减人员范围。

2. 经济性裁员就是指企业由于经营不善等经济性原因，解雇多个劳动者的情形。裁减人员二十人以上或者裁减不足二十人但占企业职工总数百分之十以上的，构成经济性裁减人员。但十人以内的企业裁减一人，即构成经济性裁减人员。

3. 操作程序为：用人单位提前三十日向工会或者全体职工说明情况，听取工会或者职工的意见后，然后将裁减人员方案向劳动行政部门报告后，才可以裁减。这里的“报告”属于告知，不是事前许可或者审批。但却是必经程序。

4. 裁减人员时应当优先留用与本单位订立较长期限的固定期限劳动合同的；无固定期限劳动合同的；家庭无其他就业人员，有需要扶养的老人或者未成年人的。

5. 裁减完成六个月内重新招用人员的，要通知被裁减的人员，并在同等条件下优先招用被裁减的人员。

▲解读：

1. 经济性裁员只能发生在企业中，只有企业才有可能进行经济性裁员。其他用人单位不存在经济性裁员问题。根据《劳动合同法》的规定，用人单位只有在以下四种情况下才可以解除劳动合同：一是双方协商一致，由用人单位解除劳动合同。二是劳动者有法律所规定的过错的，即不符合录用条件的；严重违反规章制度的；严重失职，营私舞弊，给用人单位造成重大损失的；在其他单位兼职的；欺诈、胁迫或者乘人之危致使劳动合同无效的；被依法追究刑事责任的等。三是劳动者不能适应工作的，如患病或者非因工负伤的、不能胜任工作的、客观情况发生重大变化劳动合同无法履行的等。四是经济性裁员。

2. 依照企业破产法规定进行重整的，须是用人单位濒临破产，被人民法院宣告进入法定整顿期间。企业破产重整制度，就是使企业利用破产重整制度，组织企业重整方案、债权的重组和清偿方案等重整计划，使企业能够继续经营并清偿债务，避免企业真正进入破产清算程序，使企业获得一个重生的机会。用人单位可配合整个重整计划，根据实际经营情况，进行经济性裁员。

3. 生产经营发生严重困难，须达到当地政府规定的严重困难企业标准。

一般性经济困难，如财务指标一般性恶化，产业结构不合理等，不能作为企业进行经济性裁员的根据。

4. 企业转产、重大技术革新或者经营方式调整，并不必然构成减员，只有在将一部分员工转移到新的工作岗位后，仍需裁减人员的，才能减员。

5. 用人单位从裁减人员之日起，六个月内需要新招人员的，必须优先从本单位裁减的人员中录用，并向当地劳动行政部门报告录用人员的数量、时间、条件以及优先录用人员的情况。

6. 根据劳部发［1994］447号《企业经济性裁减人员规定》的规定，用人单位确需裁减人员，应按下列程序进行：

（1）提前三十日向工会或者全体职工说明情况，并提供有关生产经营状况的资料；

（2）提出裁减人员方案，内容包括：被裁减人员名单，裁减时间及实施步骤，符合法律、法规规定和集体合同约定的被裁减人员经济补偿办法；

（3）将裁减人员方案征求工会或者全体职工的意见，并对方案进行修改和完善；

（4）向当地劳动行政部门报告裁减人员方案以及工会或者全体职工的意见，并听取劳动行政部门的意见；

（5）由用人单位正式公布裁减人员方案，与被裁减人员办理解除劳动合同手续，按照有关规定向被裁减人员本人支付经济补偿金，出具裁减人员证明书。

7. 其他客观经济情况发生重大变化，还须有关法规的进一步解释，否则难以把握。

8. 在经济性裁员中企业要承担社会责任。即经济性裁员中还要考虑社会因素，优先保护对用人单位贡献较大和再就业能力较差的劳动者。三类优先留用的劳动者之间并没有优先顺序，用人单位可以根据实际需要予以留用。

9. 重新招用人员的，被裁减人员具有优先就业权。重新招用人员，必须在同等条件下优先从本单位裁减的人员中录用，并向当地劳动行政部门报告录用人员的数量、时间、条件以及优先录用人员的情况。未通知被裁减的人员，而直接另聘他人的，如果被裁减人员主张权利，且条件相当的，用人单位应当赔偿损失、恢复劳动关系。

二十三、怎样理解用人单位不得解除劳动合同的情形

《劳动合同法》第四十二条　劳动者有下列情形之一的，用人单位不得依照本法第四十条、第四十一条的规定解除劳动合同：

（一）从事接触职业病危害作业的劳动者未进行离岗前职业健康检查，或者疑似职业病病人在诊断或者医学观察期间的；

（二）在本单位患职业病或者因工负伤并被确认丧失或者部分丧失劳动能力的；

（三）患病或者非因工负伤，在规定的医疗期内的；

（四）女职工在孕期、产期、哺乳期的；

（五）在本单位连续工作满十五年，且距法定退休年龄不足五年的；

（六）法律、行政法规规定的其他情形。

▲简释：

本条规定用人单位不得以劳动者不适应工作和经济性减员解除劳动合同的情形。根据《劳动合同法》第三十九条、第四十条、第四十一条的规定，出现法定情形时，用人单位可以单方解除劳动合同。但当有本条规定的六类情形时，用人单位也不得以第四十条、第四十一条的规定为理由解除劳动合同。理解需注意以下两个方面：一是本条禁止的是用人单位单方解除劳动合同，并不禁止劳动者与用人单位协商一致解除劳动合同；二是即使劳动者具备了本条规定的六种情形之一，不代表有了“护身符”，用人单位仍可根据《劳动合同法》第三十九条的规定解除劳动合同，即因过错解除劳动合同。

▲解读：

1. 对从事接触职业病危害作业的劳动者，依据不适应工作和经济性减员规定解除劳动合同前须进行离岗前职业健康检查。对疑似职业病病人在诊断或者医学观察期间的，也不能依据不适应工作和经济性减员规定解除劳动合同。

2. 职业病的认定，需要根据职业病防治法的有关规定，由专门医疗机构认定。工伤保险条例对工伤的情形做了列举。发生职业病或者因工负伤，用人单位作为用工组织者和直接受益者理应承担相应责任。发生职业病或者因工负伤，都可能造成劳动者丧失或者部分丧失劳动能力。《劳动合同法》规定在本单位患职业病或者因工负伤并被确认丧失或者部分丧失劳动能力的，用人单位不得解除劳动合同。根据《职工工伤与职业病致残程度鉴定国家标准》规定：评残标准分为10级，符合评残标准1～4级为完全丧失劳动能力；5～6级为大部分丧失劳动能力；7～10级为部分丧失劳动能力。

3. 患病或者非因工负伤规定的医疗期，是指企业职工因患病或非因工负伤停止工作治病休息不得解除劳动合同的时限。职工在医疗期内，其病假工资、疾病救济费和医疗待遇按照有关规定执行。根据《企业职工患病或非因工负伤医疗期规定》的第七条规定，企业职工非因工致残和经医生或医疗机构认定患有难以治疗的疾病，医疗期满，应当由劳动鉴定委员会参照工伤与职业病致残程度鉴定标准进行劳动能力的鉴定。被鉴定为1至4级的，应当退出劳动岗位，解除劳动关系，并办理退休、退职手续，享受退休、退职待遇。

4. 妇女权益保障法第二十七条规定，任何单位不得因结婚、怀孕、产假、哺乳等情形，降低女职工的工资，辞退女职工，单方解除劳动（聘用）合同或者服务协议。但是，女职工要求终止劳动（聘用）合同或者服务协议的除外。所谓孕期，是指妇女怀孕期间。产期，是指妇女生育期间，产假一般为九十天。哺乳期，是指从婴儿出生到一周岁之间的期间。根据本条规定，妇女只要在孕期、产期、哺乳期的，用人单位就不得根据《劳动合同法》第四十条、第四十一条的规定单方解除劳动合同。

5. 在本单位连续工作满十五年，且距法定退休年龄不足五年的，用人单位不得根据《劳动合同法》第四十条、第四十一条的规定单方解除劳动合同。

二十四、怎样理解用人单位单方解除劳动合同的通知工会义务

《劳动合同法》第四十三条 用人单位单方解除劳动合同，应当事先将理由通知工会。用人单位违反法律、行政法规规定或者劳动合同约定的，工会有权要求用人单位纠正。用人单位应当研究工会的意见，并将处理结果书面通知工会。

▲简释：

1. 用人单位单方解除劳动合同，应当事先将理由通知工会。

2. 工会有权要求用人单位纠正违反法律、行政法规规定或者劳动合同约定的单方解除劳动合同的行为。

3. 用人单位应当将处理结果书面通知工会。

▲解读：

1. 发挥工会的作用，有利于缓和矛盾，减少劳动争议的发生，必须保障工会对用人单位单方解除劳动合同行为的知情权。

2. 如果工会认为用人单位单方解除劳动合同是违反了法律、行政法规规定或者劳动合同约定的，有权以书面形式正式提出不同意见，要求用人单位纠正错误的解除行为。这是工会的一项法定权利，任何组织和个人都不得剥夺和侵害。

3. 用人单位应认真研究，慎重处理，并将处理结果以书面形式正式通知工会。

二十五、怎样理解劳动合同的终止

《劳动合同法》第四十四条 有下列情形之一的，劳动合同终止：

（一）劳动合同期满的；

（二）劳动者开始依法享受基本养老保险待遇的；

（三）劳动者死亡，或者被人民法院宣告死亡或者宣告失踪的；

（四）用人单位被依法宣告破产的；

（五）用人单位被吊销营业执照、责令关闭、撤销或者用人单位决定提前解散的；

（六）法律、行政法规规定的其他情形。

▲简释：

本条规定了劳动合同终止的六种情形。用人单位与劳动者不得在本条规定的劳动合同终止情形之外约定其他的劳动合同终止条件。

▲解读：

1. 这主要包括有固定期限的劳动合同和以完成一定工作任务为期限的劳动合同两种情形。劳动合同期满，除依法续订劳动合同的和依法应延期的外，劳动合同自然终止，双方权利义务结束。

2. 劳动者开始依法享受基本养老保险待遇的，劳动合同终止。本条并未明确劳动者退休劳动合同终止，因为并非所有劳动者达到退休年龄时都能享受基本养老保险待遇。为此《中华人民共和国劳动合同法实施条例》规定：劳动者达到法定退休年龄的，劳动合同终止。除非其他法律、行政法规另有规定。

3. 劳动者死亡，或者被人民法院宣告死亡或者宣告失踪，劳动合同签订一方主体资格消灭，客观上丧失劳动能力，之前签订的劳动合同因为缺乏一方主体而归于消灭，属于劳动合同终止的情形之一。

4. 用人单位被依法宣告破产，意味着劳动合同一方主体资格必然消灭，劳动合同归于终止。

5. 用人单位被吊销营业执照、责令关闭、撤销或者用人单位决定提前解散，劳动合同终止。

二十六、怎样理解劳动合同期满不得终止的情形

《劳动合同法》第四十五条　劳动合同期满，有本法第四十二条规定情形之一的，劳动合同应当续延至相应的情形消失时终止。但是，本法第四十二条第二项规定丧失或者部分丧失劳动能力劳动者的劳动合同的终止，按照国家有关工伤保险的规定执行。

▲简释：

劳动合同期满时，用人单位也不得与未进行离岗前职业健康检查的从事接触职业病危害作业的劳动者，疑似职业病病人在诊断或者医学观察期间的劳动者，患职业病或者因工负伤并被确认丧失或者部分丧失劳动能力的劳动者，患病或者非因工负伤，在规定的医疗期内的劳动者，在孕期、产期、哺乳期的劳动者，连续工作满十五年，且距法定退休年龄不足五年的劳动者终止劳动合同。劳动合同应当续延至相应的情形消失时终止。符合工伤规定的按工伤保险规定执行。

▲解读：

1.《劳动合同法》第四十二条规定在五种情形下的劳动者，用人单位不得解除劳动合同。同样劳动合同期满时，如果劳动者有《劳动合同法》第四十二

条规定的五种情形的，用人单位不能终止合同，必须将劳动合同延续至相应情形消失时才能终止。

2. 劳动合同期满时，从事接触职业病危害作业的劳动者，必须等到进行了职业健康检查合格后，劳动合同才能终止。

劳动合同期满时，疑似职业病病人在诊断或者医学观察期间，必须等到排除职业病或者医学观察期间结束，劳动合同才能终止。

劳动合同期满时，在本单位患职业病，必须等到职业病治愈，劳动合同才能终止。

劳动合同期满时，因工负伤并被确认丧失劳动能力，必须等到劳动能力全部恢复，劳动合同才能终止。

劳动合同期满时，患病或者非因工负伤在医疗期内，必须等到医疗期满后才能终止劳动合同。

劳动合同期满时，女职工在孕期、产期、哺乳期的，须等到孕期、产期、哺乳期满后劳动合同才可以终止。

劳动合同期满时，在本单位连续工作满十五年，且距法定退休年龄不足五年的，就不能终止劳动合同。劳动合同延续至劳动者退休。

3. 对劳动者患职业病或者因工负伤并被确认部分丧失劳动能力的情形，适用工伤保险条例的规定。劳动者丧失或者部分丧失劳动能力的，按照如下原则处理：①完全丧失劳动能力（1~4级伤残），劳动关系不得解除、不得终止，劳动者保留劳动关系，退出生产岗位直至退休；②大部分丧失劳动能力（5~6级伤残），劳动者可以提出解除或者终止劳动关系，但用人单位不得提出解除或者终止劳动关系；③部分丧失劳动能力（7~10级伤残），劳动者可以提出解除或者终止劳动关系，但用人单位不得提出解除劳动关系，但劳动合同期满，用人单位可以终止劳动合同。

二十七、怎样理解用人单位应当向劳动者支付经济补偿的情形

《劳动合同法》第四十六条　有下列情形之一的，用人单位应当向劳动者支付经济补偿：

（一）劳动者依照本法第三十八条规定解除劳动合同的；

（二）用人单位依照本法第三十六条规定向劳动者提出解除劳动合同并与劳动者协商一致解除劳动合同的；

（三）用人单位依照本法第四十条规定解除劳动合同的；

（四）用人单位依照本法第四十一条第一款规定解除劳动合同的；

（五）除用人单位维持或者提高劳动合同约定条件续订劳动合同，劳动者不同意续订的情形外，依照本法第四十四条第一项规定终止固定期限劳动合同的；

（六）依照本法第四十四条第四项、第五项规定终止劳动合同的；

（七）法律、行政法规规定的其他情形。

▲简释：

经济补偿不是经济赔偿，不是一种惩罚手段，是企业承担的一种社会责任，有利于社会稳定。这一手段有利于引导用人单位长期使用劳动者，谨慎行使劳动合同的解除权利和终止权利。

非劳动者提出的或非劳动者的过错解除劳动合同，劳动者可以获得经济补偿。

▲解读：

1.《劳动合同法》第三十八条规定的情形，即用人单位有违法、违约行为的，劳动者可以随时或者立即解除劳动合同，用人单位须支付经济补偿。用人单位有违法、违约行为包括用人单位未依照劳动合同约定提供劳动保护或者劳动条件的；用人单位未及时足额支付劳动报酬的；用人单位未依法为劳动者缴纳社会保险费的；用人单位的规章制度违反法律、法规的规定，损害劳动者权益的；用人单位有《劳动合同法》第二十六条中欺诈、胁迫或者乘人之危等行为致使劳动合同无效或者部分无效的；法律、行政法规规定的其他情形；用人单位以暴力、威胁或者非法限制人身自由的手段强迫劳动者劳动的；用人单位违章指挥、强令冒险作业危及劳动者人身安全的。

2. 由用人单位提出解除的，双方协商一致解除劳动合同，用人单位须支付经济补偿。劳动者主动跳槽，与用人单位协商解除劳动合同的，用人单位无须支付经济补偿。

3. 用人单位依照本法第四十条规定解除劳动合同的，即劳动者患病或者非因工负伤、不能胜任工作、客观情况发生重大变化用人单位依法解除劳动合同的，用人单位须支付经济补偿。

也就是说，在劳动者虽非过错但有一定不足，用人单位没有过错，且采取了一些补救措施，但劳动者仍不符合工作要求的情况下，用人单位可以依法解除劳动合同，用人单位也须支付经济补偿。

4. 用人单位按《劳动合同法》第四十一条第一款规定，因经济性减员而解除劳动者劳动合同的，解除劳动合同后，用人单位应当支付经济补偿。

5. 劳动合同期满后，终止固定期限劳动合同的，用人单位应当支付经济补偿。但用人单位维持或者提高劳动合同约定条件续订劳动合同，劳动者不同意续订的情况除外。以完成一定工作任务为期限的劳动合同因任务完成而终止的，用人单位应当依照《劳动合同法》第四十七条的规定向劳动者支付经济补偿。

6.《劳动合同法》第四十四条第四项规定，用人单位被依法宣告破产的，劳动合同终止。第四十四条第五项规定，用人单位被吊销营业执照、责令关闭、撤销或者用人单位决定提前解散的，劳动合同终止。以上情形用人单位应当支付经济补偿。

7. 经济补偿标准。经济补偿按《劳动合同法》第四十七条的规定，以劳动者在本单位工作的年限，每满一年支付一个月工资的标准向劳动者支付。六个月以上不满一年的，按一年计算；不满六个月的，向劳动者支付半个月工资的经济补偿。

劳动者月工资高于用人单位所在直辖市、设区的市级人民政府公布的本地区上年度职工月平均工资三倍的，向其支付经济补偿的标准按职工月平均工资三倍的数额支付，向其支付经济补偿的年限最高不超过十二年。

月工资是指劳动者在劳动合同解除或者终止前十二个月的平均工资。月工资包括标准工资、加班工资、津贴、补贴等。

二十八、怎样理解用人单位违法解除或者终止劳动合同的法律后果

《劳动合同法》第四十八条　用人单位违反本法规定解除或者终止劳动合同，劳动者要求继续履行劳动合同的，用人单位应当继续履行；劳动者不要求继续履行劳动合同或者劳动合同已经不能继续履行的，用人单位应当依照本法第八十七条规定支付赔偿金。

▲简释：

用人单位解除或者终止劳动合同须依照《劳动合同法》第三十六条、第三十九条、第四十条、第四十一条、第四十二条、第四十四条、第四十五条等的规定。未依照以上条款解除或者终止劳动合同的构成违法解除或者终止劳动合同。用人单位违法解除或者终止劳动合同的，劳动者有权选择是否继续履行劳动合同。选择继续履行的，用人单位应当继续履行。选择不继续履行或者已经不能继续履行的，用人单位应当支付赔偿金。

▲解读：

1.《劳动合同法实施条例》对用人单位依照《劳动合同法》规定的条件、程序，可以与劳动者解除固定期限劳动合同、无固定期限劳动合同或者以完成一定工作任务为期限的劳动合同的情形归纳为十四种：

（1）用人单位与劳动者协商一致的；

（2）劳动者在试用期间被证明不符合录用条件的；

（3）劳动者严重违反用人单位的规章制度的；

（4）劳动者严重失职，营私舞弊，给用人单位造成重大损害的；

（5）劳动者同时与其他用人单位建立劳动关系，对完成本单位的工作任务造成严重影响，或者经用人单位提出，拒不改正的；

（6）劳动者以欺诈、胁迫的手段或者乘人之危，使用人单位在违背真实意思的情况下订立或者变更劳动合同的；

（7）劳动者被依法追究刑事责任的；

（8）劳动者患病或者非因工负伤，在规定的医疗期满后不能从事原工作，

也不能从事由用人单位另行安排的工作的；

（9）劳动者不能胜任工作，经过培训或者调整工作岗位，仍不能胜任工作的；

（10）劳动合同订立时所依据的客观情况发生重大变化，致使劳动合同无法履行，经用人单位与劳动者协商，未能就变更劳动合同内容达成协议的；

（11）用人单位依照企业破产法规定进行重整的；

（12）用人单位生产经营发生严重困难的；

（13）企业转产、重大技术革新或者经营方式调整，经变更劳动合同后，仍需裁减人员的；

（14）其他因劳动合同订立时所依据的客观经济情况发生重大变化，致使劳动合同无法履行的。

《劳动合同法》第四十四条规定了劳动合同终止的情形，同时《劳动合同法实施条例》又补充规定：劳动者达到法定退休年龄的，劳动合同终止。

用人单位未按以上规定及《劳动合同法》第四十五条，关于劳动合同期满因规定情形须将劳动合同续延至相应的情形消失时终止的要求，解除或者终止劳动合同的，即属于违反《劳动合同法》规定解除或者终止劳动合同的情形。

2. 用人单位违反《劳动合同法》规定解除或者终止劳动合同的，首先要消除违法状态，保护劳动者的合法劳动权益，使劳动合同继续履行。同时考虑到实际情况，劳动者要求继续履行劳动合同的，用人单位应当继续履行劳动合同。劳动者不要求继续履行劳动合同的，劳动合同可以解除或者终止，同时用人单位应当依法支付赔偿金。

3. 关于赔偿金标准。《劳动合同法》第八十七条规定："用人单位违反本法规定解除或者终止劳动合同的，应当依照本法第四十七条规定的经济补偿标准的两倍向劳动者支付赔偿金。"即依在本单位工作的年限及月工资标准来做计算依据。

4. 赔偿金不同于经济补偿。赔偿金具有惩罚性。本条并未说明支付赔偿金同时是否还应支付经济补偿。《劳动合同法》第四十六条规定的是依法解除或终止合同须支付经济补偿，并无违法解除须支付经济补偿的规定。但就本条款看似支付了赔偿金就无须支付经济补偿。但由于经济补偿与经济赔偿是两个性质不同的概念，用人单位支付经济赔偿并不等于免除了其依法支付经济补偿的法定义务。《劳动合同法实施条例》对此进行了明确："用人单位违反《劳动合同法》的规定解除或者终止劳动合同，依照《劳动合同法》第八十七条的规定支付了赔偿金的，不再支付经济补偿。赔偿金的计算年限自用工之日起计算。"

二十九、怎样理解用人单位在解除或者终止劳动合同时应办理的手续

《劳动合同法》第五十条　用人单位应当在解除或者终止劳动合同时出具

解除或者终止劳动合同的证明，并在十五日内为劳动者办理档案和社会保险关系转移手续。

劳动者应当按照双方约定，办理工作交接。用人单位依照本法有关规定应当向劳动者支付经济补偿的，在办结工作交接时支付。

用人单位对已经解除或者终止的劳动合同的文本，至少保存两年备查。

▲简释：

1. 用人单位应当为劳动者出具解除或者终止劳动合同的证明。

2. 用人单位有义务按时为劳动者办理档案和社会保险关系转移手续。

3. 劳动者应当按照约定办理工作交接。

4. 在办结工作交接时，用人单位按规定向劳动者支付经济补偿。

5. 已经解除或者终止的劳动合同的文本，用人单位要保存两年以上。

▲解读：

1. 用人单位出具的解除、终止劳动合同的证明，应当写明劳动合同期限、解除或者终止劳动合同的日期、工作岗位、在本单位的工作年限。出具解除或者终止劳动合同证明，主要是考虑便于劳动者办理失业登记和再就业。具有用人单位依法解除劳动合同、劳动者依法解除劳动合同、用人单位和劳动者依法终止劳动合同、用人单位违法解除或者终止劳动合同等情形时，用人单位均应为劳动者出具解除、终止劳动合同的证明。《劳动合同法》第八十九条规定："用人单位违反本法规定未向劳动者出具解除或者终止劳动合同的书面证明，由劳动行政部门责令改正；给劳动者造成损害的，应当承担赔偿责任。"

2. 用人单位为劳动者办理档案和社会保险关系转移手续是一项法定义务。用人单位须在十五日内为劳动者办理档案和社会保险的转移手续。

《劳动合同法》第八十四条规定："用人单位违反本法规定，扣押劳动者居民身份证等证件的，由劳动行政部门责令限期退还劳动者本人，并依照有关法律规定给予处罚。

用人单位违反本法规定，以担保或者其他名义向劳动者收取财物的，由劳动行政部门责令限期退还劳动者本人，并以每人500元以上2000元以下的标准处以罚款；给劳动者造成损害的，应当承担赔偿责任。

劳动者依法解除或者终止劳动合同，用人单位扣押劳动者档案或者其他物品的，依照前款规定处罚。"

3. 办理工作交接是劳动者的义务。劳动者有按照双方约定，遵循诚实信用的原则办理工作交接的义务。保持用人单位的工作秩序、工作衔接，保证正常的生产经营。工作交接主要包括公司财产物品的返还、资料的交接，工作内容的交接等。

4. 用人单位有在办理交接手续时向劳动者支付经济补偿的义务。在劳动者办理交接手续的同时，用人单位应当及时支付经济补偿。《劳动合同法》第八十四条规定了法律责任：解除或者终止劳动合同，未依照本法规定向劳动者支付经济补偿的，由劳动行政部门责令限期支付经济补偿；逾期不支付的，责令用人单位按应付金额百分之五十以上百分之一百以下的标准向劳动者加付赔偿金。

5. 用人单位有对已经解除或者终止的劳动合同文本保存两年以上备查的义务。

三十、怎样理解集体合同

《劳动合同法》第五十一条　企业职工一方与用人单位通过平等协商，可以就劳动报酬、工作时间、休息休假、劳动安全卫生、保险福利等事项订立集体合同。集体合同草案应当提交职工代表大会或者全体职工讨论通过。

集体合同由工会代表企业职工一方与用人单位订立；尚未建立工会的用人单位，由上级工会指导劳动者推举的代表与用人单位订立。

▲简释：

集体合同是指工会代表企业职工与用人单位，根据法律、法规的规定，就劳动报酬、工作时间、休息休假、劳动安全卫生、保险福利等事项，经过平等协商签订的书面协议。

▲解读：

1. 集体合同是工会代表企业职工与用人单位签订的。中华人民共和国劳动和社会保障部第22号令《集体合同规定》规定："集体合同，是指用人单位与本单位职工根据法律、法规、规章的规定，就劳动报酬、工作时间、休息休假、劳动安全卫生、职业培训、保险福利等事项，通过集体协商签订的书面协议；所称专项集体合同，是指用人单位与本单位职工根据法律、法规、规章的规定，就集体协商的某项内容签订的专项书面协议。"是一种团体合同。而劳动合同是用人单位与劳动者一对一签订的。

2. 订立集体合同的主要目的，是为确立劳动关系设定具体标准。即明确劳动报酬、工作时间、休息休假、劳动安全卫生、职业培训、保险福利等事项的具体标准。而劳动合同主要目的是确立劳动关系。

3. 集体合同对签订合同的单个用人单位或用人单位所代表的全体用人单位，以及工会和工会所代表的全体劳动者，都有法律效力。依法订立的集体合同对用人单位和劳动者具有约束力。行业性、区域性集体合同对当地本行业、本区域的用人单位和劳动者具有约束力。集体合同的效力一般高于劳动合同的效力。而劳动合同对用人单位和劳动者一对一发生法律效力。

4. 集体合同的内容。依据由劳动和社会保障部颁布于2004年5月1日起施行的《集体合同规定》第八条规定："集体协商双方可以就下列多项或某项内容进行集体协商，签订集体合同或专项集体合同：（一）劳动报酬；（二）工作时间;（三）休息休假;（四）劳动安全与卫生;（五）补充保险和福利;（六）女职工和未成年工特殊保护;（七）职业技能培训;（八）劳动合同管理;（九）奖惩;（十）裁员;（十一）集体合同期限;（十二）变更、解除集体合同的程序;（十三）履行集体合同发生争议时的协商处理办法;（十四）违反集体合同的责任;（十五）双方认为应当协商的其他内容。”

5. 在县级以下区域内，建筑业、采矿业、餐饮服务业等行业可以由工会与企业方面代表订立行业性集体合同，或者订立区域性集体合同。

6. 集体合同订立后，应当报送劳动行政部门；劳动行政部门自收到集体合同文本之日起十五日内未提出异议的，集体合同即行生效。

7. 集体合同中劳动报酬和劳动条件等标准不得低于当地人民政府规定的最低标准；用人单位与劳动者订立的劳动合同中劳动报酬和劳动条件等标准不得低于集体合同规定的标准。

8. 用人单位违反集体合同，侵犯职工劳动权益的，工会可以依法要求用人单位承担责任；因履行集体合同发生争议，经协商解决不成的，工会可以依法申请仲裁、提起诉讼。

三十一、怎样理解劳务派遣

《劳动合同法》第五十八条　劳务派遣单位是本法所称用人单位，应当履行用人单位对劳动者的义务。劳务派遣单位与被派遣劳动者订立的劳动合同，除应当载明本法第十七条规定的事项外，还应当载明被派遣劳动者的用工单位以及派遣期限、工作岗位等情况。

劳务派遣单位应当与被派遣劳动者订立两年以上的固定期限劳动合同，按月支付劳动报酬；被派遣劳动者在无工作期间，劳务派遣单位应当按照所在地人民政府规定的最低工资标准，向其按月支付报酬。

▲简释：

1. 用人单位是劳务公司，而不是实际用工的单位。

2. 劳动合同要在劳务公司与劳动者之间进行签订，而不是实际用工的单位与劳动者签订。

3. 这种劳动合同比一般的劳动合同的必备条款要多，增加了用工单位以及派遣期限、工作岗位等。

4. 劳动合同须为两年以上的固定期限劳动合同。劳务派遣单位不得以非全日制用工形式招用被派遣劳动者。

5. 劳动者无工作期间，月工资不低于最低工资标准。

▲解读：

1. 劳务派遣公司按公司法的有关规定设立，注册资本不得少于五十万元。

2. 劳务派遣公司为用人单位，要承担用人单位的全部权利和义务。如依法招用劳动者、签订劳动合同以及解除劳动合同时支付经济补偿金、支付工资、参加社会保险并依法缴费等义务；用人单位应依法承担安排劳动者休息休假、提供劳动保护、允许劳动者参加或组织工会等义务，并对派遣单位承担的解除劳动合同时支付经济补偿金、支付工资、参加社会保险并依法缴费等义务承担连带责任。

3. 实践中劳务派遣的发展不正常，一些企业利用劳务派遣逃避承担对劳动者的责任。为了限制这种不正常现象，《劳动合同法》对劳务派遣公司与劳动者签订劳动合同进行了特别规定：一是签订两年以上的固定期限劳动合同。二是劳动者无工作期间每月支付最低工资。无工作期间，劳务派遣单位要向劳动者按月支付不低于劳务派遣单位所在地人民政府规定的最低工资标准的劳动报酬。三是还要明确约定被派遣劳动者的用工单位以及派遣期限、工作岗位等情况。

4. 劳务派遣单位要与用工的单位订立劳务派遣协议。协议要约定派遣岗位和人员数量、派遣期限、劳动报酬和社会保险费的数额与支付方式以及违反协议的责任。用工单位应当根据工作岗位的实际需要与劳务派遣单位确定派遣期限，不得将连续用工期限分割订立数个短期劳务派遣协议。

5. 劳务派遣单位要将劳务派遣协议的内容告知被派遣劳动者。劳务派遣单位不得克扣用工单位按照劳务派遣协议支付给被派遣劳动者的劳动报酬。劳务派遣单位和用工单位不得向被派遣劳动者收取费用。

6. 跨地区派遣劳动者的，被派遣劳动者享有的劳动报酬和劳动条件，按照用工单位所在地的标准执行。

7. 用工单位的义务：

（1）执行国家劳动标准，提供相应的劳动条件和劳动保护；

（2）告知被派遣劳动者的工作要求和劳动报酬；

（3）支付加班费、绩效奖金，提供与工作岗位相关的福利待遇；

（4）对在岗被派遣劳动者进行工作岗位所必需的培训；

（5）连续用工的，实行正常的工资调整机制。

用工单位不得将被派遣劳动者再派遣到其他用人单位。

8. 被派遣劳动者与用工单位同样岗位上的劳动者有同样报酬的权利。用工单位不得因劳动者的身份不同而不给予同工同酬的权利。用工单位无同类岗位劳动者的，参照用工单位所在地相同或者相近岗位劳动者的劳动报酬确定。

9. 被派遣劳动者有权在劳务派遣单位或者用工单位依法参加或者组织工会，维护自身的合法权益。一般而言，劳动者是在用人单位参加工会，鉴于被派遣劳动者的工作特点，被派遣劳动者也有权在用工单位参加工会。

10. 被派遣劳动者可以依照《劳动合同法》第三十六条、第三十八条的规定与劳务派遣单位解除劳动合同。即劳动者可以与劳务派遣单位协商解除劳动合同，或者由于劳务派遣单位与用工单位有违法行为的，可以与劳务派遣单位解除劳动合同。《劳动合同法》第三十七条："劳动者提前三十日以书面形式通知用人单位，可以解除劳动合同。劳动者在试用期内提前三日通知用人单位，可以解除劳动合同。"不适用于被派遣劳动者。

11. 被派遣劳动者有本法第三十九条和第四十条第一项、第二项规定情形的，用工单位不能直接解除合同，但可以将劳动者退回劳务派遣单位。劳务派遣单位可以依照《劳动合同法》的有关规定，解除与劳动者的劳动合同。用工单位退回被派遣劳动者只能是因为劳动者不符合录用条件或者严重违纪违法，以及不胜任工作等情形。这样劳务派遣单位就可以依照劳动法的规定解除劳动合同。

12. 劳务派遣一般在临时性、辅助性或者替代性的工作岗位上实施。但这并非是强制性规定，因此什么是临时性、辅助性或者替代性工作岗位，则须劳动行政部门进行规定，否则实务操作中变数较大。

13. 用人单位不得设立劳务派遣单位向本单位或者所属单位派遣劳动者。即禁止用人单位为了规避用工成本自设劳务派遣公司的行为。用人单位或者其所属单位出资或者合伙设立的劳务派遣单位，向本单位或者所属单位派遣劳动者的，属于《劳动合同法》第六十七条规定的不得设立的劳务派遣单位。

14. 劳务派遣单位或者被派遣劳动者依法解除、终止劳动合同的经济补偿，依照《劳动合同法》第四十六条、第四十七条的规定执行。

三十二、怎样理解非全日制用工的规定

《劳动合同法》第六十八条　非全日制用工，是指以小时计酬为主，劳动者在同一用人单位一般平均每日工作时间不超过四小时，每周工作时间累计不超过二十四小时的用工形式。

▲简释：

1. 非全日制用工是一类特殊的用工形式。在非全日制用工中用人单位和劳动者之间形成的是劳动关系，双方达成的协议是劳动合同，而不是民事合同。

2. 工资形式以小时计酬为主。所谓工资形式，是指工资分配所采取的具体方式，最基本的两种方式是计时工资和计件工资。计时工资是根据职工工资标准和工作时间来计算工资额的一种方式。计件工资是按照职工生产的合格产品数量或者完成的工作量，根据企业内部确定的计件工资单价，计算工资额的一种方式。

3. 非全日制用工的界定标准是：在同一单位平均每日工作不超过四小时，每周工作时间累计不超过二十四小时。

▲解读：

1. 全日制用工劳动合同必须书面订立，非全日制用工双方当事人可以订立口头协议。

2. 从事非全日制用工的劳动者可以与多个用人单位订立劳动合同；同时，后订立的劳动合同不能影响先订立的劳动合同的履行。

3. 非全日制用工不适用试用期的规定。

4. 非全日制用工的劳动合同可以随时终止。双方当事人解除合同、终止合同均无须理由，而且用人单位无须向劳动者支付经济补偿。

5. 非全日制用工小时计酬标准不得低于用人单位所在地人民政府规定的最低小时工资标准。

6. 全日制用工，用人单位可以以小时、日、周、月为周期支付工资。按完成一定工作任务计发工资的，应当在工作任务完成的当日支付劳动者工资。用人单位应当至少每月向劳动者支付一次工资。而非全日制用工劳动报酬结算支付周期最长不得超过十五日。

第二部分 《劳动合同法》与人力资源管理

▲《劳动合同法》对人力资源管理的主要影响与基本对策

一、主要影响

在《劳动合同法》出台前，1994年颁布的《劳动法》，行政法规、规章及各地方出台的劳动合同管理办法是规范劳动关系的基本法律框架。《劳动合同法》是在这个基础上结合现实的需要出台的。与以前的规定相比有以下几点值得用工单位认真对待：

1. 企业应十分注意劳动合同期限的合理选择。在以往的实践中，一些用人单位往往喜欢一年一签劳动合同。有些行业甚至时间更短。原因主要是，先前的法律规定劳动合同到期终止的，企业不需要支付经济补偿金。签短期的劳动合同，避免了采用解除劳动合同的做法，可以规避支付经济补偿金。企业的选择权较大。但是，这一做法在新法实施后将不再有这样的效果。

首先，按照《劳动合同法》第四十六条的规定，意味着劳动合同期满后，用人单位不与劳动者续签劳动合同或者与劳动者续签劳动合同时提供的条件比原劳动合同约定的较低导致劳动者不愿续签劳动合同的，用人单位需要支付经济补偿金。这使劳动合同到期终止与劳动合同解除在支付经济补偿金上的区别减小。一年一签劳动合同的优势不再明显。

其次，按照《劳动合同法》第十四条的规定，意味着如果企业选择一年一签劳动合同，那么两年后，企业只有两种选择，要么选择不续签合同，支付经济补偿金后，与劳动者分道扬镳；要么选择续签劳动合同。选择分道扬镳，可能会使自己培养的员工流失，等于为他人培养人才；选择续签，就面临不得不签订无固定期限劳动合同的选择。由于法定无固定期限合同制度的设置，中长期用工将成为企业用工形式的主流。这与现阶段国内许多企业采用的长用工短合同方式（甚至许多企业一年签订一次劳动合同）正好相反。因此，用人单位要把好用工的入口关。用人单位用工更需要有计划性，对员工的考核考查更要量化规范，劳动合同期限的管理也需要更加科学，更加避免随意性。与什么人签订劳动合同，不与什么人签订劳动合同，什么人该签长一点时间的合同，什么人该签短一点时间的合同，是否使用劳务派遣用工，用人单位应该有计划地、及时明确地做出选择、决断。

有一些用人单位管理方法简单，特别是一些中小企业，管理制度不健全，管理不规范，管理方法简单。能干你就干，不能干叫你走人，你就走人。什么叫能干，什么叫不能干也没有具体的标准。对这样的单位而言，《劳动合同法》对它的影响是巨大的。相反对在原劳动法律框架下，认真执行了相关法律规定的企业而言，影响要小得多。随着劳动合同的逐渐长期化，用解雇或威胁解雇来替代规范的人性化的管理方法将不再有威力。新法实施后，用人单位辞退劳动者的条件更为严格、程序更为复杂、违法辞退的成本要翻倍。

2. 劳动合同期满终止劳动合同的，依然要支付经济补偿。按《劳动合同法》第四十六条的规定，一般可以做如下理解：除非劳动者真的不愿意续签的，固定期限劳动合同终止的用人单位得支付经济补偿。《劳动合同法》此项规定对之前的劳动法律制度也是一个较大的突破。会有效地引导用人单位与劳动者签订较长期限的劳动合同。解除劳动合同时，劳动者无过错的，用人单位一般也需要支付经济补偿。

3. 用人单位未按时签合同、违反本法规定解除或者终止劳动合同的要支付两倍的工资或双倍经济补偿。用人单位如何承担因违法解除劳动合同的赔偿责任，劳动法没有明确规定。为了遏制违法解除劳动合同的行为，《劳动合同法》加大了用人单位违法解除劳动合同的成本，且更明确，约束力更强了。在新《劳动合同法》下，不按规定履行义务，受到的约束要大得多，强硬得多，就是说风险要大得多。如未及时订立书面劳动合同，可能面临支付双倍工资或被迫签无固定期限合同，因单位未及时足额支付劳动报酬、未依法为劳动者缴纳社会保险费的，与劳动者解除合同的单位也得补偿等。因此，用人单位在雇佣劳动者时，是否认真按照相关法律操作非常重要，否则将承担更严重责任。

4. 劳动者不再承担违约金。劳动合同约定劳动者承担违约金是此前劳动合同中普遍采用的。按劳动法第十九条规定：劳动合同应当以书面形式订立，并具备以下条款：（一）劳动合同期限；（二）工作内容；（三）劳动保护和劳动条件；（四）劳动报酬；（五）劳动纪律；（六）劳动合同终止的条件；（七）违反劳动合同的责任。劳动合同除前款规定的必备条款外，当事人可以协商约定其他内容。劳动法没有关于违约金的条款，但是也没有禁止双方订立违约金，所以支付违约金可以作为违约方承担违反合同的责任的一种形式。劳动合同中约定违约金是允许的。但实践中违约条款已经成为用人单位钳制劳动者的手段，用人单位常常用高额违约金来限制劳动者的流动，致使有的劳动者以故意违纪来促使用人单位提出解除劳动合同逃避支付违约金的义务，导致劳动关系严重不正常。

《劳动合同法》以法律的形式确立了劳动合同违约金制度，明确了可设立违约金的法定情形及违约金数额，新法实施后，除约定服务期和约定保守用人单位的商业秘密和与知识产权相关的保密事项的情形外，用人单位不得与劳动者约定由劳动者承担的违约金或者以赔偿金、违约赔偿金、违约责任金等其他名义约定由劳动者承担违约责任，保障了劳动者的就业自由。

二、基本对策

1. 用人单位要增强自觉守法意识。随着劳动法律的完善，相关规定越来越细化，守法也应不再是粗线条的，也需要细化，更需要认真研究相关法律，自觉地而非被动遵守劳动法规。该签合同的签合同，该给予补偿的给予补偿，自觉履行义务。

自觉遵守法律可以树立负责任的企业形象，树立企业良好的社会信誉，促进企业的良性发展。

内部的管理制度的不健全，如没有制定劳动合同的管理制度，明确的劳动纪律制度等，或制度不完善，没有履行民主程序，没有明确公开等。而具体操作的不严谨将可能造成不签合同或漏签错签；处分员工随意性强；终止合同或解除员工劳动合同，可能由于管理不善、档案资料不健全而有理说不出等。新法规定了企业拖欠劳动报酬要加付一倍以下的赔偿金，还为劳动者讨薪开辟了绿色通道。欠薪的成本要大幅度增加，随意欠薪用人单位将更加得不偿失。

还必须看到自觉执行《劳动合同法》有利于创造和谐的劳动关系，创造一个良好的企业文化氛围，增强企业的凝聚力。

2. 用工单位须更加尊重劳动，尊重劳动者的权利。在许多企业管理者的习惯里，企业规章制度应该是企业完全的自主权，属于企业单方决定的事项。这一观念已与《劳动合同法》的规定相冲突。

《劳动合同法》第四条规定：“用人单位在制定、修改或者决定有关劳动报酬、工作时间、休息休假、劳动安全卫生、保险福利、职工培训、劳动纪律以及劳动定额管理等直接涉及劳动者切身利益的规章制度或者重大事项时，应当经职工代表大会或者全体职工讨论，提出方案和意见，与工会或者职工代表平等协商确定。”这里的“讨论通过”、“提出方案和意见”、“平等协商”等规定已经将规章制度的单方行为变为了双方行为，即新法实施后，企业制定规章制度的行为将是一个民主表决和集体协商的双方行为。

《劳动合同法》更加注意保护员工的劳动权利，企业用工管理的责任加大，违法解雇成本增大，法律的约束性更强。在这种情况下，用工单位须更加尊重劳动、尊重劳动者的劳动权利。提升人性化管理水平。要充分相信绝大多数员工能够负责任地行使用人单位在制定、修改或者决定有关劳动报酬等直接涉及劳动者切身利益的规章制度或者重大事项时，所拥有的参与权。

3. 人力资源的管理应专业化、规范化。部分企业尤其是一些中小企业人力资源管理存在一些问题。管理粗放，缺少计划性，档案不健全，资料不完整这一状况应尽快改变。应精细化操作流程，规范化人力资源管理；有计划用工避免随意化；建立健全台账、档案等管理制度。健全员工入职录用、离职等相关手续的管理。

4. 建立健全企业内部人力资源的管理制度。包括劳动合同的管理、入职离职的管理，工资制度，违章违纪管理制度等。要加强这些制度的合法性、合理性、可行性的审查，确保其效力。如:《劳动合同法》第三十九条规定“劳动者有下列情形之一的，用人单位可以解除劳动合同：①在试用期间被证明不符合录用条件的；②严重违反用人单位的规章制度的；③严重失职，营私舞弊，给用人单位造成重大损害的；④劳动者同时与其他用人单位建立劳动关系，对完成本单位的工作任务造成严重影响，或者经用人单位提出，拒不改正的”。显然企业必须将上述规定按符合企业实际情况进行进一步明确。试用员工的录用条件是什么、什么是严重违反规章制度、哪些情况属于严重失职、营私舞弊，等等。

5. 加强证据意识。企业人力资源部门必须提高自己的证据意识。如企业将劳动合同、员工手册交与员工后应保留相关的签收簿；将直接涉及劳动者切身利益的规章制度和重大事项决定公示或者告知劳动者，也要有相关的档案资料来证明。许多企业的大多数制度出台时并不公示或者公示随意不规范。如发一文件、采取开会宣读一下、在公共场所张贴等，但这都不能保证每个员工都知晓公司的公示内容。企业必须确保员工知晓。

在劳动争议发生的时候，企业人力资源部门必须为企业规章制度制定与修改的民主程序，劳动合同的解除、变更，企业提供的员工培训予以书面记载和提供事实举证。比如，企业与员工订立服务期协议，员工的培训必须符合“专项培训费用”、“专业技术培训”等条件，才能追究员工的违约责任。一旦发生争议，企业须能出示与培训方签订的培训协议、培训方开的发票等，才能证明对劳动者确实进行过培训，确实支付过相关费用，否则很可能要承担不利的后果。

▲招工录用应注意什么

一、企业应当建立和完善招聘制度，让招聘工作有章可循

过于随意地进行招聘工作很可能给企业造成被动。建立招聘制度首先是要做好企业用工的预测，在此基础上做好用工规划，制定企业的招聘原则。要在

规章制度中对录用条件、录用条件的制定程序及试用期考核的方法进行详细约定，该规章制度应征求员工意见并经公示后执行。

二、录用条件须明确具体

许多用人单位往往将招聘广告作为一种宣传手段，对其中的录用条件的规定往往不够严谨，这将带来不少法律风险。这也可能是用人单位在招聘时最容易忽略的问题。

《劳动合同法》第二十一条规定："在试用期中，除劳动者有本法第三十九条和第四十条第一项、第二项规定的情形外，用人单位不得解除劳动合同。用人单位在试用期解除劳动合同的，应当向劳动者说明理由。"用人单位若想在试用期解除劳动合同，当中最常见的理由便是"不符合录用条件"，因此，在招聘过程的录用条件，并非只是宣传手段，录用条件是用人单位考察员工是否可以与自己建立劳动关系的具体、详细的标准，所以不应含糊。当录用条件规定得不够明确、详细，而你想在试用期辞退员工时，极有可能因为上述原因而导致失败并承担相应的责任。因此，在招聘时，务必明确自己的录用条件。

在制定录用条件时，可以区分一般条件和具体岗位条件。一般条件是所有员工必须符合的共性要求，比如道德水准、基本素质等。具体岗位条件则应当与岗位的任职资格密切相关。这个标准应当具体。如果把岗位职责等要求作为"录用条件"，还必须完善自己的考核制度，明确界定什么是符合岗位职责，什么是不符合要求，有一个可量化的标准、可操作的程序。

比如企业规定里常见的一条是"工作态度好"，这样的规定作为原则性的规定没什么问题，而作为一项具体判定条件，员工工作态度达到什么标准才叫"好"？既不量化也无可操作性，在具体工作中几乎毫无用处。

录用条件应经企业内部的一个制定的程序来制定，并存档保存以备不时之需。

三、用人单位要向应聘者明确告知录用条件

在实际工作中，录用条件的告知一般是在招聘广告中完成的，广告中不够详细的内容则由负责招聘的工作人员口头告知应聘者。而未通过媒体、劳动力市场、招聘网站等公开方式招聘的，录用条件的告知则更加简单更加不规范。但在司法实践中，法院一般会要求用人单位证明劳动者是明知其录用条件的。用人单位要能有效地证明劳动者是明知的情况。这就要求用人单位在试用期开始时除非常正式地明确地告知应聘者录用条件外，还要保留相关的书面证据。方法有如下几种：

1. 通过招聘广告来公示，并采取一定方式予以固定，为诉讼保留证据；

2. 招聘员工时向其明示录用条件，并要求员工签字确认；

3. 发送聘用通知时，向员工明示录用条件，并要求员工在回执上签字确认；

4. 在劳动合同中明确约定录用条件或不符合录用条件的情形。

四、向员工告知用人单位相关情况

用人单位招用人员时，应当依法如实告知劳动者有关工作内容、工作条件、工作地点、职业危害、安全生产状况、劳动报酬以及劳动者要求了解的其他与订立和履行劳动合同直接相关的情况。这种告知也以书面的方式为宜。

对于工作内容、工作条件、工作地点、职业危害、安全生产状况、劳动报酬这些信息，用人单位在订立劳动合同时最好就告知员工，并将其写入劳动合同，避免约定不明发生不必要的纠纷，而至于“其他与订立和履行劳动合同直接相关的情况”，由于法律规定，只有当劳动者希望了解时，用人单位才有告知义务，若劳动者没有主动提出，用人单位可不主动向其做出说明。

五、用人单位向劳动者反馈是否录用的情况

用人单位应当根据劳动者的要求，及时向其反馈是否录用的情况。

六、注意录用过程的合理合法性

一些企业习惯地认为招用员工是自己的事情，用谁不用谁是自己的事情，谁也管不着。但实际上虽然用人单位依法享有自主用人的权利，但同时招工录用行为也受着许多法律的约束。企业在招聘过程中应注意以下几点：

1. 劳动者就业，不因民族、种族、性别、宗教信仰等不同而受歧视。企业不得以劳动者的性别、民族、种族、宗教信仰为由拒绝录用或提高录用标准。

此外，招聘广告中也不应包含有意或无意的身高歧视、对“乙肝携带者”的歧视，等等。

2. 不得招用童工或无合法证件的人员。招用不满16周岁的未成年人称为使用童工。《禁止使用童工规定》第二条规定：“国家机关、社会团体、企业事业单位、民办非企业单位或者个体工商户（以下统称用人单位）均不得招用不满16周岁的未成年人（招用不满16周岁的未成年人，以下统称使用童工）。禁止任何单位或者个人为不满16周岁的未成年人介绍就业。”

求职者应出示证明其身份的合法证件。无合法证件将无法确认员工身份、无法办理社会保险、无法签订劳动合同。

3. 向求职者收取应聘费用、保证金或抵押金，扣押求职者文凭或身份证件等，都应在招聘中避免。这种做法侵害了职工的合法权益，劳动部门将会予以制止和纠正，对非法收取的货币和实物、证件等，责令用人单位退还劳动者。

七、有权了解应聘者的情况

用人单位在招聘过程中享有一定的知情权。《劳动合同法》第八条规定："……用人单位有权了解劳动者与劳动合同直接相关的基本情况，劳动者应该如实说明。"但该知情权仅限于了解劳动者与缔结劳动合同直接相关的基本情况。对于与劳动合同直接相关的基本情况，劳动者应该如实回答，劳动者回答不真实将承担对其不利的后果。

用人单位应很好利用该知情权，对员工进行入职审查，降低人力资源管理成本，同时减少各种可能的法律风险。与劳动合同直接相关的基本情况一般包括年龄、学历、工作经验、身体状况等情况。用人单位应当在合法的前提下，对以下属于用人单位必须了解核实的基本信息，向员工进行入职前调查：

1. 身份、学历、资格、工作经历等信息。这些信息直接决定劳动者的工作能力，应严格审查。

2. 是否有潜在疾病、残疾等。若用人单位使用身体健康存在隐患的员工，将会有很大风险，最好是能在员工入职之前组织体检。

3. 是否满 16 周岁。避免招用童工。

4. 是否与其他用人单位仍有未到期的劳动合同。用人单位若招用与其他用人单位尚未解除劳动合同的劳动者，如果对其他用人单位造成损失的，该用人单位须承担连带责任。

5. 是否与其他用人单位签订有未到期的竞业限制协议。用人单位在招聘高级管理人员、高级技术人员等有可能掌握商业秘密的员工时，应对其是否有竞业限制协议在身进行严格审查，最好让该类员工在入职前以书面形式做出未与其他用人单位签订竞业限制协议的承诺，避免用人单位承担不必要的风险与责任。

招用劳动者时，应核实劳动者的个人资料的真实性，比如学历证明、从业经历，要求劳动者承诺未承担竞业限制义务，并向原单位进行核实，以免发生不可预测的诉讼风险。要求其提供与前单位的解除或终止劳动合同证明，并保留原件。如尚未解除劳动合同的，要求其原单位出具同意该员工入职的书面证明。

用人单位应注意招聘过程中的知情权并非不受限制。对于与劳动合同没有直接联系的信息，劳动者有权保持沉默。如婚姻状况、有无异性朋友、女性是否怀孕等涉及个人隐私的问题，用人单位一般无权过问，用人单位若硬要问，劳动者不但有权拒绝回答，而且有可能诉诸法律，用人单位更是得不偿失。

八、明确考核程序

用人单位若想在试用期解除劳动合同，须有《劳动合同法》第三十九条和第四十条第一项、第二项规定的情形，当中最常见的理由便是"不符合录用条件”。若录用条件规定得不够明确、详细或录用期的考核程序不明确，当你想在试用期辞退员工时，极有可能因为上述原因而导致失败并承担相应的责任。所以，对试用期的员工一方面是要完善录用条件，另一方面就是要完善考核程序。很多企业都为正式员工制定了考核制度，但在试用期间，对这种制度却重视不够，试用期的考核结果要么出自主管的主观臆断，要么在试用期结束后草草地给员工综合出一个大致的分数。辞退试用期员工时，无法提出合法有效的证明。

▲入职管理与试用期应注意什么

一、试用期不是用工的法定必经过程

设立试用期的目的，主要是让用人单位和劳动者通过一定时间的工作实践实现相互之间的充分了解。试用期是一个约定条款，不是当然存在的。不是凡入职的新员工就都得试用，就当然得约定试用期。在现实中，有些企业对所有员工一律设试用期或一律不设试用期的做法是不科学的。一般来讲，约定试用期的好处是显而易见的，因为面试毕竟不等同于实际工作，新员工的有些问题很容易会在面试中隐藏过去，试用中可以发现员工是否符合录用的条件，便于企业决定是否长期留用。特别对于没有采用标准化面试程序的中小企业更是如此。而对企业急需引进的、经过科学考察与严格考核过的专业人才、稀缺人才并不一定需要试用期。

对于用人单位来说，要认真研究用好试用期。而不应简单地将试用期认为是可以廉价使用劳动力的期间。现实中，确实有些用人单位恶意用足法定试用期期限上限。需要说明的是，企业在决定试用期期限的长短时，一是要考虑符合法律规定；二是要考虑不同岗位的技术复杂程度。技术复杂程度高的岗位可以设定时间相对长一些的试用期，技术复杂程度低的岗位就可以设定时间相对短一些的试用期。如保洁工、装卸工等完全可以试用几天就行了，没有必要一定得几个月的试用期。

在工作中，企业应根据每位新员工的条件、职位或岗位的不同，灵活使用试用期。比如有些企业规定试用期期限不能长于法律规定的上限，同时赋予部门经理对试用期内的优秀员工有提前转正的建议权。如果部门经理认为某位试用期新员工工作表现优异，就可建议企业与该员工协商缩短原来约定的试用期期限。企业采纳部门经理的建议后，可使这位新员工提前结束试用期。

二、告知企业管理制度

《劳动合同法》第四条规定：“……用人单位应当将直接涉及劳动者切身利

益的规章制度和重大事项决定公示，或者告知劳动者。”对新员工企业应注意告知企业管理制度，未告知的，员工不受其约束，企业在劳动争议中将承担不利结果，对规章制度的告知企业负有举证的责任。企业要将直接涉及劳动者切身利益的规章制度听取员工意见并经公示后才能执行。

对新员工的告知方式一般有如下几种，可视情况分别或同时采用：

（一）召开新员工大会

一些企业会在批量招用员工的时候，采用召开新员工培训大会的方式，使新员工能较快地了解企业，能尽快融入企业在短时间内熟悉企业文化。内容包括：由企业负责人介绍企业发展史、现状与远景；由各部门负责人介绍各部门的职能、基本情况；由人力资源管理部门介绍企业管理制度；组织到厂区现场参观等。

这种方式一般适用于规模较大，一次性招用员工较多，有大量的相同或相近的岗位的企业。这种方式效率比较高，对员工快速融入企业较有帮助。但就告知企业管理制度角度而言，效果不够好。一是新员工大会时间多比较短，不可能详细介绍企业管理制度；二是不能保证所有新员工都一定在场听到；三是以此方式告知企业管理制度不便于收集与保存证据。

（二）组织入职培训

许多企业对新员工进行入职培训，这种方式较多企业都可以采用。不论规模较大的企业还是中小企业，也不论一次招用的员工多少都可以采用这种方式。一般入职培训的时间都要长一些，培训的内容要多一些、详细一些。培训内容除新员工大会的内容外还可以包括：礼仪礼貌、职业道德、企业文化、员工手册、不同岗位的专业知识，详细介绍企业薪酬政策、员工行为规范、奖惩制度等各方面的规定，并且一般在培训结束后有一定的考核。

这种方式对加深员工对公司企业文化的理解，增强员工自觉执行企业管理制度有更大的帮助。但就告知企业管理制度角度而言，效果仍有欠缺。主要欠缺仍然是以此方式告知企业管理制度不便于收集与保存证据。

（三）发放员工手册

员工手册的内容除了介绍企业状况、企业文化外，主要就是各项规章制度。发放员工手册的方式各类企业都应采用。这种方式比较简单易行。许多企业一般是在与员工签订劳动合同的同时送达员工手册的。注意应由新员工亲自签收。发放员工手册同时应注意组织员工学习或自学，避免员工将手册放在一边，起不到应有的效果。

（四）送达直接涉及劳动者切身利益的规章制度

一般员工手册的修订可能慢于规章制度的修订，对新修订的规章制度及时送达新员工，由员工亲自签收。

三、规范记录试用期员工表现

对正式员工一般企业都有一套比较完整的考核管理制度，但对试用期的员工有的企业管理就不够规范。因试用期员工存在转正与试用期解除合同的问题，试用期员工的管理应与正式员工有所不同。对试用期员工的考核除按一般管理制度考核外，应注意按试用期管理规定和与员工之间的试用期约定进行考核记录。考核的过程应按照企业内部符合法律规定的考核程序进行。

四、保障员工的权利，降低用工风险

劳动者在试用期拥有全部的劳动权利，包括取得劳动报酬、休息休假、劳动保护、社会保障、福利、接受技能培训及提出劳动争议，参与企业民主管理等权利。试用期的工资最低标准在相同岗位最低档的百分之八十、劳动合同约定工资的百分之八十中选择，以孰低原则确定。同时不低于最低工资标准。

实践中很多用人单位习惯在试用期内不为员工缴纳社会保险费，这种做法是不符合法律规定的。

五、设计好招聘材料

（一）招聘广告、说明书的主要内容

1. 介绍企业状况。

除介绍企业基本状况、企业前景、企业文化外，对于工作内容、工作条件、工作地点、职业危害、安全生产状况、劳动报酬的信息，应予以重点说明。

2. 招聘条件。

详细准确地说明招聘条件。如年龄、性别、专业、工作年限等。

3. 报名的时间、地点，联系方式等信息。

（二）应聘申请表的主要内容

1. 应聘者自然情况。
2. 受教育情况。
3. 工作经历。
4. 应聘者对工作及报酬的要求。
5. 其他。

（三）入职登记表的主要内容

1. 应聘者自然情况。
2. 受教育情况。
3. 工作经历。
4. 应聘者对劳动合同期限、报酬等的意向表示。
5. 应聘者对企业已告知的情况已完全了解的表示。

6. 应聘者声明未与其他用人单位有尚未解除或者终止劳动合同的情形。

7. 应聘者声明本登记表内容真实。

8. 其他。

六、试用期如何解除合同

除与正式员工一样适用因严重违反用人单位的规章制度、严重失职，营私舞弊，给用人单位造成重大损害而解除劳动合同的情形外，适用期的员工，还可因试用期间不符合录用条件而被用人单位解除劳动合同。要以试用期间不符合录用条件解除劳动合同，就要做好以下工作：

1. 建立试用期考核制度。建立考核制度是解除试用期间不符合录用条件员工的必要前提，建立考核制度应听取员工意见并经公示且符合法律规定。

2. 证明试用期间员工不符合录用条件。即要有符合考核内容、考核程序的实际考核过程记录。

3. 告知。应书面告知员工不符合录用条件的情况。

4. 送达解除合同通知。告知不符合录用条件和解除合同通知应由员工签收。

应注意的是：用人单位在试用期过后不能再以员工不符合录用条件为由解除劳动合同。因此，用人单位应认真利用好试用期，不符合录用条件解除的员工，应在试用期内及时解除合同。

七、就业协议与劳动合同

就业协议与劳动合同是用人单位录用毕业生时所订立的书面协议。但两者既有联系又不相同，表现在：

1. 毕业生就业协议是毕业生在校时，经学校参与见证、毕业生与用人单位协商签订的。是学校编制毕业生就业计划方案和毕业生派遣的依据。劳动合同是毕业生与用人单位明确劳动关系中权利义务关系的协议。

2. 毕业生就业协议的内容主要是毕业生如实介绍自身情况，并表示愿意到用人单位就业、用人单位表示愿意接收毕业生，学校同意推荐毕业生并列入就业计划进行派遣。劳动合同的内容主要为工作内容、劳动报酬、劳动保护等方面的权利与义务。

3. 一般来说就业协议签订在前，劳动合同订立在后。如果毕业生与用人单位就工资待遇、住房等有事先约定，亦可在就业协议备注条款中予以注明，日后订立劳动合同对此内容应予认可。

4. 就业协议是毕业生和用人单位关于将来就业意向的初步约定，对于双方的基本条件以及即将签订劳动合同的部分基本内容大体认可，并经用人单位的上级主管部门和高校就业部门同意和见证，一经毕业生、高校、用人单位主管部门签字盖章，即具有一定的法律效应，是编制毕业生就业计划和将来可能发生违约情况时的判断依据。

5. 就业协议不能代替劳动合同。就业协议属于一般的民事合同，不具有劳动合同的效力，如果一方违约另一方可按民法的规定追究其违约责任。

八、见习期与试用期

1. 见习期是指全日制普通高校毕业生到用人单位工作后，实行的一年见习期制度，见习期满后，即工作满一年后，就需由上级人事主管部门为毕业生办理转正定级手续。试用期是针对劳动合同而言的，应当包含在劳动合同期内，劳动合同内约定的试用期最长不能超过六个月。

2. 见习期不是一个《劳动合同法》律制度下的概念，而是人事制度下的做法。见习期与现行的劳动合同制度相矛盾，应尽早明确废除。企业与应届大中专毕业生签订劳动合同，应适用《劳动合同法》，可规定试用期而不应再规定见习期。

▲签订合同应注意什么

一、不签劳动合同行不行

用工不签合同、不缴纳社保费，《劳动合同法》进一步对这种违法行为设定了相应的法律责任。《劳动合同法》规定："用人单位自用工之日起超过一个月不满一年未与劳动者订立书面劳动合同的，应当向劳动者每月支付二倍的工资。""用人单位自用工之日起满一年不与劳动者订立书面劳动合同的，视为用人单位与劳动者已订立无固定期限劳动合同。"如果用人单位抱着"不签合同更自由"的想法，或者想借助不签劳动合同来规避应承担的责任，将会得不偿失。对于用人单位不依法为劳动者缴纳社会保险费的，《劳动合同法》明确规定，劳动者可以解除劳动合同并要求用人单位支付经济补偿金，拖欠的社保费也必须补缴。

二、员工拒签合同怎么办

员工拒签的原因有许多：如不满意企业拟定的合同内容；员工为外地的，签合同缴社会保险又难享受保险利益；员工对企业没有归属感，随时打算离职；员工为下岗职工，不签合同可能会有一些社会性的补助，等等。

不签订劳动合同，既不符合用工规定，也无法保证双方的合法权益不受侵犯。对拒签合同的员工，最稳妥的办法是不予录用。用人单位不应在原则问题上让步。但企业可以耐心做这些人的工作，让他们消除对签订劳动合同的不正确的认识。让他们知道，不签订劳动合同不仅对企业不利，对他们自身也是极为不利的。签订合同应当经过双方充分协商来确定，对有分歧的条款双方可以进一步协商。对自用工之日起一个月内，经用人单位书面通知后，劳动者不与用人单位订立书面劳动合同的，用人单位应当书面通知劳动者终止劳动关系。

三、如何预防新员工试用期内跳槽

新员工的试用期是企业与新员工相互适应的一个基本阶段。对中小企业来讲如何尽快使新员工适应企业，融入企业，避免新员工尤其是大中专毕业生在试用期内跳槽，是一个必须面对的问题。

员工跳槽的原因可能源于企业的问题，也可能是员工自身的原因。减少新员工的跳槽，根本上是要建立一个良好的企业文化，使员工有一个良好的发展空间和回报，使企业具有吸引力。对不适应本企业工作的也不必强留。就劳动合同的角度要预防新员工试用期内跳槽，可考虑以下方式：一是规定较短的试用期。试用期员工可以提前三天通知用人单位解除劳动合同。试用期过后员工要提前三十日通知用人单位解除劳动合同。二是对关键员工提供正式的培训，签订服务期协议，不约定试用期。

四、如何约定岗位条款

1. 工作岗位、地点约定应当明确。实践中很多劳动争议案件，是由于劳动合同中对工作岗位、工作地点约定不明确引起的。用人单位提供什么样的工作岗位、地点直接影响到劳动合同的履行。有的用人单位故意把工作岗位、地点写得模糊。如岗位为“工人”、“一线工人”，地点为“中国”、“世界各地”，似乎可以达到随时、随意变更劳动者的工作岗位、工作内容、工作地点的目的，无限度扩大用人单位的管理权，但这样规定是十分容易引起争议的。由于劳动合同的文本一般是企业方提供的，在双方对合同的理解不一致时，仲裁机构或法院往往会按有利于劳动者一方来理解，或认定用人单位采用了欺诈胁迫手段是无效的。因此，建议在签订劳动合同时，工作岗位、地点应当明确、清楚、不易产生异议。

2. 调整岗位，需要变更劳动合同。员工的工作岗位是用人单位和员工在签订劳动合同时协商约定的，若要调整岗位，需要变更劳动合同。对于变更劳动合同，《劳动合同法》第三十五条规定：“用人单位与劳动者协商一致，可以变更劳动合同约定的内容。变更劳动合同，应当采用书面形式。”有的用人单位在劳动合同中约定了类似“用人单位有权根据生产经营需要调整员工的工作岗位”的条款，而在调整岗位时就不再与员工协商，更不履行书面的变更手续。由于用人单位在劳动合同中设立这一条款赋予了单位单方面变更劳动合同的权利，显然违反了平等协商一致的原则，是对员工劳动权益的侵犯。因此，这一条款，会被仲裁机构或法院认定是无效的。按《劳动合同法》第四十条的规定，劳动者不能胜任本职工作时，用人单位调整其工作岗位属于用人自主权，无须与劳动者协商一致。在一般情况下，调整劳动者工作岗位，变动工作地点，用人单位应就具体的调整方案与劳动者协商一致。因此，建议在调整岗位、变动工作地点时应及时变更劳动合同。

五、如何约定工资条款

1. 数额不得低于最低工资标准、集体合同规定的标准。不低于当地的最低工资标准，也不得低于集体合同规定的标准，这是起码的要求。低于标准的约定是无效的。

2. 约定单位有权进行调整不意味无须再与员工协商。工资虽为合同约定，但也不会一成不变。员工的工资一般会随企业的发展而逐步有所提高。但也会有一些情况可能需要降低工资的情形。提高工资一般不会发生纠纷，而降低工资就应格外小心。主要应坚持两条：一是严格按符合法律规定的内部规章制度操作，二是与员工签订劳动合同变更协议。有的企业将工资数额的条款做类似如下约定："甲方每月 30 日之前以货币形式足额支付乙方工资，工资不得低于 1000 元。甲方有权根据经营需要调整员工的工资。"而实际上员工工资为 1800 元。这样约定是没有什么问题的。但应注意的是当将员工的工资从 1800 元再降为 1200 元时，仍要按上述的两条操作，并不因为仍不低于 1000 元就可随意操作。原因是当员工工资提高为 1800 元时意味着双方合同条款已经变更。而"甲方有权根据经营需要调整员工的工资"，也不意味甲方就可随意操作、不按制度、不用协商。

3. 支付时间要明确可行。未按照劳动合同的约定或者国家规定及时足额支付劳动者劳动报酬，涉及劳动者可以即时解除劳动合同、劳动行政部门责令限期支付劳动报酬，并可能要向劳动者加付赔偿金的问题。因此，支付时间的约定应切实可行。随意拖欠支付劳动报酬的现象在许多用人单位中已经是一种正常现象，随《劳动合同法》的实施这一问题应引起重视。

六、如何约定合同的期限

合同期限可能是许多用人单位颇感头疼的两难问题。签短了吧，马上面临签无固定期限合同的问题；签长了吧，可能妨碍随时进行员工的调整，僵化劳动关系。由于《劳动合同法》的价值取向就是要使劳动关系能稳定化、长期化，所以利用劳动合同期限的约定来达到避免合同的长期化是难以做到的。勉强为之可能使用人单位自己陷入困境。用人单位应顺应劳动关系稳定化、长期化的趋势，认识到尽管解除合同有许多限制，但无固定期限合同毕竟不是终身合同。

充分利用好法律给予的权利，是可以达到一个企业与员工双赢的局面的。

确定合同的期限可以从以下几个方面入手：

1. 考虑不同技能员工的市场供求关系。对技能要求较高，劳动力市场求大于供的员工合同期限应长一些，反之可短一些。

2. 考虑员工的培训与培养难度。对培训与培养难度较大，支出费用与时间较多的工作岗位的员工合同期限应长一些，反之可短一些。

3. 考虑企业文化的取向与企业长远发展。为凝聚企业的向心力企业应考虑与员工签订期限较长的或是无固定期限的劳动合同。如果企业对自己的人力资源管理水平有信心，期限长一些不是问题。

4. 考虑不同劳动合同期限员工在企业中的比例关系与期满时间。员工合同期限的长短与到期的时间应有一个合理的搭配，避免造成问题。

5. 利用好以完成一定工作任务为期限的合同方式。

七、如何约定服务期

《劳动合同法》允许用人单位与劳动者就服务期做出约定，但并非所有企业对所有劳动者都可以约定服务期，只有为劳动者提供专项培训费用（指有货币支付凭证的情况），对其进行专业技术培训的，才可以约定服务期。服务期的长短由企业与劳动者双方协商约定。但显然如果企业只为培训支付了很少的费用，而与劳动者约定的服务期很长，对劳动者的实际约束力其实是很弱的。

服务期可以在劳动合同中约定，也可以在劳动合同履行过程中，另行签订服务期协议。双方约定的服务期长于劳动合同期限或者超过劳动合同尚未履行期限的，双方应变更劳动合同期限等相关内容。《中华人民共和国劳动合同法实施条例》规定："劳动合同期满，但是用人单位与劳动者依照《劳动合同法》第二十二条的规定约定的服务期尚未到期的，劳动合同应当延续至服务期满；双方另有约定的，从其约定。"劳动者违反服务期约定的，应当承担违约责任。

八、如何约定商业秘密保护及对涉密员工实施竞业限制条款

保密及竞业限制条款是保护企业商业秘密，防止员工泄密的一项重要法律措施，也是企业在劳动合同签订时所必须要考虑和解决的重要问题。

保密及竞业限制协议的形式，要根据企业岗位的性质、岗位特点来考虑。主要有三种表现形式：①在劳动合同中约定保密或竞业限制条款；②单独签订正式的保密合同和竞业限制协议；③在员工守则或内部规章制度中规定员工保密及竞业限制义务。企业可以根据员工岗位及涉密程度的不同，选择不同的条款形式，对于企业经理、财务负责人、技术负责人等高管人员，企业应当与其

单独签订正式的保密合同及竞业限制协议，而对于像企业清洁人员、保安人员及其他通常不直接接触企业信息的员工，只签订保密合同即可，或相对简化，在劳动合同中加入相应的保密义务条款。

约定保护商业秘密要注意把握以下几点：

1. 界定商业秘密的范围。商业秘密范围应当明确具体。构成商业秘密必须同时具备三个要件：第一，秘密性。秘密性指商业秘密所处的状态应当是秘密的，没有被公开过，这也是商业秘密最本质的特征。第二，价值性。商业秘密正是“因其属于秘密而具有商业价值”。所以价值性是商业秘密必须具备的特征。第三，措施性。是指权利人应对商业秘密进行管理，要采取合理的保密措施。即权利人仅仅有主观意识还不够，还必须实施客观的保密措施。以上三个要件，是商业秘密获得法律保护的必要条件，缺少其中任何一个条件，都会丧失商业秘密的所有权利。

要保护企业的商业秘密，防止员工泄密，就得先确定企业的哪些信息属于商业秘密。要对企业的商业信息进行系统的归集整理，依照商业秘密的法定标准进行判断。将属于企业商业秘密具体的信息范畴列于保密合同或竞业限制协议之中，给企业的信息划定一个商业秘密范围。

属于商业秘密范围的一般有：①企业现有的以及正在开发或构想之中的产品设计、工具模具、制造方法、工艺过程、材料配方、经验公式，试验数据、计算机软件及其算法、设计等方面的信息、资料和图纸、模型、样品、源程序目标程序实物；②企业现有的以及正在开发之中的质量管理方法、定价方法、销售方法等业务活动方法；③企业的业务计划、产品开发计划、财务情况、内部业务规程以及供应商、经销商和客户名单、客户的专门需求、未公开的销售网络等业务活动信息；④按照法律和协议，企业对第三方负有保密责任的第三方商业秘密；⑤企业要求职工保密的、同企业有关的其他信息。

商业秘密的范围、内容、使用、管理程序办法等，应以企业规章制度的形式进行详细规定。签订劳动合同时，对企业的保密制度应当及时告知劳动者。

2. 明确保密主体。即保密义务人。除保密岗位和技术岗位这两种涉密岗位以外，一般员工（包括通常情况下不涉密的人员）在工作中有意或无意获悉公司的商业秘密时，也应该列入保密主体的范围，承担保密责任。

3. 员工保护商业秘密的具体义务。商业秘密是一种财产权利。商业秘密是一种特殊的无形的财产权，也是知识产权。用人单位与劳动者可以在劳动合同中约定保守用人单位的商业秘密和与知识产权相关的保密事项。但如果劳动合同中没有明确约定，员工就没有了保护商业秘密的义务。同时保护商业秘密可以是无条件的，无期限的，不会因劳动合同的终止而终止，只要该项商业秘密处在有效的状态，员工的保密义务就会一直存在。约定保密协议是为了明确员工具体的保密义务，让员工明了在保护商业秘密中有什么权利与义务。应如何做，能做什么，不能做什么。同时用人单位也有及时告知企业的保密制度等义务。

员工因违反保密制度造成企业商业秘密泄漏的，要承担赔偿给企业造成损失的责任。构成犯罪的还要承担刑事责任。

保密义务人在用人单位授权、司法调查或用于个人学习研究等特殊情况下使用商业秘密的，均不应视为违约。

4. 保密义务期限。虽然保守用人单位商业秘密的义务不因劳动合同的解除、终止而免除，但由于商业秘密存在过期、被公开或被淘汰的情况，因此最好还是根据预期过期、被公开或被淘汰的时间估计，约定保密义务的起止时间，便于双方掌握。可同时规定，保密义务期限届满时，权利人的商业秘密的权利未丧失的，保密义务人保密义务不能免除。

5. 约定脱密期。约定脱密期的适用对象一般只限于掌握企业重要商业秘密的技术人员和管理人员。用人单位可采取调换岗位、变更劳动合同内容等措施，对有关人员做脱密处理。但在时间问题上，参照《关于企业职工流动若干问题的通知》等规定，可以约定在劳动合同终止前或该职工提出解除劳动合同后的一定时间内（不超过六个月），调整其工作岗位，变更劳动合同中相关内容。但六个月的规定与《劳动合同法》第三十七条“劳动者提前三十日以书面形式通知用人单位，可以解除劳动合同”的规定有冲突，在相关法律法规尚未进一步明确的情况下，脱密期应慎用。

6. 保密费。保守秘密是《劳动法》、《劳动合同法》、《合同法》规定的劳动者的义务，属于法定义务，规定这种法定义务的目的是防止侵犯权利人商业秘密的所有权，是不需要支付保密费用的。但如用人单位认为支付保密费用更有利于加强商业秘密的保护，支付保密费用也不违反法律规定。即使约定保密费，用人单位未支付费用时，保密义务人也不能以欠费为由，违反保密协议而泄密。可约定如发生泄密，用人单位在主张保密义务人的赔偿责任的同时，可主张追回保密费用。

约定竞业限制条款要注意把握以下几点：

（一）竞业限制的主体

用人单位应根据自己单位的情况明确具体的竞业限制主体。竞业限制的人员限于用人单位的高级管理人员、高级技术人员和其他负有保密义务的人员。即员工必须是企业的关键人员，即掌握了解商业秘密的人员。关键人员应包括：①企业的技术人员，具体是技术研制、开发、利用人员；②企业的高级管理人员，具体是董事、总监、经理等；③其他人员，如办公室主任、部门经理、档案管理人员等。

（二）竞业限制的业务范围

双方应约定竞业限制所涉及的产品、业务或其他竞争关系的具体内容，只生产经营同类产品而没有竞争关系的企业不形成竞业限制的前提条件。如甲、乙两企业虽然生产同一种产品，但甲的产品只能在国内销售，而乙的产品只能销往国外，国内不得销售。此种情况可以认定甲乙两企业不存在竞业限制，因为它们之间不存在竞争关系。

（三）竞业限制的地域范围

双方约定的地域范围应当考虑用人单位拥有的商业秘密范围来确定。地域的大小一般与用人单位的业务影响区域以及市场份额等因素相关。应当以能够与用人单位形成实际竞争关系的地域为限。用人单位不应任意扩大竞业限制的区域或一概规定不得从事同行业。如果用人单位勉强做出类似约定，则该约定很可能被判定是无效的，因为这构成了对劳动者择业自主权的侵犯。

（四）竞业限制的期限

竞业限制期最长二年，但并不意味当然就是二年。具体的竞业限制期，双方应在合同中明确约定。

（五）竞业限制期间的经济补偿标准

竞业限制是通过协议约定限制了员工的一部分就业权。即给员工设定了一项在一定时期内不得在约定的行业范围就业的义务。由于竞业限制不允许员工离职后使用自己熟悉的经验、技能，会影响其生活的质量，限制了个人发展甚至影响到生存。因此，在约定竞业限制条款时，应当同时约定给予劳动者经济补偿。即约定在解除或者终止劳动合同后，在竞业限制期限内按月给予劳动者经济补偿，不能约定包含在工资中。该经济补偿标准、数额由用人单位与劳动者双方明确约定。用人单位给付劳动者经济补偿是劳动者履行竞业限制义务的前提，用人单位未按约定在解除或者终止劳动合同后，在竞业限制期限内按月给予劳动者经济补偿，竞业限制条款失效。

（六）劳动者违反竞业限制约定的违约金

即劳动者违反竞业限制约定的，应当按照约定向用人单位支付违约金，违约金数额可以由双方商定。所约定的违约金数额必须合理、可行，不能超过劳动者的经济承受能力。

竞业限制的选择必须慎重，约定的范围必须准确，如果任意扩大竞业限制的范围，损害了员工的劳动权、择业权，法院就可能以违反宪法权利为由，确认竞业限制协议无效。企业应建立健全竞业限制的管理制度，严格竞业限制的管理，切实开展企业商业秘密及相关知识产权的保护工作，规范无形资产的保护。不能仅以一纸合同或协议就认为是万事大吉。特别是中小高科技企业更应充分利用好服务期、保密义务和竞业限制的法律规定，维护好企业利益。

九、如何通过合同约定约束员工配合工作交接

现实中员工离职不办理工作的交接就一走了之的现象也是存在的。《劳动

合同法》第五十条明确规定：劳动者应当按照双方约定，办理工作交接。用人单位依照本法有关规定应当向劳动者支付经济补偿的，在办结工作交接时支付。解除或终止劳动合同，多数情形企业须支付经济补偿。一般而言，只有员工主动跳槽或员工有过错的合同解除，企业无须支付经济补偿。

1. 应明确约定办理工作交接。凡须办理交接的工作岗位的员工，劳动合同中必须明确约定员工无论是解除劳动合同还是劳动合同终止，都应按用人单位的规章制度及具体安排办理工作交接。

2. 应明确交接的时间。凡有支付经济补偿的情形的，交接的时间应约定为合同解除的当日或前几日为宜。不交接就暂停支付经济补偿。无支付经济补偿情形的，主要有员工主动跳槽和员工有过错两类情形。主动跳槽主要是员工提出并与用人单位协商一致解除劳动合同、员工提前三十日以书面形式通知用人单位解除劳动合同及合同终止员工不同意续订合同的三种情况。员工有过错的是指《劳动合同法》第三十九条规定由用人单位解除劳动合同的情形。协商一致解除劳动合同的，可在达成的协议中约定工作交接后合同解除才能生效。提前三十日预告解除劳动合同的，可在劳动合同中约定在预告期内办理交接，未交接的按企业内部符合法律规定的规章制度处理（如暂停支付当月工资等）。合同终止员工不同意续订合同的，可在劳动合同中约定于合同终止日前三十日内办理交接，未交接的可按企业内部符合法律规定的规章制度处理。员工有过错的，用人单位解除劳动合同也应给员工留出一定的工作交接时间，可在劳动合同中约定未按约定期间交接工作的，按企业内部符合法律规定的规章制度处理。当然在员工有过错用人单位解除劳动合同的情形下，员工往往会有一定的抵触情绪，主动配合工作交接的意愿可能不高。

3. 应明确约定工作交接的内容和程序。工作交接内容主要包括公司财产物品的返还、资料的交接，工作内容的交接等。工作交接程序主要包括向谁交，如何交等。

4. 应明确约定因员工的原因未做交接给企业造成经济损失的，员工应予赔偿。在实际工作中，建议用人单位应通过书面形式通知员工按时履行工作交接的义务并办理解除劳动合同手续。如员工拒绝办理交接，除暂停支付经济补偿外，可申请劳动仲裁部门仲裁，要求员工办理工作交接，并承担未交接给用人单位造成的损失。

▲制定制度时应注意什么

用人单位的规章制度是用人单位制定的组织劳动过程和进行劳动管理的规则和制度的总和。也称为内部劳动规则，是企业内部的“法律”。规章制度内容广泛，包括了用人单位经营管理的各个方面。用人单位制定规章制度，要严格执行国家法律、法规的规定，保障劳动者的劳动权利，督促劳动者履行劳动义务。制定规章制度应当体现权利与义务一致、奖励与惩罚结合，不得违反法律、法规的规定。

一、规章制度制定、修改的程序

1. 由用人单位与劳动者双方共同提出方案。规章制度的制定程序关键是要保证制定出来的规章制度内容具有民主性和科学性。用人单位在制定、修改或者决定有关劳动报酬、工作时间、休息休假、劳动安全卫生、保险福利、职工培训、劳动纪律以及劳动定额管理等直接涉及劳动者切身利益的规章制度时，应当经职工代表大会或者全体职工讨论，提出方案和意见。让广大职工参与规章制度的制定，可以有效地杜绝用人单位独断专行，防止用人单位利用规章制度侵犯劳动者的合法权益。

2. 双方通过平等协商制定、修改规章制度。制定、修改或者决定有关劳动报酬、工作时间、休息休假、劳动安全卫生、保险福利、职工培训、劳动纪律以及劳动定额管理等直接涉及劳动者切身利益的规章制度，应当由用人单位与工会或者职工代表平等协商确定。双方平等协商，是指用人单位与工会或者职工代表在平等的基础上协商，意见达成一致后确定规章制度。不能简单地由用人单位单方决定。根据《全民所有制工业企业职工代表大会条例》规定，全民所有制工业企业属于职工代表大会职权范围内的企业规章制度，应当经职工代表大会审议通过。《劳动合同法》规定是针对所有企业的规章制度的制定程序，强调通过平等协商确定。一般来说，企业建立了工会的，与企业工会协商确定；没有建立工会的，与职工代表协商确定。平等协商是什么意思？协商不是举手通过这么严格，但也不是走走形式不管职工有什么意见或建议，实际上是要达成协议的。协商的过程必须是实实在在、实心实意的，使规章制度能够有效地得到双方的尊重，有效地发挥作用。但是平等协商，有时也可能引起一些冲突和矛盾，使双方陷入不能达成协议的僵局。用人单位应注意避免。

3. 使劳动者知悉规章制度内容。一是公示。如张贴公示或者在本单位每个工作场所张贴等，或者其他公示方式公示。二是告知劳动者。如发放规章制度，开会宣读等。对于新招用的劳动者，可在订立劳动合同的同时发放规章制度；对于已招用的劳动者，可以通过易使劳动者全面了解的方式告知其规章制度。如发放员工手册等。

4. 规章制度的异议程序。用人单位的规章制度既要符合法律、法规的规定，也要合理，符合社会道德，符合公共秩序和善良风俗。实践中有些用人单位的规章制度不违法，但不合理，不适当。如有的企业规章制度规定一顿饭只能几分钟吃完；一天只能上几次厕所，一次只能几分钟等。这些虽然不违反法律、法规的规定，但不合理。也应当有纠正机制。因此，在规章制度实施过程中，工会或者职工认为用人单位的规章制度不适当的，有权向用人单位提出，通过协商做出修改完善。

用人单位应妥善保留规章制度制定、修改的提出方案、平等协商、公示或告知过程中所形成的相关会议记录，规章制度草案，平等协商达成的协议，员工签收资料等，以为履行法定程序的证明。

履行制定规章制度的民主程序和有效公示企业的规章制度是企业规章制度生效的前提。

二、规章制度在劳动争议案件中的重要地位

规章制度的法律效力可以表现在三个方面：①依法制定的规章制度，员工应当遵守；②企业制定的规章制度也应成为企业的行为依据或准则。比如，制度规定企业发放工资的时间和程序，如果企业不遵守，则可能构成拖欠工资；③只要规章制度不违反国家法律、行政法规及政策规定，通过民主程序制定并已向劳动者公示的，可以作为劳动仲裁机构及法院审理劳动争议案件的依据。

当规章制度与劳动合同约定发生冲突时，劳动合同的法律效力要高于企业内部规章制度。比如，订立劳动合同时约定了劳动者的某项福利，而企业因某种原因要取消该项福利，只修改企业内部规章制度，而不与劳动者协商变更劳动合同的该项福利条款，那么，企业取消福利的规定只能服从于劳动合同的约定。《最高人民法院关于审理劳动争议案件适用法律若干问题的解释（二）》第十六条规定："用人单位制定的内部规章制度与集体合同或者劳动合同约定的内容不一致，劳动者请求优先适用合同约定的，人民法院应予支持。"即当两者内容有冲突时，法院采用规章制度还是集体合同或者劳动合同作为判案标准，完全依据"劳动者请求"。换句话说，劳动者想选择劳动合同时，劳动合同的效力就高于规章制度；如果劳动者选择使用规章制度时，规章制度的效力就高于劳动合同。而当劳动者无选择时，人民法院可依据法律法规或者依据法理来选择适用。

一般而言，站在企业人力资源管理者的角度，在制度设计与实施管理过程中，应按集体合同的效力会高于劳动合同，劳动合同的效力会高于用人单位的规章制度来考虑。

三、规章制度在劳动合同中的表现形式

在实践中，规章制度在劳动合同中的表现形式有以下两种：一是约定用人单位的规章制度是劳动合同的内容，对当事人具有约束力。这时规章制度作为劳动合同附件，就成为劳动合同的格式条款。若规章制度内容和劳动合同其他

条款发生了冲突，按合同法规定，当格式条款和非格式条款的规定不一致时，适用非格式条款。二是约定劳动者应遵守用人单位的规章制度，以及劳动者违反单位规章制度，用人单位有权根据单位规章制度进行处理。第一种方式的优点是规章制度对劳动者的告知过程可同时完成，适用于规章制度较简洁的企业；缺点是当规章制度进行修改时，必须同时进行劳动合同的变更，否则对特定劳动者适用新制度还是老制度会引起冲突。第二种方式的优点是规章制度修订后，不必一定需要进行劳动合同的变更，适用规章制度较复杂，变化较频繁的企业；缺点是对劳动者进行规章制度的公示或告知过程须另行完成。公示或告知应以合理的方式完成，主要是指能起到引起注意、提醒强调和吸引对方注意力的方式，可以是向劳动者印发，在主要工作场所公告或悬挂，要求劳动者逐一签字确认，且要保留充分的证据。

四、企业规章制度的备案

《劳动部关于对新开办用人单位实行劳动规章备案制度的通知》（劳部发[1997] 338号）规定了劳动规章制度的备案制度。但这里的备案制度是格式化劳动合同的行政管理方式，是劳动行政部门加强劳动监察工作，促进用人单位提高劳动管理水平的一项措施。未备案，可能须承担行政责任。按上述通知规定，企业制定的劳动规章制度（主要包括：劳动合同管理、工资管理、社会保险福利待遇、工时休假、职工奖惩，以及其他劳动管理规定），要在正式开业后半年内将制定的劳动规章制度报送当地劳动行政部门备案。不按规定期限报送备案的，应依法给予行政处罚。但没有备案的规章制度并不影响规章制度的效力。已备案的规章制度并不等于规章制度就不存在违反法律的情形，也不能视同已经公示或告知。即已备案不等于一定有效。

五、制定对外招聘制度主要应注意什么

对外招聘制度的主要内容为：需求的提出、招聘计划的确定、招聘条件的确定、招聘材料的准备、招聘渠道选择、人员的预选、人员的确定、录用。制定招聘制度主要应注意以下几点：

1. 应重视招聘条件的确定。规定具体应聘人员的年龄、学历、工作经验、专业要求等或规定录用条件形成的原则、程序等。招聘条件应合理合法，不发生歧义。

2. 应重视招聘材料的准备。重视招聘广告、应聘表格、入职登记等材料的准备。充分准确体现企业录用的条件及对企业相关情况的告知。尽可能有效地获得员工的相关情况。

3. 应重视录用过程。应对录用过程中规章制度的告知，发放员工手册等做具体规定。

六、制定劳动合同管理制度主要应注意什么

制定劳动合同管理制度应注意以下内容：

1. 适用范围。凡符合签订劳动合同范围的员工均须与用人单位签订劳动合同。劳务派遣用工须与符合设立条件的劳务公司签订派遣合同。聘用已退休的劳动者可与其签订劳务聘用合同。

2. 劳动合同的必备条款内容的确定方式、原则。明确不同岗位、工作种类、工龄等员工的劳动合同期限，工作内容和工作地点，工作时间和休息休假，劳动报酬，社会保险，劳动保护、劳动条件和职业危害防护等如何确定。

3. 劳动合同的非必备条款的确定方式、原则。用人单位与劳动者可以在合同中约定试用期、培训、保守秘密、补充保险和福利待遇等其他事项。劳动合同管理制度中应对试用期、培训、保守秘密、补充保险和福利待遇等其他事项的员工的范围、具体的内容、期限、权利与义务进行规范。

4. 劳动合同期限的确定方式、原则。应根据不同技能员工的市场供求关系，不同类型员工的培训与培养难度，企业战略选择、文化的取向与企业长远发展、劳动者的意愿及不同劳动合同期限员工在企业中的比例关系与期满时间的搭配，来规定劳动合同期限的选择方式。

最后，确定劳动合同签订、变更、续签、解除或终止的具体操作程序。

七、制定工资支付制度主要应注意什么

1. 工资支付制度。是指工资的具体发放办法。主要包括：工资支付项目、工资支付水平、工资支付形式、工资支付对象、工资支付时间、特殊情况下的工资支付等。工资支付的项目，一般包括计时工资、计件工资、奖金、津贴和补贴、延长工作时间的工资报酬以及特殊情况下支付的工资。但劳动者的以下劳动收入不属于工资范围：①单位支付给劳动者个人的社会保险福利费用，如丧葬抚恤救济费、生活困难补助费、计划生育补贴等；②劳动保护方面的费用，如用人单位支付给劳动者的工作服、解毒剂、清凉饮料费用等；③按规定未列入工资总额的各种劳动报酬及其他劳动收入，如根据国家规定发放的创造发明奖、国家星火奖、自然科学奖、科学技术进步奖、合理化建议和技术改进奖、中华技能大奖等，以及稿费、讲课费、翻译费等。

2. 工资支付的时间和要求。工资应当以货币形式按月支付给劳动者本人，不得克扣或者无故拖欠劳动者工资。劳动者在法定休假日和婚丧假期间以及依法参加社会活动期间，用人单位应当依法支付工资。工资应当按月支付，即按照用人单位与劳动者约定的日期支付工资。如遇节假日或休息日，则应提前在最近的工作日支付。工资至少每月支付一次。

3. 用人单位不得克扣或者无故拖欠劳动者工资。但有下列情况之一的，

用人单位可以代扣劳动者工资：①用人单位代扣代缴的个人所得税；②用人单位代扣代缴的应由劳动者个人负担的各项社会保险费用；③法院判决、裁定中要求代扣的抚养费、赡养费；④法律、法规规定可以从劳动者工资中扣除的其他费用。

以下情况不属于“克扣”：①国家的法律、法规中有明确规定的；②依法签订的劳动合同中有明确规定的；③用人单位符合法律法规规定的内部规章制度中有明确规定的；④因劳动者请事假等相应减发工资等。

“无故拖欠”不包括：①用人单位遇到非人力所能抗拒的自然灾害、战争等原因，无法按时支付工资；②用人单位确因生产经营困难、资金周转受到影响，在征得本单位工会同意后，可暂时延期支付劳动者工资，延期时间的最长限制可由各省、自治区、直辖市劳动行政部门根据各地情况确定。

八、制定奖惩制度主要应注意什么

因劳动者本人原因给用人单位造成经济损失的，用人单位可按照劳动合同的约定要求其赔偿经济损失。经济损失的赔偿，可从劳动者本人的工资中扣除。但每月扣除的部分不得超过劳动者当月工资的20%。若扣除后的剩余工资部分低于当地月最低工资标准，则按最低工资标准支付。

对严重违反用人单位规章制度的、严重失职，营私舞弊，给用人单位造成重大损害的，用人单位可以解除劳动合同。因此，用人单位必须对上述行为进行具体的量化，明确什么是严重违反规章制度，什么是造成重大损害。

九、制定考勤制度主要应注意什么

考勤制度是用人单位对工作时间、考勤方式、迟到、早退、旷工、请休假、公出、加班等进行规范管理的制度。考勤制度是加强员工工作纪律，保证用人单位进行正常的经营管理，维护进行正常工作秩序的基础，是支付工资、员工考核的重要依据。

制定考勤制度主要应注意保障员工依法享有的探亲假、婚假、丧假、产假、节假日。保障工作日中的午休、工间小休的时间。对因违反考勤制度的行为的处罚应合法合理。违反人的生理、社会道德人伦的规定，是不能受到法律的保护的。

十、规章制度的讨论与平等协商主要应注意什么

规章制度的制定，首先应当经职工代表大会或者全体职工讨论，提出方案和意见，然后再与工会或者职工代表平等协商确定。充分听取意见，再由用人单位来确定。应对讨论的具体方式、过程有一个明确的程序性规定。注意不能排除职工的权利，回避企业的法定义务，否则会使规章制度无效。如果企业规

章制度的条款违法，相关部门会责令改正，劳动者可以依法要求解除合同。给劳动者造成损害的，企业还要承担赔偿责任。

十一、制定员工服务期制度主要应注意什么

制定员工服务期制度主要应注意：只有为劳动者提供专项培训费用（指有货币支付凭证的情况），对其进行专业技术培训的，才可以约定服务期。服务期限的长短由企业与劳动者双方协商约定，但对企业来讲也并非服务期越长越好，应注意与所支出的费用相搭配。服务期可以在劳动合同中约定，也可另行签订服务期协议。另行签订服务期协议的，应注意劳动合同应根据服务期的约定及时进行变更。另外，应注意避免约定服务期的同时还约定试用期的情形。

十二、制定保密制度主要应注意什么

制定商业秘密及竞业限制制度要注意：严格界定商业秘密的范围；明确保密主体；规定员工保守商业秘密的具体义务；规定商业秘密泄密的行为；明确保密义务期限、脱密期；制定商业秘密泄密的赔偿责任及标准。

同时，企业要加强对业务骨干的教育和管理。因为在企业能够掌握商业秘密的员工，大多处在重要技术岗位或关键核心岗位，对这些在特殊岗位工作并作出特殊贡献的员工，企业可以实行特殊的分配政策和奖励制度。还可以用股份、股金、补充保险等奖励形式，把员工的命运与企业的生存与发展紧紧地联系在一起，这样就可以使业务骨干在企业安心工作，既可以留住企业核心人才，还可以预防企业商业秘密外泄。

十三、制定对涉密员工实施竞业限制的制度主要应注意什么

竞业限制的制度主要内容是：明确竞业限制的主体；规定竞业限制的业务范围；竞业限制的地域范围；竞业限制的期限；竞业限制期间的经济补偿标准；劳动者违反竞业限制约定的违约金。应注意：竞业限制最长时间二年；用人单位未按约定按月给予劳动者经济补偿，竞业限制条款失效。

十四、规章制度的公示主要应注意什么

规章制度经与职工讨论、平等协商后，由用人单位决定实施。用人单位必须对规章制度进行公示或告知，才能保证管理制度的合法有效性。公示：如张贴公告或者在本单位每个工作场所张贴、悬挂等，或者其他企业习惯使用的劳动者知晓的公示方式公示（如通过局域网络等）。告知：如发放规章制度、员工手册、开会宣读、组织培训等。应注意存留公示及告知过程形成的相关证据。如可能应既公示又告知更稳妥。从符合仲裁或诉讼的举证要求的角度讲，应要求每一位员工，签收一份相关的规章制度。

十五、如何制定《企业员工手册》

（一）员工手册制定的方法

员工手册是企业同员工进行沟通和下达任务的起点。一部完善的员工手册应包含人力资源管理各方面的内容，是一部适合本企业发展的人事管理工具书。企业要想通过员工手册实现有效管理员工，降低管理成本，树立科学发展的企业形象，达到企业管理的合法化、制度化、规范化的目的，就要在员工手册制定上下工夫。不仅要严格遵守法律法规，同时也要紧密联系企业的管理现状、发展目标以及其他自身特点来制定，员工手册应符合这样几个标准：

第一，传达管理者对企业的发展的期望，反映企业对员工的职业要求；

第二，员工手册是辅助管理的工具、员工的工作指南；

第三，员工可以在员工手册中得到其所必须领会与掌握的方法与要求，同时它也是员工的一本工具书；

第四，它还须符合企业各类人员的需求。可分不同的员工制定不同的员工手册；

第五，内容合法化，程序法定化，形式公示化。

企业普遍应用的员工手册从形式上看有三种类型：

一是以漫画、图文的形式编制《员工手册》，以简洁明了的标题形式提出，起到警示和调动积极性的作用。

二是以各项规章和制度为主，强调服从管理和执行。

三是在特定的时期发布的《员工手册》，传达近期内企业的信息。

注意：不应将员工手册搞成制度大全，万能手册。

（二）公司员工手册的内容

员工手册既是公司人事制度的汇编，又是公司员工培训的教材，反映的是公司形象、公司文化，是公司所有员工的行为准则。员工手册有其自身必需的条款和一定的框架。

前言部分：公司的历史、宗旨、公司简介、经营管理、经营目标、公司精神、管理总则等公司经营理念、公司组织结构等。

正文部分：人事管理制度。①基本规范。如招聘与录用制度、考勤制度、薪酬制度、休息休假制度、教育培训制度、晋升与降级制度、员工辞退与离职制度、申诉程序及争议处理制度以及其他相关内容等。②行为准则。如遵守法律法规、恪守商业道德、保护商业秘密、衣着仪表文明礼貌、避免利益冲突、爱护公司财物等。③福利制度。如带薪假期、社会保险、商业保险、员工待遇、家属福利等。④安全与劳动保护制度。⑤奖惩制度。

附则部分：一些未尽事宜的处理原则及可以作为手册附件的相关文件或规定。

（三）员工手册的制定程序

首先，需要确认员工手册使用的对象。对象不同，传播信息不同，规范不同。真正做到因人而异才能达到好的管理效果。

其次，对内部人事制度作系统分析，结合企业以往在管理过程中遇到的问题，明确员工手册要实现的目的，要达到的结果。

再次，明确对员工的职业化要求，根据企业特点确定员工手册的框架和具体内容。在不违反法律原则的条件下确定手册的细节。

最后，员工手册应当通过员工讨论，平等协商后制定并向员工公示。虽然收录到员工手册当中的规章制度多数在制定时已经过民主程序和公示，但如果在编撰员工手册过程中，对相关规章制度进行了修订或增加了新的规章制度，涉及员工的权利与义务，就应当重新经过民主程序和公示。

▲日常管理应注意什么

一、建立健全劳动合同管理制度

《劳动合同法》的实施促使企业的劳动管理从粗放型向精细型转变，中小企业尤其是小企业应积极适应这一转变，细化劳动管理，完善管理制度。

（一）用人单位应当建立劳动合同台账及职工名册

对劳动者的基本情况、实际工作年限、劳动合同期限、劳动合同中的约定条款等进行动态管理。有条件的用人单位，应当逐步实现电脑管理等现代化手段。

（二）强化劳动合同制度运行的日常管理工作

要加强对劳动合同签订、续订、变更、终止和解除各个环节的管理。对劳动者个人工资、休假、保险福利、加班及奖惩等有关资料要有记录。劳动合同期满前应当提前一个月向职工提出终止或续订劳动合同的书面意向，并及时办理有关手续。

（三）落实劳动合同管理工作的责任制

用人单位要指定专职或兼职人员，负责本单位劳动合同的日常管理工作。通过培训，使劳动合同管理人员熟悉和掌握有关法律、法规，做到依法管理，提高劳动合同管理水平。

二、进一步建立与完善和劳动合同制度相配套的规章制度

用人单位要依照国家法律、法规，建立健全支撑劳动合同制度运行的企业内部配套规章制度，包括工资分配、工时、休息休假、劳动保护、保险福利制度以及职工奖惩办法等，对不符合法律法规规定的内部规章制度进行修订完善。

三、员工跳槽的预防

跳槽是近几年来企业出现的热点现象。在劳动力市场日趋成熟的市场经

济条件下，市场对人才这种稀缺资源具有自发配置的功能，所以人才的流动会更加频繁。正常的人才流动会给企业注入新鲜血液，从而保持活力和创造力。然而过于频繁的人员流动会给企业造成人才匮乏、人员成本上升的困境，而且容易滋生不稳定因素。跳槽的原因各不相同，但总的来说有以下几点：从企业来说，企业领导者缺乏现代人力资源管理理念；企业人力资源管理的机构、人员不健全；企业人事管理、培训、晋升、职业规划等员工职业发展制度不完善；企业领导层不稳定；企业文化建设有欠缺；企业提供的薪酬福利待遇不高；个人才能无法发挥，无升职空间；企业分配不公，升职论资排辈。从员工来说，工作现状与个人意愿之间的矛盾，是跳槽的主要原因。如对企业人际关系不满意；对企业目标的不认同；企业环境无法满足个人职业规划的要求；企业要求过高，工作压力大，超出个人的能力，使其无法胜任工作；员工向往更富于挑战性的工作等都可能导致跳槽现象产生。此外，个人的兴趣爱好、家庭、婚姻、健康、学习等原因，也可能成为跳槽的因素。

减少员工的流动主要应从诚心留人做起，建立规范的企业管理制度；公正的用人制度；科学的物质与精神的激励制度；改善企业福利待遇；实施员工持股计划；建设以人为本的企业文化；加强各类培训和组织文体娱乐活动。做到以事业留人，以待遇留人，以情感留人。

利用内部制度与劳动合同的约束力留人，只能是一种辅助的手段。所谓留人要留心。一是利用服务期的约定留下关键员工，二是利用员工解除合同的30天预告期，积极实施干预，尽力挽留员工。

四、防止不符合法律规定的做法

以下不符合法律规定的做法应注意避免：

（一）试用期内不与劳动者签订劳动合同或只签试用期合同，不缴纳社会保险费

企业可以对新进员工设定试用期，有的企业为使自己占据主动，往往同试用期内的员工不签订任何形式的劳动合同或只签订一纸“试用期合同”，实际上这种做法会适得其反。只签订试用期合同的，试用期不成立，该“试用期”即为劳动合同期限。正确的做法应是同新进员工签订劳动合同，劳动合同中包含试用期的内容。法律明确规定企业应为试用期内的员工缴纳社会保险费。

（二）员工辞职需经单位批准

目前许多企业和员工仍然认为员工辞职要写辞职申请，要得到单位批准。但按《劳动合同法》的规定，员工只需要提前30天以书面形式通知企业就可解除合同，企业存在过错的，员工可即时解除合同，都无须经单位批准。如果

员工辞职时不办理工作交接或与企业有未了结的纠纷而走人的，用人单位可通过劳动仲裁或诉讼等法律途径主张自己的权利，但不能以单位未批准为由限制员工辞职。

（三）违约金由双方协商设定

有的用人单位认为，劳动合同也是合同的一种，条款是可以由双方商定的，当然违约金也可自由约定，只要双方对此签字认可就应有效。按《劳动合同法》规定，除约定服务期和竞业限制的情形外，用人单位不得与劳动者约定由劳动者承担违约金，约定了的也是无效的。

（四）企业有权随时对员工调岗调薪

用人单位一般会认为根据自身生产经营需要调整员工的工作岗位及薪酬标准是企业用人自主权。而员工则认为调岗调薪属于劳动合同的变更，合同应经双方协商一致，企业无权单方决定。目前法院掌握的原则是：第一，承认和保护企业的用工自主权。即允许企业根据生产经营需要对员工调岗调薪。第二，防止用人单位对此权利的滥用，比如滥用此权利以打击报复等。第三，企业应对其调岗调薪行为举证说明其具有“充分合理性”。主要应有内部规章制度的规定，合理合法。可见，企业虽有权对员工调岗调薪，但这种权利不是无限制的。行使这一权利应注意：一是要有内部制度的支持，二是要有相关事实的支持，三是争取与员工达成劳动合同的书面变更。

（五）员工提出辞职，必须提前三十天通知用人单位

用人单位有过错的，如未按照劳动合同约定提供劳动保护或者劳动条件的；未及时足额支付劳动报酬的；未依法为劳动者缴纳社会保险费的；用人单位的规章制度违反法律、法规的规定，损害劳动者权益的等，劳动者可以即时解除劳动合同，不受提前 30 天的限制。

（六）凡是员工提出辞职，用人单位就无须支付经济补偿金

当用人单位有错过时，无论是用人单位提出解聘，还是员工提出辞职，用人单位都应当向劳动者支付经济补偿。即：未按照劳动合同约定提供劳动保护或者劳动条件的；未及时足额支付劳动报酬的；未依法为劳动者缴纳社会保险费的；用人单位的规章制度违反法律、法规的规定，损害劳动者权益的等情形，用人单位都应当向劳动者支付经济补偿。

（七）将社会保险费加到工资里由员工自行负责缴纳

参加社会保险是劳资双方的法定义务，不会因将相关费用支付给劳动者，用人单位的法定义务就可以免除。未依法为劳动者缴纳社会保险费的，劳动者可以即时解除劳动合同。

（八）竞业限制补偿金随工资一起发放

竞业限制条款在劳动合同中为延迟生效条款，在劳动合同解除或终止后开始生效。由于限制了劳动者一定时期内的择业权，因此在劳动合同或保密协议

中约定竞业限制条款的，必须约定经济补偿。这种经济补偿金应当是在劳动合同解除或终止后按月支付，用人单位在员工每月的工资中增加一笔钱，不能看做是竞业限制的经济补偿。

（九）离职员工当然无权领取年终奖

《劳动法》第四十六条的规定，工资分配应当遵循按劳分配原则，实行同工同酬。年终奖属于劳动报酬，所以也须遵循同工同酬的原则。

在年终奖的问题上，为避免争议的产生，企业应充分利用好规章制度、劳动合同等工具。对年终奖的性质、发放范围、发放标准和发放方式详细规定。企业还可以规定，年终奖是员工的一项特殊福利，而非一般的劳动报酬，是企业依据员工绩效考核做出的一种激励方式，从而明确本企业年终奖的基本属性。这些内容，企业可以通过制定和完善有关规章制度的方式来进行，也可以直接在与单个员工签订的具体劳动合同中加以约定。完善的年终奖制度不但有利于提高企业的凝聚力和员工工作积极性，也能更好地维护企业的合法权益，减少不必要的争议和麻烦。

（十）为员工办理解除合同手续是用人单位的权利不是义务

劳动关系结束后，员工要求用人单位办理解除合同手续，而用人单位则常以不为员工办理退工手续为手段或谈判的砝码，要求员工支付违约金或退还培训费等。由于企业不办理退工手续造成员工无法再行就业，员工要求企业赔偿工资损失。员工的主张会获得法院的支持。因为按《劳动合同法》规定：用人单位应当在解除或者终止劳动合同时出具解除或者终止劳动合同的证明，并在十五日内为劳动者办理档案和社会保险关系转移手续。

（十一）效益不好时就可裁员

法律对于企业裁员明确设定了一些限制条件，这些限制条件是：

需要裁减人员二十人以上或者裁减不足二十人但占企业职工总数百分之十以上的，用人单位提前三十日向工会或者全体职工说明情况，听取工会或者职工的意见后，裁减人员方案经向劳动行政部门报告，可以裁减人员：①依照企业破产法规定进行重整的；②生产经营发生严重困难的；③企业转产、重大技术革新或者经营方式调整，经变更劳动合同后，仍需裁减人员的；④其他因劳动合同订立时所依据的客观经济情况发生重大变化，致使劳动合同无法履行的。

当前许多企业“裁员”的随意性很大，往往无视上述这些条件，在效益不好时随意裁员且认为此举合情合理，以致争议发生，最终遭遇败诉后果。其实，企业在效益不好想缩减人员时，如不具备“裁员”的条件，则还是以协商解除劳动合同的方式为好。

（十二）“临时工”不用签劳动合同

临时工的概念其实已不适用。按《劳动法》和《劳动合同法》，用人单位招聘劳动者都应与劳动者签订劳动合同，无论“长期工”还是“临时工”。用人单位如果与所谓的“临时工”不签订劳动合同，一旦发生劳动争议，用人单位不但要赔偿由此给劳动者带来的损失，而且也可能面临行政处罚。

（十三）签订劳动合同时收取押金、保证金

目前，有些用人单位在与劳动者签订劳动合同时，收取“押金”、“保证金”等，如果没有押金，就扣下试用期期间的工资做抵押。收取押金的企业绝大多数是一些小企业。其实，这种做法是违反法律的，一旦劳动者向劳动部门投诉，用人单位得不偿失。《劳动合同法》明确规定：“用人单位招用劳动者，不得扣押劳动者的居民身份证和其他证件，不得要求劳动者提供担保或者以其他名义向劳动者收取财物。”“用人单位违反本法规定，扣押劳动者居民身份证等证件的，由劳动行政部门责令限期退还劳动者本人，并依照有关法律规定给予处罚。”“用人单位违反本法规定，以担保或者其他名义向劳动者收取财物的，由劳动行政部门责令限期退还劳动者本人，并以每人500元以上2000元以下的标准处以罚款；给劳动者造成损害的，应当承担赔偿责任。”

（十四）对员工可以予以开除或除名的处理

国务院发布的《企业职工奖惩条例》中有这样的规定：职工无正当理由经常旷工，经批评教育无效，连续旷工时间超过15天，或者一年以内累计旷工时间超过30天的，企业有权予以除名。但从2008年2月起，该条例已被明令废止。用人单位特别是国有企业将无根据再对有违纪行为的员工予以开除或除名的处理。用人单位只能依照内部的规章制度，对符合严重违反用人单位的规章制度的、严重失职，营私舞弊，给用人单位造成重大损害等情形的员工解除劳动合同。至于无故旷工多少天才能够达成解除劳动合同的条件，可由企业通过民主协商制定规章制度决定。

此外，劳动者因酒后驾车、赌博、酗酒等原因被追究刑事责任时，用人单位也可解除劳动合同。

（十五）用人单位提前一个月通知并赔偿工龄补偿金即可辞退员工

用人单位与劳动者应当按照劳动合同的约定，全面履行各自的义务。任何一方不能以支付违约金、赔偿金、补偿金而替代合同的实际履行。用人单位提前一个月通知行为如不适合《劳动合同法》第四十条规定情形的，劳动者有权选择要求用人单位继续履行合同或要求用人单位按《劳动合同法》第八十七条“用人单位违反本法规定解除或者终止劳动合同的，应当依照本法第四十七条规定的经济补偿标准的两倍向劳动者支付赔偿金”的规定执行。

（十六）用人单位可以在劳动合同中约定或在规章制度中规定：“有权根据生产经营变化及劳动者的工作情况调整其工作岗位，劳动者必须服从单位的安排。”

用人单位与劳动者协商一致，可以变更劳动合同约定的内容。变更工作岗位应与劳动者协商一致，用人单位单方变更的，劳动者有权拒绝。根据《劳动合同法》第二十六条规定，用人单位免除自己的法定责任、排除劳动者权利的劳动合同无效或者部分无效。用人单位的“有权根据生产经营变化及劳动者的工作情况调整其工作岗位，劳动者必须服从单位的安排”的规定，会因排除劳动者权利而无效。

（十七）试用期内劳动者解除劳动合同需赔偿用人单位的招录费用

《劳动合同法》第九十条规定：劳动者违反本法规定解除劳动合同，或者违反劳动合同中约定的保密义务或者竞业限制，给用人单位造成损失的，应当承担赔偿责任。即劳动者承担赔偿责任的仅限于两种情况：第一种情况为违法解除劳动合同给用人单位造成损失的，即未提前30日书面通知用人单位解除劳动合同或试用期内未提前3日通知用人单位解除劳动合同；第二种情况为劳动者违反保密或竞业限制约定，给用人单位造成损失的。劳动者在试用期内只要履行提前三天通知解除劳动合同的义务，该解除行为就符合法律规定，无须承担赔偿责任。因此，《劳动合同法》施行后，劳动者在试用期内依法解除劳动合同无须赔偿用人单位的招录费用。

▲劳动合同履行和变更应注意什么

一、劳动合同须全面履行

用人单位与劳动者应当按照劳动合同的约定，全面履行各自的义务。用人单位和劳动者在履行劳动合同过程中，应当遵循三个原则：一是实际履行。用人单位和劳动者必须亲自履行劳动合同义务，不能由第三人代替履行。二是全面履行。用人单位必须全面地按照劳动合同与法律的规定，向劳动者提供劳动保护条件、劳动条件及劳动报酬和福利待遇等；劳动者必须按照劳动合同与法律规定的时间、地点和方式，保质保量地完成劳动任务。三是合作履行。用人单位和劳动者要相互配合、相互合作，相互理解和帮助；用人单位必须关心职工，考虑职工切身利益；劳动者必须遵守劳动纪律、服从管理和指挥。任何一方不能以支付违约金、赔偿金、补偿金而免除实际履行的责任。

二、变更劳动合同的原则

变更劳动合同应注意以下几点：①平等自愿、协商一致的原则。②依法且遵循法定程序的原则。③变更劳动合同须在劳动合同有效期内进行。用人单位根据工作需要调整劳动者的工作岗位时，须与劳动者协商一致，变更劳动合同的相关内容。变更劳动合同后，原条款不再具有法律效力，但原劳动合同的其他条款仍然有效。

三、劳动合同履行过程中，劳动者是否能够依法要求用人单位变更合同期限

《劳动合同法》第十四条规定：劳动者在该用人单位连续工作满十年的，劳动者提出或者同意续订、订立劳动合同的，除劳动者提出订立固定期限劳动合同外，应当订立无固定期限劳动合同。如果劳动者原劳动合同期限为有固定期限，且合同在履行的过程中，劳动者因具备了与用人单位签订无固定期限劳动合同条件的，提出变更原合同为无固定期限劳动合同的，如果劳动者能够与用人单位就变更事宜达成一致意见的，劳动合同可以变更。但是如果用人单位不同意变更劳动合同的，不能变更原劳动合同。

四、劳动者患病或者非因工负伤及不能胜任工作，调整其工作岗位可不变更劳动合同

因劳动者不能胜任工作而变更、调整职工工作岗位及劳动者患病或者非因工负伤，在规定的医疗期满后不能从事原工作，由用人单位另行安排工作的，则属于用人单位的自主权。无须与劳动者协商一致，不需要一定变更劳动合同。应注意的是：对以上两种变更工作岗位的情形，用人单位负有证明的责任。如用人单位对劳动者不能胜任工作及劳动者患病或者非因工负伤的情形无充分把握，还是以协商变更劳动合同为妥。

▲解除和终止合同时应注意什么

劳动合同的解除，是指劳动合同在订立以后，尚未履行完毕以前，由于某种因素导致双方当事人提前终止合同效力的法律行为。劳动合同的解除可分为协商解除和法定解除两种情况。

一、协商解除合同的操作

在不具备法定解除劳动合同的条件下，用人单位或劳动者可与另一方协商解除合同。协商解除合同有用人单位向劳动者提出解除劳动合同和劳动者向用人单位提出解除劳动合同两种情形。由用人单位向劳动者提出解除劳动合同并协商一致的，用人单位应当向劳动者支付经济补偿。由劳动者向用人单位提出解除劳动合同并协商一致的，用人单位无须向劳动者支付经济补偿。由劳动者向用人单位提出解除劳动合同并协商一致的情形实践中会较少用到，因为劳动者采用提前三十日以书面形式通知用人单位解除劳动合同更方便一些。

协商解除合同一般会经过以下几个步骤：①一方提出解除合同的意向；②双方就具体条件进行协商；③签订协议；④履行协议，办理支付补偿金及工作交接；⑤办理离职手续。

根据具体提出方不同，协商的内容有所不同，主要是体现在经济补偿金上。若是单位提出的，则要向劳动者支付经济补偿金，不低于每满一年，支付相当于本人一个月工资的经济补偿金。

二、用人单位提出解除劳动合同的操作

用人单位提出解除劳动合同分为不需支付经济补偿金和需支付经济补偿金两种情形。

1. 不需支付经济补偿金的操作。不需支付经济补偿金情形常见的为：因严重违反用人单位的规章制度及严重失职，营私舞弊，给用人单位造成重大损害的，由用人单位提出解除劳动合同两种情形。严重违反用人单位的规章制度，就是：首先，规章制度必须是合法有效的。其次，劳动者违反制度的行为客观存在，并且达到严重的程度，影响用人单位正常生产经营和管理秩序的。例如，违反操作规程，损坏生产、经营设备造成经济损失的，不服从用人单位正常工作调度，不服从用人单位的劳动人事管理，无理取闹，打架斗殴，散布谣言损害企业声誉等。最后，用人单位对劳动者的处理要按照本单位规章制度规定的程序办理的，并符合相关法律法规规定。总之，严重违反用人单位的规章制度及严重失职，营私舞弊，给用人单位造成重大损害，由用人单位提出解除劳动合同两种情况下解除劳动合同，用人单位要有充足的法律根据和事实根据，并严格按程序操作，保留完整的相关资料。

严重违反用人单位的规章制度及严重失职，营私舞弊，给用人单位造成重大损害，不需支付经济补偿金解除劳动合同，一般会经过以下几个步骤：①确认违反制度的相关事实，最好由当事的劳动者签字确认；②根据内部规章制度做出处理决定；③向劳动者送达处理决定；④办理工作交接；⑤办理离职手续。

属于生产经营发生严重困难等情形的，要提前三十日向工会或者全体职工说明情况，听取工会或者职工的意见，将裁减人员方案向劳动行政部门报告后，将解除劳动合同通知书写明理由，交劳动者签收。

2. 需支付经济补偿金的操作。需支付经济补偿金的情形常见的为：劳动者患病或者非因工负伤；劳动者不能胜任工作；客观情况发生重大变化三种情形。

需支付经济补偿金解除劳动合同，一般会经过以下几个步骤：①确认相关事实，最好由当事的劳动者签字确认；②做出处理决定；③向劳动者送达处理决定；④支付经济补偿金，办理工作交接；⑤办理离职手续。

属于企业破产重整等情形的，要提前三十日向工会或者全体职工说明情况，听取工会或者职工的意见，将裁减人员方案向劳动行政部门报告后，将解除劳动合同通知书写明理由，交劳动者签收。

三、劳动者提出解除劳动合同的操作

劳动者提出解除劳动合同也分为不需支付经济补偿金和需支付经济补偿金两种情形。

1. 不需支付经济补偿金的操作。不需支付经济补偿金的情形为：用人单位与劳动者协商一致，由劳动者向用人单位提出解除劳动合同的；劳动者提前三十日以书面形式通知用人单位，解除劳动合同的；劳动者在试用期内提前三日通知用人单位，解除劳动合同的。

不需支付经济补偿金解除劳动合同，一般会经过以下几个步骤：①劳动者提交解除通知书，用人单位签收；②约定办理交接的具体时间；③办理工作交接；④办理离职手续。

2. 需支付经济补偿金的操作。需支付经济补偿金的情形常见的有：用人单位未按照劳动合同约定提供劳动保护或者劳动条件的；未及时足额支付劳动报酬的；未依法为劳动者缴纳社会保险费的；用人单位的规章制度违反法律、法规的规定，损害劳动者权益等。另外，特定合同终止情形也需支付经济补偿金。

需支付经济补偿金解除劳动合同，一般会经过以下几个步骤：①劳动者提交解除通知书，用人单位签收；②约定办理交接的具体时间；③支付经济补偿金，办理工作交接；④办理离职手续。

特定合同终止情形下，应由用人单位通知劳动者办理工作交接，支付经济补偿金，办理离职手续。

四、劳动合同终止后继续用工的，应及时续签劳动合同

对劳动合同终止不再续签的，应及时办理终止劳动合同相关手续。对打算续签的，要及时办理续签。不及时办理相关手续的，会使双方形成事实劳动关系。超过一个月未与劳动者订立书面劳动合同的，应当向劳动者每月支付两倍的工资。满一年不与劳动者订立书面劳动合同的，视为用人单位与劳动者已订立无固定期限劳动合同。劳动合同到期既不办理终止手续也不办理续签劳动合同，用人单位将陷于十分被动的境地。因此，劳动合同到期，用人单位一定要按法定程序办理有关终止或续订劳动合同的手续。

五、不得以末位淘汰的方式解除员工的劳动合同

解除员工的劳动合同，应符合法定条件。用人单位对员工的工作情况进

行考核本无可厚非，但以此为根据，对员工进行“末位淘汰”，解除劳动合同，是不符合法律规定的。因为“末位”的员工不等于是违反规章制度的员工，也不等于是不能胜任工作的员工。“末位”不构成解除劳动合同的条件。

六、不得在试用期随便辞退员工

员工试用期不是用人单位白用期，也不是用人单位可随意辞退期。只有在试用期间被证明不符合录用条件的，或有严重违反用人单位的规章制度的、给用人单位造成重大损害等情形的才能解除合同。还需向劳动者说明理由。

七、员工自动离职的处理

自动离职是指员工由于自动离开原工作岗位而失去职位。一般表现为旷工超过规定期限，或要求停薪留职、辞职未获单位同意而擅自不告而别的情形。劳动合同制度下不再适用因自动离职，予以解职或除名的处理。

按《劳动合同法》的规定，用人单位以暴力、威胁或者非法限制人身自由的手段强迫劳动者劳动的，或者用人单位违章指挥、强令冒险作业危及劳动者人身安全的，劳动者可以立即解除劳动合同，不需事先告知用人单位。显然，此情形下员工的不告而别是合乎法律的。

员工自动离职除可能是强迫劳动或危及人身安全的原因外，也可能是因《劳动合同法》第三十八条规定的，用人单位未按照劳动合同约定提供劳动保护或者劳动条件；未及时足额支付劳动报酬；未依法为劳动者缴纳社会保险费；规章制度违反法律、法规的规定，损害劳动者权益等原因。虽员工因第三十八条原因解除劳动合同，一般应告知用人单位，但法律并未做强制性规定。所以，员工未告知也不能构成违约。

用人单位在分析员工自动离职原因时，必须首先排除以上情况。

员工非以上原因自动离职的，用人单位应按企业的规章制度进行处理。第一，用人单位的规章制度中应明确规定，员工旷工若干日以上的，用人单位可以解除合同。第二，根据员工离职的事实和规章制度的规定做出书面处理决定。第三，将处理决定告知员工。如无法直接送达，可试做挂号邮寄或登报告知。第四，向劳动行政部门报备。第五，员工自动离职给企业造成了损失的，企业保留要求员工赔偿的权利。

当然用人单位也可依员工自动离职的事实和规章制度的规定，直接向劳动仲裁机构申请仲裁，请求确认合同解除并要求员工赔偿损失。

八、解除劳动合同的法律风险防范

1. 建立解除劳动合同的管理制度。建立解除劳动合同的管理制度须符合以下条件：①内容和程序合法。②不违反劳动合同和集体合同的约定。若企业与员工的劳动合同中就离职有相关的权利与义务约定，应按其执行。企业不可通过规章制度在员工离职时增加员工的义务，除非员工认可，否则无效。③要向员工公示。未经公示而在员工离职时才交员工阅知的规章制度，对员工不具有约束力。

2. 注意加强解除劳动合同员工离职过程的商业秘密保护。对于掌握企业商业秘密（经营信息及技术信息）的关键岗位的重要管理人员和专业技术人员，要签保密协议或劳动合同中有保密条款，在离职办理中注意防范问题的出现。采用脱密期，竞业限制等方法保护商业秘密。

3. 注意加强员工离职时工作交接管理。①收回办公用品，清点所保管的物品。对员工使用的笔记本电脑等重要物品、保管的重要资料等要重点清点收回。②工作内容的交接。对未结工作做认真交代，使工作能延续下去。

4. 认真结清劳动报酬。①结算工资。员工向企业提供了劳动，有取得劳动报酬的权利，企业不得克扣或者无故拖欠劳动者的工资。企业应在解除或终止劳动合同时，即员工离职时，一次付清劳动者工资。②支付经济补偿金和赔偿金。应当向劳动者支付经济补偿的，在办结工作交接时支付。③社会保险的处理。企业在十五日内为劳动者办理档案和社会保险关系转移手续。

5. 履行转移人事档案义务。用人单位应当在解除或者终止劳动合同时出具解除或者终止劳动合同的证明，并在十五日内为劳动者办理档案和社会保险关系转移手续。在实践中，有企业以员工在离职时不向企业交付培训费用、违约金、赔偿金等为由扣留员工的个人档案，也不给员工办理有关离职手续，来制约员工，限制其离职，这样的一些做法是错误的。

企业应妥善保管离职文件材料，在内容及形式上均完整准确记录下离职环节，为可能发生劳动争议做好准备。

第三部分　常见劳动合同案例分析

【案例一】劳动合同仅约定试用期的，试用期不成立

小张2008年1月10日到宏大机械有限公司应聘，经过面试、口试、笔试后，公司决定录用小张。小张提出签订一年期的劳动合同，公司人力资源经理却对小张说："按照公司的规定，凡是新招用的职工要先签订三个月的试用合同，试用期过后经公司考核认为合格的，才能签订正式的劳动合同，同时试用期内的社会保险费用由员工自行缴纳。"小张认为该公司的做法违反了《劳动合同法》的规定，于是到劳动监察大队举报。监察大队根据调查的事实，责令宏大机械有限公司立即纠正公司仅与新员工签订试用合同和试用期不缴社会保险费的违法行为，并责令宏大机械有限公司在用工之日起一个月内与新员工签订正式劳动合同。

【法律链接】

《劳动合同法》

第十九条　……

试用期包含在劳动合同期限内。劳动合同仅约定试用期的，试用期不成立，该期限为劳动合同期限。

……

第八十三条　用人单位违反本法规定与劳动者约定试用期的，由劳动行政部门责令改正；违法约定的试用期已经履行的，由用人单位以劳动者试用期满月工资为标准，按已经履行的超过法定试用期的期间向劳动者支付赔偿金。

《劳动法》

第七十二条　社会保险基金按照保险类型确定资金来源，逐步实行社会统筹。用人单位和劳动者必须依法参加社会保险，缴纳社会保险费。

【分析】

试用期是用人单位与劳动者可以协商约定的条款，双方可以约定试用期也可以不约定试用期。如果用人单位与劳动者约定试用期，试用期包含在劳动合同期限内。用人单位单独约定试用期，将劳动合同期限与试用期对立起来的做法是错误的，是违反《劳动合同法》的规定的。如小张与宏大公司签了三个月的试用

期合同，该试用期不成立，仅意味着小张签了一个三个月的无试用期的劳动合同，三个月后宏大公司与小张再签一个一年期的劳动合同时，已是第二次签订劳动合同。再过一年合同期满时，续不续订合同，订立固定期限的劳动合同还是订立无固定期限的劳动合同，选择权在小张，宏大公司不能选择也不能拒绝。

此外，许多企业认为试用期内双方的劳动关系尚未最终确定，所以企业无须为试用期内的员工缴纳社保费。其实试用期内双方的劳动关系虽未最终确定，但试用期包括在劳动合同期限内，因此企业应为试用期内的员工缴纳社保费。

【案例二】 用人单位降低员工月薪

2007 年 2 月，赵先生被路通软件公司聘为部门经理，转正后月薪 5800 元。2008 年 1 月，他的薪水突然被降到了 3300 元。赵先生感到莫名其妙让他无法接受。他与单位发生了争执，但没有结果。又过了一个月，单位以赵先生“工作不负责任、消极怠工”为由通知他待岗，待岗工资是 600 元，赵先生愤而辞职。并申请劳动争议仲裁部门裁定路通软件公司支付克扣的工资。

开庭过程中路通软件公司代理人解释说，我们根据生产经营的需要调整了他的工作岗位，相应地降低了他的工资标准，而并非克扣他的工资。

仲裁部门认为，经审理，单位虽然说工资变化的原因是岗位变动，但出具的岗位变动通知单上，却没有时间和公章，不算是有效的证据。单位以赵先生“工作不负责任、消极怠工”为由让他待岗，降低了他的收入与地位，但没有举证证明其调整岗位所依据的规章制度、事实及调整岗位的合理性。据此法院判决单位补齐赵先生的工资并赔偿 20000 多元。

【法律链接】

《劳动合同法》

第四条　用人单位应当依法建立和完善劳动规章制度，保障劳动者享有劳动权利、履行劳动义务。

……

第三十五条　用人单位与劳动者协商一致，可以变更劳动合同约定的内容。变更劳动合同，应当采用书面形式。

……

第三十八条　用人单位有下列情形之一的，劳动者可以解除劳动合同：

……

（二）未及时足额支付劳动报酬的；

……

【分析】

用人单位有根据自身生产经营需要调整员工的工作岗位及薪酬标准的用人自主权，但对此权利用人单位不能滥用，所以用人单位应对其调岗调薪行为举证说明其具有“充分合理性”。因此，用人单位要有完善的内部规章制度，处理的过程要符合程序要求，并对相关过程有连续的记录。本案中用人单位对降低员工工资、调整员工的工作岗位的合理合法不能举证，必然承担不利的后果。

【案例三】已签了两次固定期合同，**2008** 年后再签可要求签“无固定期”吗

李某自 2003 年 2 月 5 日起在大明公司工作，劳动合同一直是一年一签，到 2008 年 2 月他的劳动合同又要到期了。他听说《劳动合同法》规定连续签订两次固定期限的劳动合同用人单位就必须与劳动者签订无固定期限的劳动合同。因此，他认为，到 2008 年 2 月他的合同到期时，企业必须与他签订无固定期限的劳动合同。

李某的主张对吗?

【法律链接】

《劳动合同法》

第十四条　用人单位与劳动者协商一致，可以订立无固定期限劳动合同。有下列情形之一，劳动者提出或者同意续订、订立劳动合同的，除劳动者提出订立固定期限劳动合同外，应当订立无固定期限劳动合同：

……

（二）用人单位初次实行劳动合同制度或者国有企业改制重新订立劳动合同时，劳动者在该用人单位连续工作满十年且距法定退休年龄不足十年的；

（三）连续订立二次固定期限劳动合同，且劳动者没有本法第三十九条和第四十条第一项、第二项规定的情形，续订劳动合同的。

第九十七条　本法施行前已依法订立且在本法施行之日存续的劳动合同，继续履行；本法第十四条第二款第三项规定连续订立固定期限劳动合同的次数，自本法施行后续订固定期限劳动合同时开始计算。

【分析】

此案例中李某的理解不正确。《劳动合同法》是从 2008 年 1 月 1 日起实施，因此，《劳动合同法》对连续订立固定期限合同的次数的起算时间也做了规定，即从 2008 年 1 月 1 日算起。因此，本案中，到 2008 年 2 月，如果单位与李某再续订一年的劳动合同，算是第一次订立固定期限劳动合同。一年以后，即到 2009 年 2 月单位再与他续订劳动合同就是第二次续订劳动合同，第二次续订的劳动合同到期后，如果李某提出或者同意续订、订立劳动合同的，除他提出订立固定期限劳动合同外，企业应当与他订立无固定期限劳动合同。

【案例四】公司劳动合同规定女员工 **3** 年不结婚 **5** 年不生子

大学应届毕业生黎丽在参加了 8 家单位的面试后，最后一家通信公司通知

黎丽前往公司签合同。公司经理拿出一份劳动合同，同时还附加了一份公司条例，有如下规定：因工作需要，本公司女员工 3 年不能结婚，5 年不准生孩子。

黎丽觉得这一规定非常荒谬。但找工作不容易，又使她别无选择。第二天，经过思想斗争的黎丽与公司签订了合同，底薪为 1500 元加提成。

该公司经理说，附加该条例也是无奈之举，很多女员工最初被招聘到公司，工作开展得很出色，但当她们结婚生子后，业务能力大幅下降。

黎丽向法律专家咨询，这一约定有效吗？

【法律链接】

《劳动合同法》

第八十条　用人单位直接涉及劳动者切身利益的规章制度违反法律、法规规定的，由劳动行政部门责令改正，给予警告；给劳动者造成损害的，应当承担赔偿责任。

《婚姻法》

第二条　实行婚姻自由、一夫一妻、男女平等的婚姻制度。

第五条　结婚必须男女双方完全自愿，不许任何一方对他方加以强迫或任何第三者加以干涉。

《中华人民共和国人口与计划生育法》

第十七条　公民有生育的权利，也有依法实行计划生育的义务，夫妻双方在实行计划生育中负有共同的责任。

《就业促进法》

第三条　劳动者依法享有平等就业和自主择业的权利。

劳动者就业，不因民族、种族、性别、宗教信仰等不同而受歧视。

【分析】

用人单位的规定违反《婚姻法》、《人口与计划生育法》、《就业促进法》、《劳动合同法》的规定。侵害了女性员工的婚姻自由权，生育权和平等就业权，该约定无效。黎丽无须受 3 年不能结婚，5 年不准生孩子的约束。用人单位也不能以员工违反这一约定为由解除劳动合同或给予其他处理。

【案例五】 劳动合同签字即生效

2006 年 2 月王小姐与某公司签订了为期 5 年的劳动合同。2008 年 2 月王小姐想换个单位，于是按规定提前 30 日向公司书面提出离职。但由于合同还有 3 年没有到期，公司同意其离职但是要求王小姐按劳动合同中约定支付 1 万元违约金。王小姐对此不服，提起了劳动争议仲裁。王小姐提出：公司与王小姐签订的劳动合同只有法定代表人的签字，没有加盖公司公章，也没有合同鉴证机关的鉴证，所以这份合同是无效的。因此，她不应该支付违约金。

没有盖章或签字和没有鉴证的合同是无效合同吗？她该不该支付违约金？

【法律链接】

《劳动合同法》

第十条　建立劳动关系，应当订立书面劳动合同……

……

第十六条　劳动合同由用人单位与劳动者协商一致，并经用人单位与劳动者在劳动合同文本上签字或盖章生效。

第九十七条　本法施行前已依法订立且在本法施行之日存续的劳动合同，继续履行……

【分析】

1. 只有签字没有盖章也没有经过鉴证的劳动合同是否有效？《劳动合同法》第十条、第十六条的规定：建立劳动关系，应当订立书面劳动合同；劳动合同由用人单位与劳动者协商一致，并经用人单位与劳动者在劳动合同文本上签字或盖章生效。对书面劳动合同签字和盖章只要有其中之一劳动合同就生效。按公司法和民法的相关规定，公司法定代表人的行为即是法人自身的行为，其在合法职权范围内从事民事活动，所产生的权利、义务和责任应由公司来承担。因此，此合同虽然未盖单位的章，仍然有效。

劳动合同鉴证只是劳动部门对合同进行审查认定的一种形式，不是劳动合同成立的必要条件，不能说未经鉴证机关审核盖章劳动合同就无效。

2. 她该不该支付违约金？《劳动合同法》明确规定用人单位只有在因服务期和竞业限制两种情况下可以约定由劳动者承担的违约金。《劳动合同法》施行前已依法订立且在本法施行之日存续的劳动合同，继续履行。但原劳动合同中与新法冲突的内容是无效的。因此，如果劳动者于2008年以后提出辞职，只要符合法定的程序即可，不必要支付违约金。

【案例六】协议放弃经济补偿要求无效

吴大姐于2007年7月与爱家物业公司签订了两年期的劳动合同，工作岗位是保洁员，2008年2月由于公司所负责管理的楼盘减少，公司提出要与吴大姐解除劳动合同，吴大姐觉得自己可以在离自己家较近的地方另寻一份工作，也便于照顾家里，于是同意解除合同。公司又提出解除合同协议中要约定吴大姐放弃要求经济补偿，吴大姐怕不同意这一条，公司在办理解除手续，办理保险手续转移时受到刁难，也只好同意了。3月吴大姐新工作单位的同事告诉她不应当放弃经济补偿要求。吴大姐于是向爱家公司要求经济补偿。公司认为双方已经达成了协议，不同意支付。吴大姐遂向劳动仲裁部门申请仲裁。

【法律链接】

《劳动合同法》

第三十六条　用人单位与劳动者协商一致，可以解除劳动合同。

……

第四十六条　有下列情形之一的，用人单位应当向劳动者支付经济补偿：

……

（二）用人单位依照本法第三十六条规定向劳动者提出解除劳动合同并与劳动者协商一致解除劳动合同的；

……

【分析】

《劳动合同法》第四十六条规定了支付经济补偿是用人单位的法定责任，同时并没有类似“双方另有约定的除外”的字样（即无除外条款）。用人单位不能以约定的方式解除自己的法定责任。吴大姐要求经济补偿是合法的。

【案例七】 双方可以约定以完成一定工作任务为劳动合同的期限

大学毕业生张利应聘到一家IT公司工作，在确定劳动合同期限问题上双方产生了分歧：公司认为招聘张利的目的是搞一个软件项目的开发，所以，与他要签以完成一定工作任务为期限的劳动合同，约定软件项目开发完成并经验收合格后，合同终止。但张利不同意，认为劳动合同必须明确合同的起始和终止日期，单位这样做是违法的。

那么，张利的说法正确吗？

【法律链接】

《劳动合同法》

第十二条　劳动合同分为固定期限劳动合同、无固定期限劳动合同和以完成一定工作任务为期限的劳动合同。

第十三条　固定期限劳动合同，是指用人单位与劳动者约定合同终止时间的劳动合同。

用人单位与劳动者协商一致，可以订立固定期限劳动合同。

第十四条　无固定期限劳动合同，是指用人单位与劳动者约定无确定终止时间的劳动合同。

第十五条　以完成一定工作任务为期限的劳动合同，是指用人单位与劳动者约定以某项工作的完成为合同期限的劳动合同。

用人单位与劳动者协商一致，可以订立以完成一定工作任务为期限的劳动合同。

【分析】

张利的说法是不正确的。公司是可以与张利签订以完成一定工作任务为期限的劳动合同的。当然张利想要签一个明确期限的合同也没什么错，这需要双方协商解决。以完成一定工作任务为期限的劳动合同，是指用人单位与劳动者约定以某项工作的完成为合同期限的劳动合同。该种合同期限的特点是在签订时约定了生效日期而且约定一个任务完成的标准作为终止条件，待终止条件出现时合同即终止。这种合同在工程项目、科技开发方面应用比较多，工程结束或开发项目结束时合同也就终止了，张利遇到的就属于这种情况。

【案例八】员工提出要求协商解除合同的，用人单位不用支付经济补偿金

孙先生是某公司的一名员工，与公司签订了无固定期限的劳动合同。2008年2月公司因市场竞争逐渐陷入了经营困难的状况。为摆脱困境，公司董事会决定采取减人增效的办法。经全体职工讨论，提出方案和意见，最后与工会协商确定了解除劳动合同的方案。方案规定：员工在方案公布后一周内书面同意与公司协商解除劳动合同的，公司在法定经济补偿金之外再给予额外奖励金。

方案公布后，孙先生进行了认真的思考，但一直犹豫不决，以致未能在规定的一周时间内做出决定。10天后，孙先生终于决定与公司协商解除劳动合同，于是即向公司递交了协商解除劳动合同的意见书，并要求公司按规定支付法定经济补偿金和额外奖励金。公司表示孙先生提交协商解除劳动合同意见时超过了公司规定的期限，公司可以同意与孙先生协商解除劳动合同，但不同意支付经济补偿金和额外奖励金，双方于是发生争议。

孙先生认为，公司提出协商解除劳动合同，自己按公司规定提出了同意协商解除的书面意见，只是时间上晚了几天，公司不同意支付额外奖励金尚可讨论，但不同意支付法定经济补偿金没有依据。

公司认为，公司提出与员工协商解除劳动合同设定了期限和条件，孙先生未按公司的设定进行，说明孙先生未接受公司的协商解除要求；孙先生在公司设定的期限和条件之外提出与公司协商解除劳动合同，公司同意与孙先生协商解除合同，但因是孙先生提出的要求，公司不应支付额外奖励金和经济补偿金。

本案中孙先生与公司的劳动合同协商解除后，是否可以要求公司支付额外奖励金和经济补偿金？

【法律链接】

《劳动合同法》

第三十六条　用人单位与劳动者协商一致，可以解除劳动合同。

……

第四十六条　有下列情形之一的，用人单位应当向劳动者支付经济补偿：

……

（二）用人单位依照本法第三十六条规定向劳动者提出解除劳动合同并与劳动者协商一致解除劳动合同的；

……

【分析】

由用人单位向劳动者提出解除劳动合同并与劳动者协商一致解除劳动合

同的，用人单位向劳动者支付经济补偿。本案中，解除合同的协议是谁提出的呢？公司提出与员工协商解除劳动合同时，设定了一周的期限和书面同意的条件，如果员工是在公司设定的期限内以书面形式表示同意的，显然这一协议是由公司提出的，公司应受自己提出的方案的约束。但孙先生未能按公司提出的协商解除劳动合同的时限内时提出解除合同，而是在公司设定的期限之外提出协商解除劳动合同，应视为孙先生另行向公司提出的协商解除合同要求。由于是孙先生提出协商解除要求的，公司没有支付额外奖励金和经济补偿金的法定义务，因此孙先生要求公司支付额外奖励金和经济补偿金均无法律依据。但孙先生是认为由于公司会支付额外奖励金和经济补偿金才提出解除要求，存在重大误解，因此孙先生是可以提出撤回申请的，公司应予同意。

【案例九】 解除劳动合同需依法进行

吴先生 2007 年 9 月 4 日进入某贸易公司从事销售工作。2008 年 2 月，公司通知吴先生解除劳动合同。吴先生不服，申请仲裁要求公司支付赔偿金。贸易公司称吴先生不能完成销售指标，排挤其他销售人员，且在上班时间常上网聊天，故解除劳动关系。

庭审中，公司提供了吴先生与网友的聊天记录，欲证明吴先生在上班时间通过网络从事与工作无关的业务。且公司曾在会议上告知吴先生等销售人员，如业绩再得不到提升就要降工资或解除劳动关系。吴先生虽对公司提供的聊天记录无异议，但对公司的其余叙述均不认可。

【法律链接】

《劳动合同法》

第三十九条　劳动者有下列情形之一的，用人单位可以解除劳动合同：

……

（二）严重违反用人单位的规章制度的；

（三）严重失职，营私舞弊，给用人单位造成重大损害的；

（四）劳动者同时与其他用人单位建立劳动关系，对完成本单位的工作任务造成严重影响，或者经用人单位提出，拒不改正的；

……

第四十条　有下列情形之一的，用人单位提前三十日以书面形式通知劳动者本人或者额外支付劳动者一个月工资后，可以解除劳动合同：

……

（二）劳动者不能胜任工作，经过培训或者调整工作岗位，仍不能胜任工作的；

……

第四十六条　有下列情形之一的，用人单位应当向劳动者支付经济补偿：

……

（三）用人单位依照本法第四十条规定解除劳动合同的；

……

第八十七条　用人单位违反本法规定解除或者终止劳动合同的，应当依照本法第四十七条规定的经济补偿标准的二倍向劳动者支付赔偿金。

【分析】

用人单位提出解除劳动合同，应符合《劳动合同法》第三十九条、第四十条、第四十一条的规定。本案中，公司认为吴先生上班时间常上网聊天从事与公司业务无关的活动，应证明其行为是属于严重违反用人单位的规章制度的行为。一是要固定事实，即有证据证明。二是要有内部的规章制度明确的规定。同时公司还认为吴先生不能完成销售指标，排挤其他销售人员，即不能胜任工作。对不能胜任工作的员工，一是要固定事实，二是要培训或者调整工作岗位，三是仍不能胜任工作的提前 30 日或额外支付一个月工资后解除合同，四是向劳动者支付经济补偿。

本案中，公司仅在会议上告知吴先生等销售人员，如业绩再得不到提升就要降工资或解除劳动关系，不构成合法的内部管理制度，不能充分有效地证明吴先生的行为已满足可以随时解除劳动合同的条件。即使公司主张吴先生不能胜任工作，也必须满足有充分证据和理由证明其不能胜任，及经培训、调岗仍不能胜任后，才能解除劳动合同。

因此，如果吴先生主张继续履行劳动合同，公司应与其继续履行合同，如吴先生不主张继续履行，则公司应按第八十七条规定向劳动者支付赔偿金。

【案例十】 劳动合同只能到实际履行时才能签吗

小何是一名全日制高校应届毕业生，2009 年 6 月即将从大学毕业。由于如今的就业市场竞争激烈，学校也允许应届生在最后一学年尽快找到工作。2008 年 6 月通过大型招聘会，小何得到了一家大型外企的青睐。可是公司的招聘负责人告诉小何，可能还不能签劳动合同，要等他 2009 年 6 月毕业后才能签。小何常听说一些学长在求职时由于没有及时签订劳动合同权益受到侵害的例子，于是非常疑惑，如果公司不与自己签订劳动合同，那 2009 年 6 月前这段时间能到这家公司提前工作吗？公司是否会给自己缴纳医疗保险等社会保险呢？到 2009 年 6 月公司一定能与自己签劳动合同吗？

【法律链接】

《劳动合同法》

第十条　建立劳动关系，应当订立书面劳动合同。

已建立劳动关系，未同时订立书面劳动合同的，应当自用工之日起一个月内订立书面劳动合同。

用人单位与劳动者在用工前订立劳动合同的，劳动关系自用工之日起建立。

【分析】

1. 2009年6月以前是可以签劳动合同的。可以约定双方于2009年7月起建立劳动关系。这样可以使双方的劳动合同关系确定下来。2009年7月起劳动者向用人单位开始提供劳动。

2. 能否提前到企业工作？一些学校以安排实习的名义让学生毕业前到企业工作。企业是否可以接收这些学生来工作呢？一般来讲安排学生做一些非全日制的工作不会有什么问题。但当以全日制的用工方式，就会有一些障碍。

一是算实习还是就业的困惑。

劳动合同是指劳动者同用人单位双方确立劳动关系、明确双方权利和义务的协议。劳动者加入用工单位，就应遵守单位的内部纪律和其他规章制度，承担一项工作。用人单位按劳动者的劳动数量和质量支付劳动报酬，并根据有关法律和双方的协议，提供各种劳动条件，保证劳动者享受本单位职工的各种权利和福利待遇。劳动合同对用人单位和劳动者双方都具有约束力。

实习合同一般是指学校与用人单位签订的、约定学生到用人单位实习期间的权利义务的协议。实习的目的在于教学，让学生接触社会，实践理论知识。根据规定，实习合同应当明确实习期限、时间安排、津贴和伤亡事故的处理办法等。实习期间，用人单位与实习人员不建立劳动关系。实习人员的档案等个人履历文件也放在学校，用人单位也无法与实习生建立劳动关系。若实习人员不符合单位的要求，单位可以将实习人员退回学校，而不能与学生自动解除合同关系。

劳动合同与实习合同是不同的概念。两者分别适用的主体是完全不同的。在劳动合同中，双方当事人是用人单位和劳动者。在实习合同中，双方当事人是用人单位和学校，学生不是独立的合同当事人。原本学生实习都是由学校统一安排的，但近年来大学实行扩大招生的计划，学生的数量急剧增加，给学校安排实习工作增加了难度，因此学校也比较鼓励学生自己寻找实习的机会。但是即使如此，仍然改变不了实习人员的学生身份。

企业一般不应接收提前来工作的学生，如不得已接收未毕业前来工作的，应与学校达成一个接受实习的协议。

二是与在校学生建立劳动关系面临许多实际问题。

全日制学校学生入学时需要将档案转入学校，如果是外地学生，甚至连户籍都需要转入就读学校。学生与用人单位建立劳动关系但诸如医疗保险、工伤保险等社会保险是无法解决的。对企业而言是存在风险的。因为一方面为员工缴纳社会保险是企业的法定义务，另一方面又因现实情况而不能实现。

3. 还可以签订《就业协议》。用人单位与毕业生达成就业意向后如何确定下来呢？双方都有如何避免时间长了双方的意愿发生变故的可能。可以利用高校毕业生就业办公室提供的《就业协议》，由用人单位和应届毕业生确定用工意向。

由于《就业协议》有学校的一定介入，学生对其有一定信任度。还可同时签订劳动合同，约定双方于学生毕业起建立劳动关系。不必一定等学生毕业签合同。

【案例十一】 劳动定额应经民主程序制定，标准应合理

2007年10月，周某与某公司签订了为期1年的劳动合同。合同约定，实行计件工作制，每件产品0.5元，日定额80件。不能完成定额，将从已经加工的件数中扣除相当件数的加工费。由于周某没有加工该产品的经验，不了解加工每件产品需要花费的时间，公司招聘人员也没有做相应的解释，便草草地签订了合同。在工作过程中，周某发现加工每件产品至少要花费10分钟，每天工作8小时根本无法完成定额。周某向公司提出降低劳动定额并适当增加每件产品的加工费，遭到公司拒绝。2008年1月周某向公司提出解除劳动合同。

【法律链接】

《劳动合同法》

第四条 用人单位应当依法建立和完善劳动规章制度，保障劳动者享有劳动权利、履行劳动义务。

用人单位在制定、修改或者决定有关劳动报酬、工作时间、休息休假、劳动安全卫生、保险福利、职工培训、劳动纪律以及劳动定额管理等直接涉及劳动者切身利益的规章制度或者重大事项时，应当经职工代表大会或者全体职工讨论，提出方案和意见，与工会或者职工代表平等协商确定。

在规章制度和重大事项决定实施过程中，工会或者职工认为不适当的，有权向用人单位提出，通过协商予以修改完善。

……

第二十六条 下列劳动合同无效或者部分无效：

（一）以欺诈、胁迫的手段或者乘人之危，使对方在违背真实意思的情况下订立或者变更劳动合同的；

……

第三十八条 用人单位有下列情形之一的，劳动者可以解除劳动合同：

……

（四）用人单位的规章制度违反法律、法规的规定，损害劳动者权益的；

（五）因本法第二十六条第一款规定的情形致使劳动合同无效的；

……

【分析】

劳动定额属于用人单位涉及劳动者切身利益的规章制度，需按照民主程序制定并公告才能对劳动者有约束力，即便是已实施的规章制度工会或者职工认为不适当的，也有权向用人单位提出，通过协商予以修改完善。本案中如用人单位的劳动定额未按民主程序制定，周某可随时通知用人单位解除劳动合同，

并要求用人单位支付补偿金。如果该劳动定额已按民主程序制定并公示，但定额明显不合理，多数劳动者都不能完成定额，职工可向单位提出修订，双方应通过协商将定额修改完善。还可能有另一种情况，劳动定额已按民主程序制定并公示，多数劳动者也能完成定额，但周某不能完成定额。周某可以提前30日书面提出即可解除劳动合同。用人单位可因周某不能胜任工作而对其进行培训或调整工作岗位，如周某仍不胜任工作，用人单位可提前三十日以书面形式通知劳动者本人或者额外支付劳动者一个月工资后，可以解除劳动合同。用人单位应支付补偿金。

【案例十二】 蓄意违章发生的意外，也要按工伤对待

张某是某轴承厂技工。2008年2月，张某在工作中因违反安全操作规程，受到车间主任的批评。张某不服气，遂在加工轴承的过程中故意违反安全操作规定，致使多个轴承报废。同事对其进行劝说，但张某置若罔闻，仍然违章操作，发生意外。在意外中，张某受伤致残。事后，张某要求享受工伤待遇。工厂认为，张某是蓄意违章发生的意外，不能按工伤对待，拒绝为张某申请工伤认定，并要求与张某解除劳动合同。

【法律链接】

《劳动合同法》

第四十二条 劳动者有下列情形之一的，用人单位不得依照本法第四十条、第四十一条的规定解除劳动合同：

……

（二）在本单位患职业病或者因工负伤并被确认丧失或者部分丧失劳动能力的；

……

第四十五条 劳动合同期满，有本法第四十二条规定情形之一的，劳动合同应当续延至相应的情形消失时终止。但是，本法第四十二条第二项规定丧失或者部分丧失劳动能力劳动者的劳动合同的终止，按照国家有关工伤保险的规定执行。

……

《工伤保险条例》

第十四条 职工有下列情形之一的，应当认定为工伤：

（一）在工作时间和工作场所内，因工作原因受到事故伤害的；

（二）工作时间前后在工作场所内，从事与工作有关的预备性或者收尾性工作受到事故伤害的；

（三）在工作时间和工作场所内，因履行工作职责受到暴力等意外伤害的；

……

【分析】

工伤实行的是无过错赔偿，尽管张某是蓄意违章发生的意外，也应认为是工伤。根据《工伤保险条例》第十六条的规定，不得认定为工伤或者视同工伤的情形有以下三种情况：一是因犯罪或者违反治安管理伤亡的；二是醉酒导致伤亡的；三是自残或者自杀的。所以本案应认定为工伤。

员工因工伤事故需要暂停工作接受工伤医疗的，用人单位在停工留薪期内，要保持员工原工资福利待遇不变，按月支付。停工留薪期一般不超过12个月。工伤职工评定伤残等级后，停发原待遇，按评定伤残等级的结果享受伤残待遇。停工留薪期满后仍需治疗的，继续享受工伤医疗待遇。用人单位不能在停工期满及员工尚未经劳动能力鉴定按评定伤残等级的结果享受伤残待遇前解除劳动合同。

用人单位依法终止工伤职工的劳动合同的，既应当依照《劳动合同法》第四十七条的规定支付经济补偿，还应当依照国家有关工伤保险的规定支付一次性工伤医疗补助金和伤残就业补助金。

【案例十三】 劳动者应聘时的说明义务是有条件的

大学毕业生小李参加一公司的招聘活动，公司招聘人员要求小李在一份《公司情况告知书》上签字。告知书的主要内容是：劳动者的工作条件、工作地点、职业危害、安全生产状况、劳动报酬等。还要求填写一份公司的《员工求职登记表》，登记表中的内容包括：年龄、学历、工作经历等外，还有有无与男（女）友同居等与履行劳动合同无关的内容。小李拒绝填写该登记表，认为单位这种行为是侵犯个人隐私。单位认为，单位已经履行了对劳动者的告知义务，劳动者也得按单位的要求如实说明自己的情况，不愿意填意味着求职者不如实说明，不履行说明义务，就不能录用。那么，单位的说法正确吗？

【法律链接】

《劳动合同法》

第八条　用人单位招用劳动者时，应当如实告知劳动者工作内容、工作条件、工作地点、职业危害、安全生产状况、劳动报酬，以及劳动者要求了解的其他情况；用人单位有权了解劳动者与劳动合同直接相关的基本情况，劳动者应当如实说明。

【分析】

单位的说法是不正确的。《劳动合同法》对用人单位的告知义务的规定是无条件的，无论劳动者是否提出告知要求，用人单位都应当主动将工作内容、工作条件、工作地点、职业危害、安全生产状况、劳动报酬等情况如实向劳动者说明。此外，对于劳动者要求了解的其他情况，如用人单位相关的规章制度以及企业内已经签订的集体合同等，用人单位也应当如实向劳动者说明。

而劳动者的说明义务是有条件的，只有在用人单位要求了解劳动者与劳动合同直接相关的基本情况时，劳动者才有如实说明的义务。与劳动合同直接相关的情况，一般包括：劳动者的健康状况、知识技能、学历、职业资格、工作经历以及部分与工作有关的劳动者个人情况，如家庭住址、主要家庭成员构成等。用人单位不得任意扩大对劳动者知情权的范围，更不能借口知情权侵害劳动者的个人隐私。劳动者须向用人单位如实说明的仅限于与劳动合同直接相关的内容。劳动者对于个人隐私可以拒绝回答。

【案例十四】 超过试用期以不符合录用条件为由辞退员工无效

某公司与李某签订了劳动合同，合同期为五年，试用期为六个月。2008 年 1 月 18 日正式上班。2008 年 7 月 17 日试用期已满，2008 年 8 月 3 日公司以李某在试用期内不符合录用条件为由，予以辞退。据反映李某工作表现尚可，没有发现有违纪行为，某公司也无证据证明李某有违反劳动纪律的事实。李某不满某公司的辞退决定，向当地劳动争议仲裁委员会提出申诉。

【法律链接】

《劳动合同法》

第三十九条　劳动者有下列情形之一的，用人单位可以解除劳动合同：

（一）在试用期间被证明不符合录用条件的；

……

【分析】

某公司以在试用期内不符合录用条件为由辞退李某是错误的。《劳动合同法》规定在试用期间被证明不符合录用条件的，用人单位可以解除劳动合同。某公司在做出解除劳动合同决定时，李某的试用期已满，某公司已不能适用试用期间被证明不符合录用条件的规定。劳办发［1995］16 号文件也规定，即若超过试用期，企业不能以试用期内不符合录用条件为由解除劳动合同。企业应从本案中吸取教训：用人单位要提高法律意识，完善厂规厂纪。完善试用期考核管理制度，及时解除试用期间不符合录用条件的员工。超过试用期，企业不能以试用期内不符合录用条件为由解除劳动合同。

【案例十五】 试用期内劳动者工资也不应低于最低工资标准

李某被大华商贸公司录用，双方签订了劳动合同，约定合同期限五年，试用期为六个月。约定工资标准为 800 元。试用期间该公司每月发给李某工资 500 元。两个月后，李某听说本地最低工资标准为 700 元，李某便找到经理，要求增加工资报酬，并补发前两个月的工资 400 元。经理以李某尚处在试用期，还不是正式职工为由拒绝增加和补发工资。李某便向当地劳动争议仲裁委员会提出申诉。

【法律链接】

《劳动合同法》

第二十条　劳动者在试用期的工资不得低于本单位相同岗位最低档工资或者劳动合同约定工资的百分之八十，并不得低于用人单位所在地的最低工资标准。

【分析】

1. 试用期内，用人单位和劳动者双方也应当受到法律法规和合同规定的约束。试用期是用人单位和劳动者为相互了解、适应、选择而约定的考察期，是劳动合同期限中的一部分，在这一段期间双方的权利义务与正常劳动合同期间有所不同。这种不同主要表现在两个方面：一是双方解除的权利不同。试用期内员工可只提前三日提出就可解除劳动合同，用人单位可以不符合录用条件为由解除劳动合同。二是，员工在试用期的工资可低于正常劳动期间的水平。但不得低于本单位相同岗位最低档工资或者劳动合同约定工资的百分之八十，并不得低于用人单位所在地的最低工资标准。

2. 试用期包括在劳动合同期限中，须遵守有关劳动合同法律规范。试用期不是劳动合同期限之外的一段期间，在试用期内也必须遵守有关劳动合同法律规范。最低工资规定是国家的强制性规定，与劳动者建立了劳动关系的用人单位必须遵守，包括劳动者在试用期。

3. 劳动者提供了正常劳动，企业支付报酬就应不低于当地最低工资标准。所谓法定工作时间是指企业依照国家法律规定实行的工作时间，比如企业每日实行 8 小时工作制。所谓提供了正常劳动是指劳动者在法定工作时间内履行了劳动合同规定的义务。只要劳动者在法定工作时间内提供了正常劳动，企业就应支付不低于当地最低工资标准的工资报酬。就是说用人单位向劳动者支付不低于当地最低工资标准的劳动报酬的义务与劳动者在法定工作时间内提供了正常劳动的义务相对应。

本案例中，用人单位以李某尚处在试用期尚不是本单位的正式职工为由，不适用最低工资标准的规定，显然是不符合法律规定的。大华商贸公司应将李某试用期工资调整到 700 元以上，并补发前两个月的工资差额至少 400 元。

【案例十六】员工在试用期内旷工被解除劳动合同

2008 年 1 月 13 日，陈林经招聘进入兴达饮料有限责任公司做工人，双方签订了为期三年的劳动合同，其中规定了两个月的试用期。试用期第一个月内，陈林因无故旷工两天，公司给予通报批评，并给予延长试用期两个月。在第二个月内，陈林又无故旷工一天。公司便以陈林试用期内发现其不符合录用条件为由，于 2008 年 4 月 20 日解除其劳动合同（该公司经民主程序制定的管理制度中有“当月无故旷工一天，扣发当日工资的两倍；无故旷工两天，扣发当日工资三倍，并给予通报批评；……无故旷工五天，属于严重违反公司规章制度的行为，公司有权解除劳动合同”的规定)。陈林不服，申请仲裁。

【法律链接】

《劳动合同法》

第十九条　劳动合同期限三个月以上不满一年的，试用期不得超过一个月；劳动合同期限一年以上不满三年的，试用期不得超过两个月；三年以上固定期限和无固定期限的劳动合同，试用期不得超过六个月。

……

第三十九条　劳动者有下列情形之一的，用人单位可以解除劳动合同：

(一)在试用期间被证明不符合录用条件的；

(二)严重违反用人单位的规章制度的；

……

【分析】

兴达饮料有限责任公司以试用期内不符合录用条件为由解除陈林劳动合同的决定是错误的。所谓“录用条件”一般是指招聘员工时针对具体岗位实际所拟定的招聘基本条件。

旷工属于劳动纪律范畴，应按公司的管理制度执行。如果劳动者在试用期内有违纪行为，则应按经民主程序拟定的、符合法律规定的公司的管理制度的规定给予必要的处理，包括经济处罚或解除劳动合同。试用期是双方约定的条款，用人单位无权单方将其作为对劳动者的违反劳动纪律的处罚手段，更不能将试用期规定得长于法定试用期。

【案例十七】 劳动合同的变更必须双方协商一致

高先生是北京一家电子设备公司的销售人员，这些年来他的销售业绩在公司里一直名列前茅。2008年1月单位一纸调令将他调往甘肃新成立的分公司担任销售负责人，并且规定每年产品销售任务为600万元。高先生认为自己年纪大了，妻子身体不好，家里负担重况且根据公司的产品和实力，在一个新地方一年销售600万，根本不可能。遂不同意公司的安排。

公司随即以不服从正常工作调动，违反公司制度为由解除了他的劳动合同。高先生于是申请劳动仲裁，最后告上了法院。

【法律链接】

《劳动合同法》

第四条　用人单位应当依法建立和完善劳动规章制度，保障劳动者享有劳动权利、履行劳动义务。

用人单位在制定、修改或者决定有关劳动报酬、工作时间、休息休假、劳动安全卫生、保险福利、职工培训、劳动纪律以及劳动定额管理等直接涉及劳动者切身利益的规章制度或者重大事项时，应当经职工代表大会或者全体职工讨论，提出方案和意见，与工会或者职工代表平等协商确定。

在规章制度和重大事项决定实施过程中，工会或者职工认为不适当的，有权向用人单位提出，通过协商予以修改完善。

用人单位应当将直接涉及劳动者切身利益的规章制度和重大事项决定公示，或者告知劳动者。

……

第三十五条　用人单位与劳动者协商一致，可以变更劳动合同约定的内容。变更劳动合同，应当采用书面形式。

……

【分析】

工作内容和工作地点是劳动合同的必备条款，变更劳动合同须双方达成一致。所以用人单位对员工的岗位做出调整，应事先与员工协商。而这家公司没与高先生商量就擅自做出岗位的重大调整，并且当员工提出异议后直接解除合同，做法不妥。

一是变更劳动合同应与劳动者协商，协商不成不能认为是劳动者违反公司制度，更不能因此而解除合同。

二是如果用人单位认为双方的劳动合同订立时所依据的客观情况发生了重大变化，致使劳动合同无法履行，首先要与劳动者协商，当不能达成变更劳动合同协议时，用人单位可以提前三十日以书面形式通知劳动者本人或者额外支付劳动者一个月工资后，解除劳动合同。同时要按规定对劳动者给予补偿。

三是不符合劳动合同解除条件的，用人单位违法解除的，劳动者有两个选择：一要求继续履行，二要求用人单位按《劳动合同法》第八十七条规定向劳动者支付赔偿金。

【案例十八】 用人单位发生合并或者分立等情况原劳动合同应继续履行

赵女士于2006年3月与星达电子公司签订了五年期的劳动合同，2008年1月星达电子公司与兴业软件公司达成合并协议，双方合并后成立兴达软件公司。公司成立后，公司以原劳动合同用人单位已变更，原劳动合同无法继续履行为由，要求员工与兴达公司重新签订劳动合同，合同期限为一年。不愿签订合同的将解除劳动关系。赵女士认为自己仍在原岗位继续工作无须签订新合同而予以拒绝，该公司随即做出了解除与赵女士原劳动关系的决定。

【法律链接】

《劳动合同法》

第三十四条　用人单位发生合并或者分立等情况，原劳动合同继续有效，劳动合同由承继其权利和义务的用人单位继续履行。

【分析】

《民法通则》第四十四条规定："企业法人分立、合并，它的权利和义务由变更后的法人享有和承担。"《劳动合同法》明确规定，用人单位发生合并或者分立等情况，原劳动合同继续有效，劳动合同由承继其权利和义务的用人单位继续履行。本案中赵女士的劳动合同应由兴达公司继续履行，赵女士无须重签合同或对原合同进行变更。拒绝重签合同也不构成法定的用人单位解除劳动合同条件，兴达公司不能与赵女士解除劳动合同。

【案例十九】 员工在同一单位工作满十年用人单位必须与员工续订无固定期限劳动合同

宋某自 1993 年 1 月 10 日起在大连某机械制造公司工作，单位的劳动合同一直是一年一签，到 2008 年 1 月 9 日宋某的劳动合同又要到期了，宋某认为自己在公司工作已经 10 多年了，想与单位签无固定期限的劳动合同。但单位的答复是：续订劳动合同的条件是"双方同意续订合同"，合同到期后我们不打算和你续订合同了，所以，谈不上是签固定期限还是无固定期限的问题。

单位的说法正确吗？

【法律链接】

《劳动合同法》

第十四条中规定，用人单位与劳动者协商一致，可以订立无固定期限劳动合同。有下列情形之一，劳动者提出或者同意续订、订立劳动合同的，除劳动者提出订立固定期限劳动合同外，应当订立无固定期限劳动合同：

（一）劳动者在该用人单位连续工作满十年的；

……

【分析】

单位的说法是不正确的。只要宋某提出续订劳动合同且没有要求要续订固定期限的劳动合同，单位就必须与他续订无固定期限的劳动合同，无须单位同意。

【案例二十】 这样能回避与员工签无固定期限劳动合同吗

2006 年 8 月康华毕业后，应聘到大连某贸易有限公司任业务员，劳动合同期限为一年。2007 年 8 月，康华与公司续签了一年的劳动合同，但合同的用人单位却是"大连某科技有限公司"。此后康华得知，2008 年 1 月 1 日起将要实施《劳动合同法》，用人单位与劳动者连续订立两次有固定期限劳动合同后，续订劳动合同的，应当签订无固定期限劳动合同。康华还了解到，"贸易公司"和"科技公司"的老板是同一个人，"科技公司"没有什么业务，虽然合同与"科技公司"签了，可工作还是原来的工作，老板这样做的目的就是要员工每年在这两家公司之间轮换签订劳动合同，员工就永远签不到无固定期限劳动合同。得知真相后康华很生气，不知该怎么办？用人单位这样做真能达到回避签无固定期限劳动合同的目的吗？

【法律链接】

《劳动合同法》

第十四条　无固定期限劳动合同，是指用人单位与劳动者约定无确定终止时间的劳动合同。

用人单位与劳动者协商一致，可以订立无固定期限劳动合同。有下列情形之一，劳动者提出或者同意续订、订立劳动合同的，除劳动者提出订立固定期限劳动合同外，应当订立无固定期限劳动合同：

……

（三）连续订立二次固定期限劳动合同，且劳动者没有本法第三十九条和第四十条第一项、第二项规定的情形，续订劳动合同的。

……

【分析】

用人单位这样做看似巧妙，但能否有效还是面临较大的风险的。

一是虽与不同主体签的合同，如果员工能证明自己的工作岗位一直没变过，即仍然是原某贸易有限公司的工作岗位。员工可以主张用人单位未与自己书面续订劳动合同。应按《劳动合同法》第八十二条第二款规定用人单位自用工之日起超过一个月不满一年未与劳动者订立书面劳动合同的，应当向劳动者每月支付两倍的工资；第十四条第三款规定用人单位自用工之日起满一年不与劳动者订立书面劳动合同的，视为用人单位与劳动者已订立无固定期限劳动合同。

二是如果用人单位以贸易有限公司的名义建立规章制度来约束员工，处罚或解除严重违纪员工，员工可以用科技公司的合同来主张不受其约束，在贸易有限公司工作是受科技公司安排或派遣而已。

三是如果员工能证明用人单位这种在这两家公司之间轮换签订劳动合同的目的，明显是为使员工永远签不到无固定期限劳动合同。那这种规避行为是不会得到法律的保护的。《中华人民共和国劳动合同法实施条例》第十条规定："劳动者非因本人原因从原用人单位被安排到新用人单位工作的，劳动者在原用人单位的工作年限合并计算为新用人单位的工作年限。原用人单位已经向劳动者支付经济补偿的，新用人单位在依法解除、终止劳动合同计算支付经济补偿的工作年限时，不再计算劳动者在原用人单位的工作年限。"

显然用人单位如果在这方面讨巧，规避法律，风险是较大的。

【案例二十一】　工作地点是劳动合同的必备条款

王峰大学毕业后于2008年初到大连一家公司应聘。在签订劳动合同时，小王得知这家公司在全国各地都有分公司，于是，他想与用人单位在劳动合同中明确他的工作地点，但单位不同意。单位认为公司在全国各地都有分公司，公司可以根据情况安排员工的工作地点，这是单位的人事自主权，小王无权选择工作地点，更不能在劳动合同中约定工作地点。

单位的说法正确么？

【法律链接】

《劳动合同法》

第十七条　劳动合同应当具备以下条款:（一）用人单位的名称、住所和法定代表人或者主要负责人;（二）劳动者的姓名、住址和居民身份证或者其他有效身份证件号码;（三）劳动合同期限;（四）工作内容和工作地点;（五）工作时间和休息休假;（六）劳动报酬;（七）社会保险;（八）劳动保护、劳动条件和职业危害防护;（九）法律、法规规定应当纳入劳动合同的其他事项。

劳动合同除前款规定的必备条款外，用人单位与劳动者可以约定试用期、培训、保守秘密、补充保险和福利待遇等其他事项。

……

【分析】

单位的说法是不正确的。劳动合同的内容分为法定必备条款和补充条款两类。法定必备条款是法律规定劳动合同必须具备的条款，缺少法定条款的劳动合同不成立。劳动合同的法定条款共有九项，工作地点是合同必备条款。小王要求约定工作地点，是完全符合法律规定的。

在实践中，有的用人单位不与劳动者约定工作地点或约定为类似“全国各地”，以为可以基于此随意安排员工工作地点了。实际上，此时的劳动合同的工作地点的约定处于不明确状态。当然，当单位第一次安排工作地点而员工接受了的时候，应视为双方对工作地点的明确。当用人单位调整员工工作地点时，员工可以以第一次安排的工作地点为双方约定的工作地点来应对单位对工作地点的调整。用人单位难以从不明确约定工作地点中得到实际的权利。因此，要调整员工的工作地点时，一是要与员工协商一致，二是要书面变更劳动合同。

【案例二十二】 劳动报酬约定不明该如何处理

王静于2007年12月被某公司录用，在协商签订劳动合同过程中，企业表示：由于企业经济效益不稳定，且王静的工作能力也有待考察。因此，无法确定工资数额。王静觉得企业的说法也有道理。于是，双方签订劳动合同，并在合同中约定：王静的工资根据企业效益与王静的工作业绩由企业决定。

合同签订后，王静开始工作。工作相当努力，业绩也不错。但连续两个月，企业以效益不好为由每月只发给其800元工资。王某找企业理论，认为与自己相同岗位的员工的工资都在1800元左右，为什么自己只有800元。企业认为事先已经讲明，工资的具体数额由企业决定，所以企业的做法并无不当之处。于是王静向仲裁委提出仲裁申请。

【法律链接】

《劳动合同法》

第十八条　劳动合同对劳动报酬和劳动条件等标准约定不明确，引发争议的，用人单位与劳动者可以重新协商；协商不成的，适用集体合同规定；没有集体合同或者集体合同未规定劳动报酬的，实行同工同酬；没有集体合同或者集体合同未规定劳动条件等标准的，适用国家有关规定。

【分析】

王静的劳动合同中关于工资的约定是：根据企业效益与员工的工作业绩由企业决定。是属于劳动报酬条款约定不明的情况。劳动报酬、劳动条件等条款属于劳动合同的法定必备条款。劳动报酬条款应明确劳动报酬的种类、金额、支付方式、支付时间以及拖欠劳动报酬的法律后果等相关内容。在劳动报酬约定不明确的情况下，用人单位与劳动者可以就这些不明确的事项重新进行协商，通过变更劳动合同，重新加以明确。如果用人单位与劳动者无法达成一致、重新确定劳动报酬的，适用集体合同中约定的标准。没有集体合同或者集体合同未规定劳动报酬的，实行同工同酬。

【案例二十三】 双方约定试用期须符合法律规定

苏明于2007年6月与大连一单位签订了为期5年的劳动合同，约定试用期为一年。2008年3月，由于小苏两个月没有完成劳动定额，单位以试用期内不符合录用条件为由与之解除了劳动合同。小苏不服，到仲裁机构申请仲裁。

【法律链接】

《劳动合同法》

……

第十七条　劳动合同除前款规定的必备条款外，用人单位与劳动者可以约定试用期、培训、保守秘密、补充保险和福利待遇等其他事项。

第十九条　劳动合同期限三个月以上不满一年的，试用期不得超过一个月；劳动合同期限一年以上三年以下的，试用期不得超过两个月；三年以上固定期限和无固定期限的劳动合同试用期不得超过六个月。

同一用人单位与同一劳动者只能约定一次试用期。

以完成一定工作任务为期限的劳动合同或者劳动合同期限不满三个月的，不得约定试用期。

……

第八十三条　用人单位违反本法规定与劳动者约定试用期的，由劳动行政部门责令改正；违法约定的试用期已经履行的，由用人单位以劳动者试用期满月工资为标准，按已经履行的超过法定试用期的期间向劳动者支付赔偿金。

【分析】

试用期的约定须符合法律规定。试用期是用人单位和劳动者相互考察、适应的时期。试用期是劳动合同的协商补充条款，不是劳动合同的法定必备条款，因此，不是所有的劳动合同都必须约定试用期。双方协商一致可以约定试用期，但也必须在法律规定的限度之内。

根据《劳动合同法》的规定：三年以上固定期限和无固定期限的劳动合同试用期不得超过六个月。本案中，小苏的劳动合同的期限为五年，因此试用期最长不得超过6个月，而单位与之约定了一年的试用期，这与《劳动合同法》相悖，是无效的。当然合同签订时《劳动合同法》尚未生效，应适用当时的规定。《大连市劳动合同法规定》第十二条规定：劳动合同约定的试用期包括在劳动合同期限内。劳动合同期限在6个月以内的，试用期不超过15日；劳动合同期限在1年以内的，试用期不得超过30日；劳动合同期限在两年以内的，试用期不得超过60日。劳动合同期在两年以上的，试用期最长不得超过6个月。可见此约定在签订的当时就是无效的。即使是不违背当时的规定，而在《劳动合同法》生效后，单位解除劳动合同的行为也必须受《劳动合同法》约束。单位以试用期内不符合录用条件为由与小苏解除劳动合同时已超过六个月的试用期，用人单位不得再以试用期为由来解除劳动者的劳动合同。同时，小苏可以要求单位按试用期满月工资为标准对已经履行的超过六个月部分支付赔偿金。

【案例二十四】 试用期员工工资不能任意约定

邢丽应聘到一家公司工作，公司与她签订了劳动合同约定试用期为三个月，月工资为1000元。试用合格转正后月工资为2000元，并缴纳社会保险费。

试用期的工资和社会保险费的约定合法吗?

【法律链接】

《劳动合同法》

第二十条　劳动者在试用期内的工资不得低于本单位相同岗位最低档工资或者劳动合同约定工资的百分之八十，并不得低于用人单位所在地的最低工资标准。

【分析】

试用期是用人单位和劳动者相互考察的时期，但在现实中，很多用人单位滥用试用期，只和劳动者签订试用期合同，不为劳动者办理保险等。按照《劳动合同法》试用期的工资不能任意约定，劳动者在试用期内的工资不得低于本单位相同岗位最低档工资或者劳动合同约定工资的百分之八十，并不得低于用人单位所在地的最低工资标准。单位同时须为试用期的员工办理社会保险，缴纳社会保险费。

【案例二十五】 试用期内员工患一般疾病被解除劳动合同

2008年2月1日，某公司经劳动力市场招收赵某为工人，合同期限为五年，试用期六个月，招工体检正常。2008年3月7日，赵某患重感冒，3月12日感冒未好，而且伴有高烧，到某医院就医，经检查确诊为急性大叶性肺炎，住院治疗半个月后痊愈出院。4月10日某公司认为赵某患有肺炎，身体素质差，不符合录用条件，做出“解除赵某劳动合同的决定”。赵某对公司的决定不服，向当地劳动争议仲裁委员会提出仲裁申请。

【法律链接】

《劳动合同法》

第三十九条　劳动者有下列情形之一的，用人单位可以解除劳动合同：

（一）在试用期间被证明不符合录用条件的；

……

【分析】

在试用期间被证明不符合录用条件的，用人单位可以解除劳动合同。赵某患病是在试用期内，但赵某所患疾病属重感冒引起，且已治愈回岗位正常工作，赵某招工体检皆为正常，因此，不能仅以赵某在试用期内患病，就认定为身体不健康，不符合录用条件而解除劳动合同。

【案例二十六】员工患病用人单位是否有权单方解除劳动合同

已经参加工作12年的许文，于2007年7月10日，应聘到某房地产开发公司工作，双方签订了劳动合同。约定许文为某小区建筑工地施工现场管理人员。

2008年2月10日，因腿部患病住院手术治疗，一个月后出院，花费11900元。因公司未给办理社会保险，医疗费自行承担。又在家休病假20天，上班后因无法适应施工现场管理工作，要求单位给调换一个工作，但未得到单位的同意。2008年4月30日，房地产开发公司通知他因不能胜任工作解除劳动合同。许文不服，申请仲裁，最后诉至法院。

【法律链接】

《劳动合同法》

第四十条　有下列情形之一的，用人单位提前三十日以书面形式通知劳动者本人或者额外支付劳动者一个月工资后，可以解除劳动合同：

（一）劳动者患病或者非因工负伤，在规定的医疗期满后不能从事原工作，也不能从事由用人单位另行安排的工作的；

（二）劳动者不能胜任工作，经过培训或者调整工作岗位，仍不能胜任工作的；

……

第四十二条　劳动者有下列情形之一的，用人单位不得依照本法第四十条、第四十一条的规定解除劳动合同：

……

（三）患病或者非因工负伤，在规定的医疗期内的；

……

《企业职工患病或非因工负伤医疗期规定》

第二条　医疗期是指企业职工因患病或非因工负伤停止工作治病休息不得解除劳动合同的时限。

第三条　企业职工因患病或非因工负伤，需要停止工作医疗时，根据本人实际参加工作年限和在本单位工作年限，给予3个月到24个月的医疗期：

……

（二）实际工作年限10年以上的，在本单位工作年限5年以下的为6个月；5年以上10年以下的为9个月；10年以上15年以下的为12个月；15年以上20年以下的为18个月；20年以上的为24个月。

第四条　医疗期3个月的按6个月内累计病休时间计算；6个月的按12个月内累计病休时间计算；9个月的按15个月内累计病休时间计算；12个月的按18个月内累计病休时间计算；18个月的按24个月内累计病休时间计算；24个月的按30个月内累计病休时间计算。

【分析】

根据《企业职工患病或非因工负伤医疗期规定》许文应享受的医疗期为六个月。许文实际停止工作治病休息时间为一个月二十天。公司通知解除劳动合同时医疗期刚过两个月二十天，尚在规定的医疗期内。既不符合劳动者患病或者非因工负伤，在规定的医疗期满后不能从事原工作，也不能从事由用人单位另行安排的工作的解除合同条件；也不符合劳动者不能胜任工作，经过培训或者调整工作岗位，仍不能胜任工作的解除合同条件。

许文可以要求单位依据《违反〈劳动法〉有关劳动合同规定的赔偿办法》的规定："造成劳动者工伤、医疗待遇损失的，除按国家规定为劳动者提供工伤、医疗待遇外，还应支付劳动者相当于医疗费用百分之二十五的赔偿费用。"提供医疗待遇，支付赔偿费用。并要求单位继续履行合同。

【案例二十七】女职工产期、哺乳期未满不得解除劳动合同

女职工王某2003年4月1日，进入恒大百货有限公司工作，与公司签订了5年期的劳动合同。2008年2月24日，王某生育了1个小孩。2008年3月31日，王某与恒大百货有限公司的劳动合同期限届满，公司通知王某终止了劳动合同。王某认为按照《劳动合同法》的规定公司不得与产期女职工终止劳动合同。但公司领导认为"法律只是规定不允许与产期女职工解除劳动合同，是

针对劳动合同期限未届满的情况而言。劳动合同期限已经届满，当然自然终止，我们的做法是合法的。”后王某多次请求，公司领导仍不同意让其继续工作。王某无奈，准备向劳动仲裁机构申请仲裁。

【法律链接】

《劳动合同法》

第四十五条　劳动合同期满，有本法第四十二条规定情形之一的，劳动合同应当续延至相应的情形消失时终止。

……

第四十二条　……

（四）女职工在孕期、产期、哺乳期的；

……

【分析】

《劳动合同法》规定在劳动合同期限未届满的情况下，女职工在孕期、产期、哺乳期的，用人单位不得因劳动者患病或者非因工负伤；劳动者不能胜任工作；劳动合同订立时所依据的客观情况发生重大变化；经济性裁员等原因而解除劳动合同。同时劳动合同期满时，女职工仍在孕期、产期、哺乳期内的，劳动合同应当续延至哺乳期完成时终止。因此，恒大百货有限公司不应在王某产期、哺乳期内，以劳动合同期限届满为由与其终止合同，劳动合同期限应自动延续至产期和哺乳期期满为止。

女职工产期和哺乳期的期限，根据《女职工劳动保护规定》第八条“女职工产假为 90 天”和第九条“有不满一周岁婴儿的女职工，其所在单位应当在每班劳动时间内给予其两次哺乳（含人工喂养）时间”的规定，哺乳期为 1 年（含产期）。因此，王某的劳动合同应自动延续至其哺乳期满，即 2009 年 2 月 23 日止。

【案例二十八】 女职工终止合同后方知怀孕可否续签劳动合同

李某在某企业工作已有 5 年，2008 年 2 月 20 日双方签订的劳动合同期满。某企业便与李某终止了劳动合同。3 月 5 日，李某觉得身体不适，去医院检查身体，经医院诊断，已怀孕一个多月，李某要求单位按国家有关规定续签劳动合同，理由是在合同期限内怀孕，不能终止劳动合同。但单位认为，已经与你因合同期满终止了劳动合同，怀孕是在终止合同后发现的，已与单位没有关系。李某以女工在孕期内不得终止合同为由向劳动争议仲裁委员会提出申诉，要求续签劳动合同，合同期限至“三期”满为止。

【法律链接】

《劳动合同法》

第四十五条　劳动合同期满，有本法第四十二条规定情形之一的，劳动合同应当续延至相应的情形消失时终止。

……

第四十二条　……

（四）女职工在孕期、产期、哺乳期的；

……

【分析】

单位终止劳动合同决定做出时，李某未提出异议，双方办理了终止劳动合同手续。尽管李某被终止合同时，没有发现自己怀孕，但只要事后有充分的证据证明其怀孕时间是在合同期限内，单位不同意与其续签劳动合同就不符合法律规定。虽然从表面上看单位与李某的劳动合同已经终止了，现在李某怀孕跟单位已没有任何关系了。但依据《劳动合同法》规定，女职工在孕期，劳动合同应当续延至相应的情形消失时终止。单位不能以已经终止劳动合同为理由，而拒绝继续履行劳动合同。因此，李某可以要求单位恢复履行劳动合同续延至孕期、产期、哺乳期满。

【案例二十九】 集体合同是否需要劳动和社会保障部门批准

2007年12月21日，某中外合资企业为了稳定、协调劳动关系，与该中外合资企业的工会组织就职工的劳动报酬、工作时间、休息休假、各种福利待遇等事项签订了集体合同，该集体合同的期限为2008年1月1日至2013年12月31日。集体合同规定职工的月工资不低于1600元。2007年12月25日，双方将集体合同提交当地劳动和社会保障部门审查。截至2008年3月25日，劳动和社会保障部门仍未给予答复，该中外合资企业认为该集体合同没有被劳动和社会保障部门批准，因此，该集体合同未生效。于是，该中外合资企业于2008年4月，分别同每个职工签订劳动合同，职工的月工资标准分为1200元至1400元不等。

该中外合资企业的工会代表职工签订集体合同的主体资格是否合法？签订的集体合同是否已经生效？企业与职工签订的劳动合同中关于工资报酬的条款是否合法？

【法律链接】

《劳动合同法》

第五十一条　企业职工一方与用人单位通过平等协商，可以就劳动报酬、工作时间、休息休假、劳动安全卫生、保险福利等事项订立集体合同。集体合同草案应当提交职工代表大会或者全体职工讨论通过。

集体合同由工会代表企业职工一方与用人单位订立；尚未建立工会的用人单位，由上级工会指导劳动者推举的代表与用人单位订立。

……

第五十四条　集体合同订立后，应当报送劳动行政部门；劳动行政部门自收到集体合同文本之日起十五日内未提出异议的，集体合同即行生效。

依法订立的集体合同对用人单位和劳动者具有约束力。行业性、区域性集体合同对当地本行业、本区域的用人单位和劳动者具有约束力。

第五十五条　集体合同中劳动报酬和劳动条件等标准不得低于当地人民政府规定的最低标准；用人单位与劳动者订立的劳动合同中劳动报酬和劳动条件等标准不得低于集体合同规定的标准。

第五十六条　用人单位违反集体合同，侵犯职工劳动权益的，工会可以依法要求用人单位承担责任；因履行集体合同发生争议，经协商解决不成的，工会可以依法申请仲裁、提起诉讼。

【分析】

集体合同由工会代表企业职工一方与用人单位订立；尚未建立工会的用人单位，由上级工会指导劳动者推举的代表与用人单位订立。该公司集体合同的主体是合法的。集体合同订立后，应当报送劳动行政部门；劳动行政部门自收到集体合同文本之日起十五日内未提出异议的，集体合同即行生效。该公司将集体合同提交当地劳动和社会保障部门审查已逾三月，集体合同已生效。用人单位与劳动者订立的劳动合同中劳动报酬和劳动条件等标准不得低于集体合同规定的标准。该公司与员工签订的劳动合同约定的工资水平低于集体合同的规定，是不合法的。

【案例三十】 员工服务期违约应支付违约金，赔偿公司损失

2008 年 1 月 7 日，钱某与某公司签订了一份两年期劳动合同。2 月公司从国外引进了一套先进的设备，3 月 1 日派钱某去国外学习该设备的操作与管理。公司向外方支付了培训费 10 万元。出国前公司与钱某签订了服务期协议，约定钱某的服务期为 5 年，违约金为 10 万元。钱某出国学习 1 个月，于 4 月 1 日回公司工作。5 月 10 日因另一公司以较高的工资吸引钱某去工作，于是钱某未与公司打招呼径直去新公司上班。该公司无法及时安排人接替钱某的工作造成产品不能按期交货，被客户索赔经济损失两万元。为此，该公司申请仲裁，并将钱某告上法庭，要求钱某继续履行双方的劳动合同，承担违约金 10 万元，赔偿经济损失两万元。

【法律链接】

《劳动合同法》

第二十二条　用人单位为劳动者提供专项培训费用，对其进行专业技术培训的，可以与该劳动者订立协议，约定服务期。

劳动者违反服务期约定的，应当按照约定向用人单位支付违约金。违约金的数额不得超过用人单位提供的培训费用。用人单位要求劳动者支付的违约金不得超过服务期尚未履行部分所应分摊的培训费用。

……

第九十条　劳动者违反本法规定解除劳动合同，或者违反劳动合同中约定

的保密义务或者竞业限制，给用人单位造成损失的，应当承担赔偿责任。

第九十一条　用人单位招用与其他用人单位尚未解除或者终止劳动合同的劳动者，给其他用人单位造成损失的，应当承担连带赔偿责任。

【分析】

本案中，违约金条款的设定符合法律规定，是有效的。钱某在劳动合同期内虽依法享有解除劳动合同的权利，但解除的方式需符合法律的规定，即提前三十天书面告知用人单位。钱某的合同未到期前可以解除劳动合同，但并未依法定方式通知单位，就擅自离开公司，构成劳动合同的违约。给公司造成损失的应承担赔偿责任。同时双方约定了服务期，钱某违反了服务期的约定，应当承担违约金。若钱某遵守了提前三十天书面告知用人单位的约定，则只承担违约金，不需承担赔偿责任。

钱某培训回公司后已工作一月有余，用人单位要求劳动者支付的违约金应扣除此工作期间所应分摊的培训费用。

【案例三十一】应聘者谎称自己符合聘用条件所订立的劳动合同无效

2008 年 3 月，某食品机械设备公司欲招聘 1 名食品机械设计师，条件是有食品机械设计工作经验，且具备食品机械电气原理和维修知识的机械设计师。经登报招聘，吕某来到该厂应聘，自称自己完全符合该公司所提出的招聘条件，不但具有 8 年从事食品机械设计工作经验，而且精通各种食品机械的电气原理和维修知识。公司与吕某签订了为期 3 年的劳动合同，约定吕某的工作岗位为机械设计师。未约定试用期。一个月后，公司在工作中发现，吕某不但不能胜任食品机械设计工作，而且连进行该项工作的基本常识都不懂。经过调查后得知：吕某的应聘材料纯属虚构，他高中毕业后，在一家食品机械销售企业负责食品机械的安装与维修，根本不具有设计能力。公司于是书面通知与其解除劳动关系。吕某不服，诉至劳动争议仲裁委员会，要求裁定继续履行劳动合同。

【法律链接】

《劳动合同法》

第二十六条　下列劳动合同无效或者部分无效：

（一）以欺诈、胁迫的手段或者乘人之危，使对方在违背真实意思的情况下订立或者变更劳动合同的；

……

【分析】

吕某与食品机械设备公司订立的劳动合同无效。吕某为了达到与食品机械设备公司签订劳动合同的目的，隐瞒了真实情况，谎称自己“具有 8 年从事食品机械设计的工作经验，精通各种食品机械的电气原理和维修知识”。这种做法是一种欺诈行为，采取欺诈、威迫等手段订立的劳动合同，是无效劳动合同。经劳动争议仲裁委员会或人民法院确认为无效的劳动合同，对双方均无法律约束力。无效的劳动合同，从订立的时候起，就没有法律约束力。

在签订劳动合同时，劳动者和用人单位都应遵循诚实守信的原则，任何一方采取欺诈手段订立的合同，都会面临合同无效的风险。

【案例三十二】 该用人单位签劳动合同过程中存在什么问题

2008 年 2 月，某特殊钢制造有限公司招用了 45 名某技校毕业生为一线工人。这批工人于 2 月 3 日开始上班，上班后，大家多次要求与公司签订劳动合同，可一直到 2008 年 4 月 1 日，公司才与 45 名工人订立书面劳动合同。合同中约定的内容包括：暂定一年试用期，2009 年 3 月 31 日试用期满，经考核合格予以转正并录用为正式职工，确定正式合同期，享受正式员工的各项待遇，不合格的视情况延长试用期或直接解除劳动关系；签订劳动合同时要缴纳 1000 元押金，合同期限届满后退还；在履行合同过程中，若发现员工不能胜任工作，公司可随时解除劳动合同，并不予补偿；合同期内员工不得结婚，否则公司有权解除劳动合同；员工如要求提前解除合同，需提前两个月通知公司，所缴押金不予退还；公司按照国家规定向员工提供必要的劳动保护用品；员工应遵守企业的规章制度；如果员工因违反操作规程而负伤，公司不负责；患病或非因工负伤的，可以按公司规定报销部分医疗费；因病入院或因病停止工作，医疗期满后，如因不能从事原工作的，公司可以解除劳动合同，并不予补偿；员工可以自愿参加失业保险和养老保险。

该公司的做法合适吗？有什么问题？

【法律链接】

《劳动合同法》

第九条　用人单位招用劳动者，不得扣押劳动者的居民身份证和其他证件，不得要求劳动者提供担保或者以其他名义向劳动者收取财物。

第十条　建立劳动关系，应当订立书面劳动合同。

已建立劳动关系，未同时订立书面劳动合同的，应当自用工之日起一个月内订立书面劳动合同。

……

第二十六条　下列劳动合同无效或者部分无效：

……

（二）用人单位免除自己的法定责任、排除劳动者权利的；

（三）违反法律、行政法规强制性规定的。

……

第四十条　有下列情形之一的，用人单位提前三十日以书面形式通知劳动者本人或者额外支付劳动者一个月工资后，可以解除劳动合同：

（一）劳动者患病或者非因工负伤，在规定的医疗期满后不能从事原工作，也不能从事由用人单位另行安排的工作的；

（二）劳动者不能胜任工作，经过培训或者调整工作岗位，仍不能胜任工作的；

……

第四十六条　有下列情形之一的，用人单位应当向劳动者支付经济补偿：

……

（三）用人单位依照本法第四十条规定解除劳动合同的；

……

【分析】

1. 45名员工与某特殊钢制造有限公司劳动关系于2008年2月3日用工之日确立。

2. 劳动合同应在一个月内签订。3月4日至4月1日期间45名工人可要求支付双倍工资。

3. 合同不能只约定试用期，而等试用期满后另行签正式劳动合同。只约定试用期的，试用期不成立，该期限为劳动合同期限。即劳动合同期为一年。试用期也不能随意延长。

4. 不得要求员工缴纳押金。

5. 员工不能胜任工作时，须经过培训或者调整工作岗位，当仍不能胜任工作时，用人单位可以提前三十日以书面形式通知劳动者本人或者额外支付劳动者一个月工资后，解除劳动合同。而不能直接解除合同。

6. 规定合同期内员工不得结婚，因侵犯婚姻自由而无效。

7. 员工要求提前解除合同，只需提前三十天通知公司即可。

8. 如员工因工负伤，无论其是否有过错，用人单位都应按照国家有关工伤保险的规定执行。员工都应享受工伤保险待遇，不能排除用人单位的责任。

9. 用人单位应按国家规定，参加医疗保险，为员工支付医疗保险费用。员工患病或非因工负伤的，由社会保险机构承担保险责任，按规定支付费用。同时公司可以按内部规定为员工报销一部分医疗费。

10. 员工患病或非因工负伤的，医疗期满后，如因不能从事原工作的，公司可以解除劳动合同，但应按规定给予补偿。

11. 为员工办理参加社会保险是用人单位的法定义务。不能以员工是否自愿为原则。无论员工是否自愿，用人单位都应为员工办理参加社会保险。

【案例三十三】 用人单位因病解除员工劳动合同应发补偿金

孙某于2007年1月被某公司招收为工人，合同期限5年。到该公司前已工作了五年。孙某于2008年2月因患腰椎间盘突出症，休病假超过3个月，仍无法上班工作。7月某公司书面通知孙某三十日后解除劳动合同。同时公司认为孙某超过医疗期仍不能上班是属于违纪行为，不能发给补偿金。孙某不服到当地仲裁委员会申诉。

【法律链接】

《劳动合同法》

第四十条　有下列情形之一的，用人单位提前三十日以书面形式通知劳动者本人或者额外支付劳动者一个月工资后，可以解除劳动合同：

（一）劳动者患病或者非因工负伤，在规定的医疗期满后不能从事原工作，也不能从事由用人单位另行安排的工作的；

……

第四十六条　有下列情形之一的，用人单位应当向劳动者支付经济补偿：

……

（三）用人单位依照本法第四十条规定解除劳动合同的；

……

《企业职工患病或非因工负伤医疗期规定》

企业职工因患病或非因工负伤，需要停止工作医疗时，根据本人实际参加工作年限和在本单位工作年限，给予3个月到24个月的医疗期：

（一）实际工作年限10年以下的，在本单位工作年限5年以下的为3个月；5年以上的为6个月。

……

【分析】

孙某患病是2008年2月，被解除劳动合同时间正是劳动合同期内。按《企业职工患病或非因工负伤医疗期规定》孙某享受3个月医疗期待遇。孙某休病假已超过3个月，仍无法上班工作，用人单位可以解除劳动合同。

某公司说不支付补偿金是不合法的。用人单位应当向因患病解除劳动合同的劳动者支付经济补偿。

【案例三十四】 对员工扣薪的制度应符合规定

2008年4月，环宇食品公司为了整顿纪律，从严管理，重新制定了一系列有关劳动纪律的内部规章制度。制度规定，员工上班时间为早8点整，下午1点整，员工必须准时到岗并打考勤卡。每迟到一次扣工资200元。该制度由公司象征性地召集几名员工进行了一下讨论，虽大家议论纷纷，认为这样规定太苛刻，但公司认为只有这样才能严肃劳动纪律。因此，不顾大家的反对执意公布实施。5月，第一车间工人程友林，因照顾有病住院的妻子迟到了4次。程友林月工资标准1000元，当月只领到200元。程友林认为这样的做法太不公平，于是向当地劳动保障监察部门投诉。劳动监察部门经查核，认定环宇食品公司制定的每迟到一次扣工资200元的规定违法；裁定环宇食品公司向程友林补发工资800元；程友林迟到之事由环宇食品公司另行做出适当处罚。

【法律链接】

《劳动合同法》

第四条　……

用人单位在制定、修改或者决定……直接涉及劳动者切身利益的规章制度或者重大事项时，应当经职工代表大会或者全体职工讨论，提出方案和意见，与工会或者职工代表平等协商确定。

在规章制度和重大事项决定实施过程中，工会或者职工认为不适当的，有权向用人单位提出，通过协商予以修改完善。

……

第八十条　用人单位直接涉及劳动者切身利益的规章制度违反法律、法规规定的，由劳动行政部门责令改正，给予警告；给劳动者造成损害的，应当承担赔偿责任。

《劳动法》

第四十八条　国家实行最低工资保障制度。最低工资的具体标准由省、自治区、直辖市人民政府规定，报国务院备案。用人单位支付劳动者的工资不得低于当地最低工资标准。

《工资支付暂行规定》

第十六条　因劳动者本人原因给用人单位造成经济损失的，用人单位可按照劳动合同的约定要求其赔偿经济损失。经济损失的赔偿，可从劳动者本人的工资中扣除。但每月扣除的部分不得超过劳动者当月工资的20%。若扣除后的剩余工资部分低于当地月最低工资标准，则按最低工资标准支付。

【分析】

1. 劳动纪律是用人单位依法制定的，是用人单位自主权的表现。用人单位依法结合本单位实际情况制定的劳动纪律，是劳动法律、法规的延伸和具体化，是实施法律、法规的重要措施，对用人单位及其全体员工有约束力。在劳动争议处理过程中，依法制定的劳动纪律的规定也可以成为劳动争议仲裁委员会、人民法院裁决的依据。

2. 用人单位制定的劳动纪律的程序与内容必须合法。虽然用人单位有权依法自主制定劳动纪律，但制定劳动纪律的程序与内容必须合法；也只有合法的劳动纪律才有约束力，才能成为劳动争议仲裁委员会和人民法院办案的依据。本案中劳动纪律制定的程序与内容不合法。一是程序有问题。用人单位在制定规章制度时，在交与员工讨论与平等协商的过程有缺欠，未做到真正的交与员工讨论、与员工平等协商。二是内容有问题。所规定的处罚幅度“迟到一次扣200元工资”不合法。根据《工资支付暂行规定》第十六条，企业对违纪职工的罚款不得超过本人工资的20%。而本案中，在程友林月工资1000元的情况下，扣除了800元迟到罚款，明显违反了上述法律规定。劳动监察部门裁定环宇食品公司向程友林补发工资800元，程友林迟到之事由环宇食品公司另行做出适当处罚是适当的。

【案例三十五】 签订无固定期限劳动合同是在续订、订立合同时

谢莲是桂花贸易公司的老员工，每5年与公司签订一次劳动合同。2008年2月，谢莲已经在该公司工作满12年了，但其劳动合同还有3年才到期。谢莲想与公司签订无固定期限劳动合同，但是公司的人事部门告诉谢莲其劳动合同还没有到期，因此没有办法签订无固定期限劳动合同。如果签订的话，也需要劳动合同到期之后才可以签订。公司的解释是否成立呢？

【法律链接】

《劳动合同法》

第十四条　无固定期限劳动合同，是指用人单位与劳动者约定无确定终止时间的劳动合同。

用人单位与劳动者协商一致，可以订立无固定期限劳动合同。有下列情形之一，劳动者提出或者同意续订、订立劳动合同的，除劳动者提出订立固定期限劳动合同外，应当订立无固定期限劳动合同：

（一）劳动者在该用人单位连续工作满十年的；

……

【分析】

根据《劳动合同法》第十四条的规定，劳动者在该用人单位连续工作满10年，提出续订、订立劳动合同的，应当订立无固定期限劳动合同。这里有两个条件：一是连续工作满10年；二是劳动者提出续订、订立。即前一劳动合同期限届满才能谈到续订、订立合同。本案中，虽然谢莲符合连续工作满10年的条件，但固定期限劳动合同正在履行中，不存在续订、订立合同的问题，无法续订、订立。

当然如果双方达成一致，针对劳动合同期限进行变更是可以的。另外，对谢莲而言，现在变更劳动合同期限为无固定期限，和3年后固定期限劳动合同期满再要求订立无固定期限劳动合同并无实质的差别。

【案例三十六】 企业未按约定支付报酬，职工有权解除劳动合同

游某是某建筑装饰材料厂工人，2006年6月与该厂签订了为期5年的劳动合同。2008年2月以来，厂里连续4个月给游某等工人只发放60%的工资，其余部分欠发。游某等人多次向厂里提出补发工资的要求，但厂方总以资金周转困难，暂时没有钱为由一拖再拖。游某感到厂里补发工资无望提出解除劳动

合同。但工厂回答说车间人员不足，游某辞职会给厂里带来损失，不同意游某解除劳动合同的要求。并称如果游某单方解除劳动合同，厂方将不予为其办理转移社会保险手续。游某申请劳动仲裁。

【法律链接】

《劳动合同法》

第三十八条　用人单位有下列情形之一的，劳动者可以解除劳动合同：

……

（二）未及时足额支付劳动报酬的；

……

第四十六条　有下列情形之一的，用人单位应当向劳动者支付经济补偿：

（一）劳动者依照本法第三十八条规定解除劳动合同的；

……

第八十五条　用人单位有下列情形之一的，由劳动行政部门责令限期支付劳动报酬、加班费或者经济补偿；劳动报酬低于当地最低工资标准的，应当支付其差额部分；逾期不支付的，责令用人单位按应付金额百分之五十以上百分之一百以下的标准向劳动者加付赔偿金：

（一）未按照劳动合同的约定或者国家规定及时足额支付劳动者劳动报酬的；

……

【分析】

用人单位未按劳动合同的约定及时足额支付劳动报酬的，劳动者可以随时通知用人单位解除劳动合同。游某提出解除劳动合同是符合法律规定的，该建筑装饰材料厂应当接受并为他依法办理解除劳动合同的有关手续，支付拖欠的劳动报酬及补偿金，不应当无理拒绝，更不应以不办理转移社会保险手续相威胁。

【案例三十七】 无固定期限的劳动合同并不是“铁饭碗”

2008 年 2 月，某科技公司工人李某因严重失职造成了重大经济损失，公司通知李某解除劳动合同。李某认为自己虽然给公司造成了损失，但自己与单位签订的劳动合同是无固定期限的劳动合同，是不能解除的。李某据此向劳动仲裁委员会提出申诉。

【法律链接】

《劳动合同法》

第三十九条　劳动者有下列情形之一的，用人单位可以解除劳动合同：

……

（二）严重违反用人单位的规章制度的；

（三）严重失职，营私舞弊，给用人单位造成重大损害的；

……

【分析】

员工严重失职，营私舞弊，对用人单位利益造成重大损害的，用人单位可以随时解除劳动合同。无固定期限的劳动合同并不是“铁饭碗”，并非不能解除。本案例中，由于李某的过失给公司带来严重经济损失，用人单位可以随时解除合同。作为用人单位应注意的是要依法明确界定“重大损害”，确定损害的事实，才能有充分的根据解除员工的劳动合同。而不能由用人单位任意决定。

【案例三十八】 员工遭遇“末位淘汰”

2007 年 11 月，小吴到某电子公司担任销售员。公司要求在劳动合同中明确写明“公司实行业绩考核制度，业绩考核列末位的，视为不能胜任工作，单位可解除劳动合同”。小吴认为自己应该不会排在末位，于是便同意这一约定。劳动合同期为五年。

2008 年 1 月，公司根据制定的《销售业绩考核办法》对全体员工的业绩进行了考核，经考评，小吴名列末位。2 月 5 日，单位以“业绩考核末位，不能胜任工作”为由，解除小吴的劳动合同。

小吴认为，与公司约定的“业绩考核列末位的，视为不能胜任工作，单位可解除劳动合同”的条款是不公平的。自己刚从事这一工作，虽然这次考核列在末位，但几个月来业绩一直在逐月上升，仅因一次考核列在末位就被辞退，令人心寒。

用人单位可以解除小吴的劳动合同吗？

【法律链接】

《劳动合同法》

第三十九条　劳动者有下列情形之一的，用人单位可以解除劳动合同：

（一）在试用期间被证明不符合录用条件的；

（二）严重违反用人单位的规章制度的；

（三）严重失职，营私舞弊，给用人单位造成重大损害的；

（四）劳动者同时与其他用人单位建立劳动关系，对完成本单位的工作任务造成严重影响，或者经用人单位提出，拒不改正的；

（五）因本法第二十六条第一款第一项规定的情形致使劳动合同无效的；

（六）被依法追究刑事责任的。

第四十条　有下列情形之一的，用人单位提前三十日以书面形式通知劳动者本人或者额外支付劳动者一个月工资后，可以解除劳动合同：

（一）劳动者患病或者非因工负伤，在规定的医疗期满后不能从事原工作，也不能从事由用人单位另行安排的工作的；

（二）劳动者不能胜任工作，经过培训或者调整工作岗位，仍不能胜任工作的；

（三）劳动合同订立时所依据的客观情况发生重大变化，致使劳动合同无法履行，经用人单位与劳动者协商，未能就变更劳动合同内容达成协议的。

第四十一条 有下列情形之一，需要裁减人员二十人以上或者裁减不足二十人但占企业职工总数百分之十以上的，用人单位提前三十日向工会或者全体职工说明情况，听取工会或者职工的意见后，裁减人员方案经向劳动行政部门报告，可以裁减人员：

（一）依照企业破产法规定进行重整的；

（二）生产经营发生严重困难的；

（三）企业转产、重大技术革新或者经营方式调整，经变更劳动合同后，仍需裁减人员的；

（四）其他因劳动合同订立时所依据的客观经济情况发生重大变化，致使劳动合同无法履行的。

【分析】

解除劳动合同须按法定的方式进行，不能由双方当事人约定。双方合同中已约定了解除劳动合同条件的，与《劳动合同法》规定不一致的无效。员工考核中排在末位，不等于不能胜任工作，也不能因此而解除合同。

【案例三十九】 酒店可否与他单方解除劳动合同

2005 年 5 月，小曲应聘到旭日大酒店工作，签订了劳动合同，工作岗位为厨师。签订劳动合同之前，他按规定进行了体检，并取得卫生管理部门颁布的健康合格证。小曲工作努力，很快被提升为厨师长。2008 年 3 月，酒店组织全体职工进行例行的年度体检。两天后，小曲拿到自己的化验单，出乎意料地发现，上面写着“澳抗阳性”。经过多次复查，结果仍然如此。因此，他的健康合格证被卫生管理部门吊销了。人事部部长对他说，根据国家规定，没有健康合格证，就不能再干厨师了。因为根据医生的解释，他的这种病一般是不能完全治好的。所以，以后可能再也干不了厨师了，只能干点儿其他工作。酒店决定让他去负责看管地下汽车库，因为只有这项工作不需要健康合格证。小曲觉得按劳动合同，我就是该干厨师的，凭什么让我去看管汽车？他明确表示：“让我看管汽车，我不干。”人事部部长告诉他，如果看车的工作他不做，酒店也没有其他工作适合他做了，只能正式通知他 30 天以后，解除劳动合同。小曲觉得：“劳动合同既没到期，又没有经我同意，你们根本不能单方解除。”那么小曲的认识正确么？

【法律链接】

《劳动合同法》

第四十条 有下列情形之一的，用人单位提前三十日以书面形式通知劳动者本人或者额外支付劳动者一个月工资后，可以解除劳动合同：

……

劳动合同订立时所依据的客观情况发生重大变化，致使劳动合同无法履行，经用人单位与劳动者协商，未能就变更劳动合同内容达成协议的。

第四十六条　有下列情形之一的，用人单位应当向劳动者支付经济补偿：

……

（三）用人单位依照本法第四十条规定解除劳动合同的；

……

【分析】

为了保护消费者的身体健康，国家对饭店及餐饮服务业的卫生有特殊要求，其中规定从业人员必须无任何传染性疾病，并取得健康合格证书。凡不符合健康标准的人员，不许从事此类工作。

小曲在与酒店签订劳动合同时，身体完全符合健康标准。但在履行劳动合同过程中，由于他被检查出“澳抗阳性”，且基本上不能完全治愈，不能再继续从事厨师工作。但尚不需停工治疗。小曲的健康合格证被吊销，丧失了干厨师工作的资格，应属于客观情况发生重大变化的情形。因此，他与酒店签订的原劳动合同，因客观情况的重大变化，无法继续履行。经酒店与小曲协商变更原合同中约定的工作岗位时，也未能就变更劳动合同中的工作岗位达成一致协议。所以酒店可以提前三十日以书面形式通知劳动者本人或者额外支付劳动者一个月工资后，解除劳动合同。解除合同后，酒店应按照小曲在本单位工作的年限，每满一年支付一个月工资的标准向小曲支付经济补偿金。

如劳动者所患疾病需停工治疗与休息，劳动者享受医疗期的待遇，在医疗期内用人单位不得解除劳动合同。

【案例四十】　劳动者也不能随意解除劳动合同

王某是兴旺科技有限责任公司的工人，与企业签订了为期 5 年的劳动合同。在合同履行期内，王某觉得收入太低。于 2008 年 2 月 10 日口头提出解除合同，企业未予答复。过了 10 天，王某就被一家外资企业招用，与该企业订立了劳动合同，兴旺科技有限责任公司要求王某回公司上班，同时，与这家外资企业人力资源部门联系，希望让王某回厂，但外资企业以已签订劳动合同为由，不同意放人。于是兴旺科技有限责任公司向仲裁委员会提起申诉，要求王某和外资企业承担违约赔偿责任。

【法律链接】

《劳动合同法》

第三十六条　用人单位与劳动者协商一致，可以解除劳动合同。

第三十七条　劳动者提前三十日以书面形式通知用人单位，可以解除劳动合同。劳动者在试用期内提前三日通知用人单位，可以解除劳动合同。

【分析】

劳动合同依法订立即具有法律约束力，用人单位与劳动者都必须履行劳动合同规定的义务，都应当按照劳动合同的约定，全面履行各自的义务。王某与兴旺科技有限责任公司签订了5年的劳动合同，应承担为该公司工作5年的义务。而要解除这一义务必须符合法定的条件。

《劳动合同法》对劳动者的就业选择权给予了极大的保护，保障了劳动者的就业自由。但这并不是说劳动者要解除合同就可以任意而为。按照《劳动合同法》的规定，在用人单位无《劳动合同法》第三十八条规定的过错的情形下，劳动者提出解除劳动合同的方式有：一是与用人单位协商一致，二是提前三十日书面提出。否则不会发生解除的效力。

1. 本案不符合随时通知用人单位解除劳动合同的情形。王某提出解除劳动合同的理由是“收入太低”，显然不在《劳动合同法》第三十八条规定的可以随时通知用人单位解除劳动合同的规定之内。

2. 本案双方也未就提前解除合同达成一致。王某在合同期内向公司提出解除合同的请求，但公司未予答复，说明双方未能就提前解除合同达成一致，所签劳动合同并未解除，各自依据劳动合同产生的权利、义务仍然存在。

3. 王某的行为也不符合“提前三十日”“书面提出”的要求。王某未按法律规定，以书面形式通知用人单位。而仅以口头方式提出解除合同。同时仅过十天便与另一企业签订了劳动合同，也不符合“提前三十日”这一法律要求。因此，王某与原公司的劳动合同并未解除。

综上所述，用人单位可以要求王某继续履行劳动合同，也可以要求王某依《劳动合同法》第九十条“劳动者违反本法规定解除劳动合同，或者违反劳动合同中约定的保密义务或者竞业限制，给用人单位造成损失的，应当承担赔偿责任”的规定，承担赔偿责任。

应当指出，用人单位不仅可以要求王某本人承担违约赔偿责任，而且可以要求与其签订劳动合同的外资企业，依《劳动合同法》第九十一条“用人单位招用与其他用人单位尚未解除或者终止劳动合同的劳动者，给其他用人单位造成损失的，应当承担连带赔偿责任”的规定，承担连带赔偿责任。同时仲裁委员会有权根据用人单位的请求，依法确认王某与外资企业所签订的劳动合同无效，并裁决王某继续履行与原公司订立的劳动合同。

作为用人单位在招聘劳动者时，应当要求劳动者出示解除或者终止劳动合同的证明等文件，以证明其未就业的状态，避免引起不必要的麻烦。

【案例四十一】 员工从事第二职业用人单位能否解除劳动合同

刘某于2005年开始与星海宾馆签订了五年的劳动合同，在该宾馆从事厨师工作。业余时间刘某到单位附近的一家餐馆做兼职厨师。该餐馆与宾馆餐厅有竞争关系。宾馆领导知道后，多次与刘某谈话，要求其不要再去该餐厅工作，刘某觉得又没有给单位造成什么损失，就一直没有同意。宾馆领导认为刘某从事第二职业与单位的利益发生了冲突，于是将刘某予以辞退。

【法律链接】

《劳动合同法》

第三十九条　劳动者有下列情形之一的，用人单位可以解除劳动合同：

……

（四）劳动者同时与其他用人单位建立劳动关系，对完成本单位的工作任务造成严重影响，或者经用人单位提出，拒不改正的；

……

【分析】

用人单位可以解除刘某的劳动合同。刘某在与宾馆建立劳动关系的同时，又与另一家餐馆也建立了劳动关系。刘某作为宾馆的厨师在宾馆附近的餐厅做兼职，客观上可能对宾馆的利益产生一定的影响，宾馆对刘某的处理是为了维护企业自身利益。如果这一兼职行为具有下述情形之一的，用人单位就可以解除劳动合同：一是对完成本单位的工作任务造成严重影响；二是用人单位明确要求劳动者改正但劳动者拒不改正。本案中宾馆在发现刘某从事第二职业之后，多次与刘某谈话，要求其停止兼职行为，因其拒不改正，宾馆解除与刘某的劳动合同，是符合法律规定的。

劳动法律没有对员工从事第二职业做禁止性规定。用人单位可以在劳动合同中对类似刘某所在岗位的职工从事兼职的行为做出限制性的约定，也可以在规章制度中做出相应规定，规章制度必须经过民主程序，方可作为用人单位的处理依据。

【案例四十二】　工伤职工严重违纪，能否解除劳动合同

李某于2007年7月30日与某电子设备有限公司签订了劳动合同，期限5年，从事值班保卫工作。自2008年初以来李某常有迟到脱岗现象，多次受到领导的批评教育。2008年3月4日李某在值班时被他人打伤，8月15日经劳动鉴定委员会鉴定为工伤伤残五级，公司为李某办理了享受劳动保险待遇的相关手续。9月25日晚公司发生治安事件，正在值班的李某在岗上与人喝酒，接到报警后没有前去处理。在负责人给予批评时拒不承认错误，被责令停职检查听候处理。李某对停职检查不满，将警卫室电话、暖水瓶等物品摔坏，并对其他值班人员进行辱骂，严重影响公司管理秩序，造成极坏影响。9月27日公司以李某违反劳动纪律经教育无效为由，解除其劳动合同。李某不服，认为公司处理过分严重，且自己属于工伤，公司不能解除劳动合同，于是诉至劳动争议仲裁委员会。

【法律链接】

《劳动合同法》

第四条　用人单位应当依法建立和完善劳动规章制度，保障劳动者享有劳动权利、履行劳动义务。

用人单位在制定、修改或者决定有关劳动报酬、工作时间、休息休假、劳动安全卫生、保险福利、职工培训、劳动纪律以及劳动定额管理等直接涉及劳动者切身利益的规章制度或者重大事项时，应当经职工代表大会或者全体职工讨论，提出方案和意见，与工会或者职工代表平等协商确定。

在规章制度和重大事项决定实施过程中，工会或者职工认为不适当的，有权向用人单位提出，通过协商予以修改完善。

用人单位应当将直接涉及劳动者切身利益的规章制度和重大事项决定公示，或者告知劳动者。

……

第三十九条　劳动者有下列情形之一的，用人单位可以解除劳动合同：

……

（二）严重违反用人单位的规章制度的；

……

【分析】

工伤的员工严重违反劳动纪律，是可以解除劳动合同的。

首先，员工严重违反劳动纪律，可以解除劳动合同。无论员工与用人单位签订的是固定期限的劳动合同还是无固定期限的劳动合同，都不意味着取得了“铁饭碗”，当员工严重违反规章制度或造成严重损失的时候，用人单位就可以解除劳动合同。本案中因李某严重违反劳动纪律，用人单位可以按规章制度中明确的，属于严重违反劳动纪律的情形，解除劳动合同。这里主要应注意三点：一是要有证据证明员工违反劳动纪律的事实。二是规章制度应经过民主程序制定。三是规章制度中应对属于严重违反劳动纪律的具体情形予以明确。

其次，工伤员工严重违反劳动纪律，也没有特别的豁免权。工伤员工一样应受到用人单位的劳动纪律约束。严重违反劳动纪律的，用人单位可以解除劳动合同。李某认为自己属于工伤，公司不能解除劳动合同的辩解是不成立的。

【案例四十三】　员工被判刑用人单位可以解除劳动合同

林某于 2007 年 1 月与某汽车货运公司签订了五年期的劳动合同。担任汽车驾驶员。2008 年 2 月 12 日中午，林某与本单位另一名司机一起饮酒，酒后驾车行至市郊区一交叉路口时，将一名骑自行车的妇女与一名行人撞倒。一人经抢救无效死亡，一人重伤。经交警部门确认，“此次重大交通事故，是由于林某酒后驾车，车速太快，刹车不及时，超车安全距离不够所致，林某应负此次事故的全部责任。”2008 年 8 月 2 日，人民法院以林某酒后驾车致人死亡为由，判处林某有期徒刑两年，缓期两年执行。2008 年 9 月 1 日，某汽车货运公司认为林某严重违反道路交通安全管理条例和公司规章制度，造成恶性交通事故，并触犯刑律被判刑，决定解除双方劳动合同。林某认为处理过重，诉之劳动仲裁机构。

【法律链接】

《劳动合同法》

第三十九条　劳动者有下列情形之一的，用人单位可以解除劳动合同：

……

（六）被依法追究刑事责任的。

【分析】

1. 对被依法追究刑事责任的员工用人单位可以采取解除劳动合同的方式处理。

2. 因员工被依法追究刑事责任而解除劳动合同不受提前三十日通知劳动者本人规定的限制。

3.《劳动合同法》第三十九条所述的“被依法追究刑事责任的”包括：被人民检察院免予起诉的，被人民法院判处刑罚，包括：管制、拘役、有期徒刑、无期徒刑、死刑以及被人民法院依据《刑法》第三十二条免予刑事处分的。

【案例四十四】 怀孕女员工违反劳动纪律用人单位可以解除劳动合同

王丽为某外资企业流水线上的员工。从 2008 年 2 月开始，王丽迷上了打麻将，经常打牌到深夜。由于睡眠严重不足，王丽在上班时间常打瞌睡，以致流水线上生产出大量次品，给企业造成了重大损失。企业对王丽进行了处罚，并发出书面通知，指出其行为违反了企业规章制度，要求其不再出现类似情况。但一段时间后，王丽禁不住麻将的诱惑，故态复发，流水线上再次出现了大量次品，单位对其再次做出了处罚决定。如此几次后，单位最终以王丽严重违反劳动纪律为由，欲解除劳动合同。但王丽找到人事部门，说自己已经怀孕，公司不能解除劳动合同，并拿出化验单证明。

【法律链接】

《劳动合同法》

第三十九条　劳动者有下列情形之一的，用人单位可以解除劳动合同：

……

（二）严重违反用人单位的规章制度的；

（三）严重失职，营私舞弊，给用人单位造成重大损害的；

……

【分析】

女员工在孕期、产期、哺乳期内的，用人单位不得依据《劳动法》第四十条、第四十一条的规定解除劳动合同。但不受《劳动合同法》第三十九条的限制。因此，公司以严重违反用人单位的规章制度为理由，解除王丽的劳动合同，不受王丽是否怀孕的限制，其行为也是合法的。

【案例四十五】 生产经营发生严重困难的用人单位可以裁减人员

丰华塑料制品公司有员工 30 名，近年来，塑料制品行业竞争激烈，加上公司机制老化，工艺落后，渐渐失去了市场，企业徘徊在亏损边缘，生产经营发生严重困难。为能维持经营，公司决定裁减 10 人，公司向全体职工说明了情况，听取了职工的意见后，制定了裁减人员方案，并将裁减人员方案报告了当地劳动行政部门，30 日后按裁减人员方案与 10 名员工解除了劳动合同。张某对解除合同没有异议，但认为公司经营不善是公司的责任，所以应该对被解除合同的员工进行补偿。

【法律链接】

《劳动合同法》

第四十一条　有下列情形之一，需要裁减人员二十人以上或者裁减不足二十人但占企业职工总数百分之十以上的，用人单位提前三十日向工会或者全体职工说明情况，听取工会或者职工的意见后，裁减人员方案经向劳动行政部门报告，可以裁减人员：

……

（二）生产经营发生严重困难的；

……

【分析】

丰华塑料制品公司可以进行减员，并须进行经济补偿。按《劳动合同法》的规定，用人单位在生产经营发生严重困难时，按《劳动合同法》第四十一条规定的程序进行减员是可以的。用人单位应对被减员的员工进行补偿。按《劳动合同法》的规定，因经济性减员而解除劳动者劳动合同的情形包括：依照企业破产法规定进行重整的；生产经营发生严重困难的；企业转产、重大技术革新或者经营方式调整，经变更劳动合同后，仍需裁减人员的；其他因劳动合同订立时所依据的客观经济情况发生重大变化，致使劳动合同无法履行的情形，是须经济补偿的。张某认为公司应该对被解除合同的员工进行补偿，是有法律依据的。

【案例四十六】 企业不能以裁减人员为由与在患病医疗期的员工解除劳动合同

唐某系一家外商投资企业员工，1996 年初参加工作。2004 年初应聘进入该企业从事生产车间操作工工作。企业与唐某签订了 5 年期劳动合同。2008 年

2月初，唐某因患慢性疾病在家休息。2月中旬企业因生产经营状况发生严重困难，提前三十日向工会和全体职工说明了情况，听取了工会和职工的意见，并向有关劳动行政部门报告后，企业着手准备裁减人员。3月初企业书面通知唐某，企业因裁减人员与其解除劳动合同，同时按照裁减方案给予经济补偿。之后，唐某认为企业这种做法违反国家规定，不同意解除合同，多次与企业交涉，未果。于是，唐某向劳动争议仲裁委员会提出申请仲裁，要求企业恢复劳动关系，继续履行劳动合同。

【法律链接】

《劳动合同法》

第四十一条　有下列情形之一，需要裁减人员二十人以上或者裁减不足二十人但占企业职工总数百分之十以上的，用人单位提前三十日向工会或者全体职工说明情况，听取工会或者职工的意见后，裁减人员方案经向劳动行政部门报告，可以裁减人员：

……

（二）生产经营发生严重困难的；

第四十二条　劳动者有下列情形之一的，用人单位不得依照本法第四十条、第四十一条的规定解除劳动合同：

……

（三）患病或者非因工负伤，在规定的医疗期内的；

……

【分析】

该企业不能以因生产经营发生严重困难而裁减人员为由与唐某解除劳动合同。虽然在企业生产经营状况发生严重困难的时候，提前三十日向工会和全体职工说明情况，也听取工会和职工的意见，并向有关劳动行政部门报告过，符合国家规定的减员程序，可以裁减人员。但按《劳动合同法》第四十二条规定，员工患病或者非因工负伤，在规定的医疗期内的，用人单位不能以生产经营发生严重困难为由解除员工劳动合同。本案中，唐某工龄12年，本单位工龄4年多，按《企业职工患病或非因工负伤医疗期规定》的规定，唐某医疗期为六个月。企业决定减员时，唐某正处在医疗期，企业以生产经营状况发生严重困难须裁减人员为由，擅自与王某解除劳动合同是与法律、法规相悖的。因此，企业是不能与唐某解除劳动合同的，双方应恢复劳动关系，继续履行劳动合同。

【案例四十七】 出具解除或者终止劳动合同的证明需规范

2006年5月，张某到某药业公司工作，双方签订了5年期的劳动合同，其月工资为1860元，另有交通费、通信费分别可在300元的范围内实报实销。

2008年上半年，公司在日常巡查中发现张某负责的药店的药品铺货率低且与药店缺乏沟通，业绩不佳。6月10日，某药业公司口头提出与张某协商解除劳动合同。公司愿意除按法律规定的补偿外，还给予一定的额外补偿。张某表示同意，并按公司要求于次日开始交接工作，原从事的业务活动已经停止。公司将工资支付到2008年6月30日，6月10日后张某就没有从事业务工作。张某于2008年7月31日来公司办理解除劳动合同手续。公司给张某办理了正式解除劳动合同的手续，手续包括解除劳动合同的证明、鉴定表、调出函、保险转移单等。支付了法定的经济补偿金和额外的经济补偿。解除劳动合同证明的内容为："张某于2006年5月1日至2008年7月31日在我公司工作。现由公司提出与个人协商解除劳动合同，2008年7月31日办完工作交接手续，正式同我公司解除劳动关系。"

半个月后，张某将某药业公司诉至劳动仲裁机构，要求支付2008年7月的工资和社会保险。公司辩称7月张某根本没有工作，只是在办理交接手续，双方的劳动关系已经解除，故不同意给付张某在此期间的工资及缴纳此期间的社会保险费。仲裁委裁决：对张某的诉讼请求不予支持。

张某不服又诉至法院，法院认为，尽管被告某药业公司于2008年6月10日口头通知与张某解除劳动关系，但该公司于7月31日才为张某正式办理解除劳动关系的手续，且其出具的上述一系列手续中均注明张某在该公司工作截止到7月31日，故被告某药业公司主张双方已于6月10日解除劳动关系并以此为据计算张某工作年限不妥。法院已认定双方于2008年7月31日前依然存续劳动关系，故被告某药业公司无疑应向张某支付2008年7月1日至31日的工资。鉴于张某于6月10日后已停止本职工作，故法院判令被告某药业公司按当地最低工资标准向其支付7月的工资，补办社会保险。

【法律链接】

《劳动合同法》

第五十条　用人单位应当在解除或者终止劳动合同时出具解除或者终止劳动合同的证明，并在十五日内为劳动者办理档案和社会保险关系转移手续。

劳动者应当按照双方约定，办理工作交接。用人单位依照本法有关规定应当向劳动者支付经济补偿的，在办结工作交接时支付。

【分析】

本案的焦点在于某药业公司与张某解除劳动关系后，应否支付2008年7月1日至31日的工资。

从本案的事实看，尽管某药业公司于2008年6月10日口头通知与张某解除劳动合同，工资一直发放到2008年6月底。但是，该公司于7月31日方为张某正式办理解除劳动关系的手续，且其出具的一系列手续中均注明张某在该公司工作截止到7月31日，因此，双方解除劳动关系的日期应当是2008年7

月 31 日，公司应当向张某支付 7 月的工资或基本生活费。

用人单位在办理解除劳动关系的手续，出具解除劳动合同的证明时应慎重对待，按实注明解除时间等内容。本案中，用人单位还应当与张某就双方协商达成的内容签订一份书面协议。

【案例四十八】 法定社会保险不能由用人单位与劳动者约定不缴

胡某于 2007 年 11 月 2 日到幸福物业管理有限公司工作，岗位为水电维修工。2007 年 12 月 27 日胡某书面向公司提出因其个人原因暂时不要公司为其缴纳社会保险，要求公司将缴纳社会保险费公司补贴的部分以现金形式发到自己工资里，公司同意了胡某的要求，遂按照其要求的进行操作。双方在 2008 年 1 月 1 日签订了劳动合同，期限为一年。2008 年 7 月 1 日，胡某口头要求公司为其办理社会保险，缴纳社会保险费。于是当月，公司从胡某工资中扣除了社会保险费的个人缴纳部分，并停发了公司补贴部分，但是公司并没有为胡某办理该月的社会保险缴纳手续。胡某遂于 2008 年 8 月 5 日以公司未为其缴纳法定社会保险费为由向公司提出解除劳动合同。2008 年 8 月 15 日，胡某向劳动争议仲裁委员会提起劳动仲裁，要求公司为其补缴自 2007 年 11 月至 2008 年 7 月的社会保险费，并要求公司支付 1 个月工资的解除劳动合同经济补偿金。公司认为胡某是自己提出离开公司的，所以无须支付胡某经济补偿金，并且之前不需要公司为其缴纳社会保险费也是胡某自己要求的，公司已经按胡某要求，将单位补贴部分计发入胡某的工资中，公司不会为胡某补缴 2008 年 7 月之前的社会保险，但是同意为胡某补缴 2008 年 7 月的社会保险费。

【法律链接】

《劳动合同法》

第三十八条　用人单位有下列情形之一的，劳动者可以解除劳动合同：

……

（三）未依法为劳动者缴纳社会保险费的；

……

《劳动法》

第七十二条　用人单位和劳动者必须依法参加社会保险，缴纳社会保险费。

【分析】

参加社会保险，缴纳社会保险费既是用人单位的义务，也是劳动者的义务。《劳动法》第七十二条明确规定："用人单位和劳动者必须依法参加社会保险，缴纳社会保险费。"这说明，对于劳动者和用人单位都必须履行缴纳社会保险费的义务，无权放弃。因此，即使劳动者不想参加社会保险也是不行的，用人单位应该为职工缴纳养老、医疗和失业保险等政府规定的社会保险费。本案中，胡某与公司在2007年12月27日的约定因为违反了劳动法的规定，该约定无法律效力，用人单位还是应该为劳动者缴纳。公司应当自与胡某建立劳动关系，即2007年11月起为其缴纳社会保险费。即使公司已经以现金形式支付了胡某社会保险费，也不能免除公司缴纳社会保险费的义务。由于从胡某进入公司起，公司一直未为其参加法定社会保险，缴纳社会保险费，胡某有权要求公司为其补缴自进入公司起至解除劳动关系止的社会保险费，但是胡某应该返还公司此前计入工资中的社会保险公司补贴部分。应注意的是，无论胡某是否返还了补贴部分，公司为胡某缴纳社会保险费的义务都不能免除。由于公司未为胡某缴纳社会保险，胡某以此为由提出解除劳动合同，公司应该支付胡某解除劳动合同经济补偿金。根据《劳动合同法》第四十七条规定："经济补偿按劳动者在本单位工作的年限，每满一年支付一个月工资的标准向劳动者支付。六个月以上不满一年的，按一年计算……" 本案中胡某在公司工作为九个月，公司应支付胡某一个月工资的经济补偿金。

【案例四十九】 经营困难企业解除员工劳动合同应依法进行

某中外合资电子科技有限公司经营管理不善，2007年底出现亏损，生产面临一定困难。2008年1月15日，该公司总经理以企业生产经营发生严重困难为由做出决定，并在公司职工大会上当众突然宣布，将钟某等26名员工作为冗员予以辞退。钟某等不服诉至劳动仲裁机构。

【法律链接】

《劳动合同法》

第四十一条 有下列情形之一，需要裁减人员二十人以上或者裁减不足二十人但占企业职工总数百分之十以上的，用人单位提前三十日向工会或者全体职工说明情况，听取工会或者职工的意见后，裁减人员方案经向劳动行政部门报告，可以裁减人员：

……

（二）生产经营发生严重困难的；

……

【分析】

该公司辞退钟某等26名员工的决定是违法的。生产经营状况发生严重困难，确需裁减人员的，应当提前三十日向工会或者全体职工说明情况，听取工会或者职工的意见，经向劳动行政部门报告后，才可以裁减人员。该公司总经理事前未提前三十天征求工会或职工意见，未制定裁减人员方案，未向当地劳动行政部门报告，也未经公司董事会讨论，便擅自做出辞退钟某等26名员工的决定是无效的。

中外合资企业行使自主权，也必须在国家法律规定的范围内行使，不能超越法律法规赋予的权限。企业确因经营困难需裁减人员，必须按法定程序办理。

【案例五十】 职工有意损坏设备工具被企业辞退

吴某系某公司组装车间员工，2007年下半年因其工作中消极怠工，完不成生产任务，年终未能领到奖金。吴某对此不满，上班时故意摔坏工具，受到车间领导的批评。2008年3月18日，吴某又将组装好的产品摔碎，受到行政警告处分。2008年3月20日，吴某借工间休息其他人员在室外活动之机，又损坏器材两件。2008年3月25日，该公司经征求工会意见后，按照公司规章制度，正式发出通知书与吴某解除劳动合同。吴某不服，向当地劳动争议仲裁委员会提出申诉，仲裁委员会受理此案后，经调查吴某损坏车间器材设备属实，处理符合公司规章制度规定，裁决维持该公司解除吴某劳动合同的决定。

【法律链接】

《劳动合同法》

第三十九条　劳动者有下列情形之一的，用人单位可以解除劳动合同：

……

（二）严重违反用人单位的规章制度的；

（三）严重失职，营私舞弊，给用人单位造成重大损害的；

……

【分析】

从整个案情的过程看，某公司对吴某以违纪为由解除劳动合同，事实清楚，适用法规正确。解除违纪员工的劳动合同，用人单位应注意把握两个条件：一是有充分的事实依据；二是经民主程序制定的内部规章制度中有明确规定。本案中，该公司对吴某的处理符合这两个条件。

首先，吴某的违纪事实清楚可靠。吴某因被扣发年终奖金产生不满，以损坏工具来发泄不满。当其错误被领导批评，并受到行政处分后，仍不吸取教训，反而继续损坏器材设备，违纪事实和性质是严重的。

其次，某公司解除吴某劳动合同符合法定要求。对于严重违反用人单位的规章制度的员工，用人单位可以解除劳动合同。只要公司经民主程序制定的内部规章制度中有明确规定，能够说明该员工行为属于严重违反用人单位的规章制度的行为，公司可以解除劳动合同。应注意的是：用人单位应加强内部规章制度建设，细化劳动纪律的规定，过于粗线条的劳动纪律管理办法，会给用人单位以违反用人单位的规章制度为由解除员工劳动合同增加不必要的麻烦。

【案例五十一】 用人单位用“民工”也应当规范操作

2007年7月，姜某离开农村老家进城务工。经亲戚介绍，姜某应聘至某物业公司。根据物业公司的安排，姜某被派到某大厦从事保洁员工作，工资每月800元。公司不为其缴纳社会保险费，而是另发50元的补贴，由姜某在保险公司自行办理商业保险。2008年1月公司与姜某签订了一年期的劳动合同。2008年3月姜某在打扫卫生间时因地滑而摔倒，造成骨折，住院治疗。物业公司认为姜某是“农民工”，是“临时工”，且姜某是自己不小心摔倒的，当然不属于工伤，故除报销部分治疗骨折的医药费外不应再享受其他福利待遇。由于姜某出院后劳动能力部分丧失，物业公司就以姜某不能再胜任公司工作为由，于2008年7月对姜某做出辞退决定，解除了与姜某的劳动合同。姜某不服物业公司的辞退决定，向当地的劳动争议仲裁委员会申诉，请求撤销物业公司的辞退决定，由公司安排其适当工作，报销2008年3月至6月住院治疗期间的全部医药费，并补发此期间的生活费。

劳动争议仲裁委员会经过立案、审理、做出裁决：①撤销了物业公司对姜某做出的辞退决定，恢复双方的劳动关系；②物业公司报销2008年3月至6月姜某住院治疗期间的医药费，并补发此期间姜某的工伤津贴。

【法律链接】

《劳动合同法》

第四十条　有下列情形之一的，用人单位提前三十日以书面形式通知劳动者本人或者额外支付劳动者一个月工资后，可以解除劳动合同：

（一）劳动者患病或者非因工负伤，在规定的医疗期满后不能从事原工作，也不能从事由用人单位另行安排的工作的；

（二）劳动者不能胜任工作，经过培训或者调整工作岗位，仍不能胜任工作的；

……

《劳动法》

第七十二条　社会保险基金按照保险类型确定资金来源，逐步实行社会统筹。用人单位和劳动者必须依法参加社会保险，缴纳社会保险费。

【分析】

劳动者有同等的就业权利，不因其身份的不同而不同。在现行的劳动法律框架下，劳动者的权利不因农民工、临时工、正式工，城市户口、农村户口，本地人、外地人而有法律上的不同。都拥有包括取得劳动报酬、休息休假、劳动保护、社会保障、福利、接受技能培训及提出劳动争议，参与企业民主管理等权利的全部劳动权利。

1. 物业公司与姜某约定不办理社会保险，只发补贴由姜某自行缴纳商业保险费的做法是不正确的。姜某是进城打工的农民工，只要其与用人单位建立了劳动关系，其权利义务就受法律的保护，就享有全部劳动权利。用人单位不能因其身份而剥夺。社会保险是属于强制性保险，用人单位、劳动者都有参保的义务。不能以商业保险来替代，也不能以发补助来替代。当然由于目前社会保险制度尚不完善，各地的发展水平也不一样，不同地区间的保险制度也缺乏衔接。这在实际上造成外来务工人员无法参加社会保险或无法参加全部种类的社会保险，也使外来务工人员参保积极性不高。但用人单位不能以此解脱办理保险的责任，也不能以合同约定方式排除这一责任。只要是当地已能开办的社会保险品种，用人单位就应积极办理。

2. 对员工是否是工伤不能自行认定。在工作时间和工作场所内，因工作原因造成员工意外伤害的，用人单位企业应当及时向劳动保障行政部门申报，提出工伤认定申请。由劳动保障行政部门认定是否属于工伤。认定为工伤的劳动者就应当根据伤残等级享受包括工伤医疗费报销、工伤医疗期间的工伤津贴等在内的工伤保险待遇。物业公司以姜某属“临时工”，摔倒受伤是自己在工作中不慎等理由，认为姜某不属于工伤，只能报销部分住院医疗费的行为不符合政策规定，应予以纠正。

3. 物业公司不能以不胜任工作为由解除姜某劳动合同。一是对姜某的受伤情况尚没有经过工伤认定和伤残等级鉴定。应先进行工伤认定。认定为工伤的，应按工伤的有关规定执行。二是即使姜某的受伤不属于工伤，也须在医疗期满后不能从事原工作，也不能从事由用人单位另行安排的工作的情形下，才能解除姜某劳动合同。三是物业公司将姜某因在工作时摔伤部分丧失劳动能力的状况视为不胜任工作是不适当的。即使是不胜任工作的，也须经过培训或者调整工作岗位后，仍不能胜任工作的，才能解除劳动合同。

另外，目前很多企业还习惯用“开除、除名、辞退”等的方式或措辞与劳动者结束劳动关系，是不适当的。这些措辞是原劳动法律制度下，国有、集体企业对违纪职工的一种处理方式。在现在全面实施劳动合同法律制度的情况下已不适用。《企业职工奖惩条例》已因《劳动法》、《劳动合同法》的出台，而于 2008 年 1 月 15 日由国务院第 516 号令予以废止。因此，与劳动者结束劳动关系最好直接使用解除或终止劳动合同的措辞与方式。

【案例五十二】 酒店欠员工工资需赔四样钱

张某在一家酒店做保洁工作。2007 年 11 月，他在与单位签订劳动合同时发现一则条款：“单位只给交工伤和医疗保险”，张某认为不合理，便拒绝签字。

2008 年 1 月 1 日，《劳动合同法》实施，酒店与员工们签订新合同。其中第五条为：“乙方劳动保险等劳动保障相关事宜由乙方原单位负责，甲方不再负责乙方的劳动保险或其他保障事项”。张某认为这是酒店在推卸责任，当场再一次拒绝在合同上签字。

此后，酒店不时出现未能按时发放工资的现象。5 月 11 日，在拿到自己 3 月的工资后，张某提出了辞职，并索要自己从 4 月 1 日至 5 月 11 日 40 天的工资共计1600余元，但遭到酒店拒绝。张某诉至劳动争议仲裁委员会。

劳动争议仲裁委员会经审理查明，用人单位拖欠员工工资的事实成立。根据《违反和解除劳动合同的经济补偿办法》第三条规定，用人单位不但应支付所拖欠的工资，还要支付相当于工资25%的经济补偿金。同时，根据《工资支付暂行规定》第十三条规定，用人单位还要按300%支付所拖欠的节假日加班工资。最后，根据《劳动合同法》第八十二条规定，用人单位自用工之日起超过一个月未与劳动者签合同，应向劳动者每月支付双倍工资。据此，张某获得了5300多元补偿。

【法律链接】

《劳动合同法》

第三十八条　用人单位有下列情形之一的，劳动者可以解除劳动合同：

……

（二）未及时足额支付劳动报酬的；

……

【分析】

酒店未能及时足额支付劳动报酬，是一种违约行为，张某有权解除劳动合同并要求支付劳动报酬。本案中，用人单位共有四项赔付：原工资、双倍工资、加班工资（按300%支付）、经济补偿金（工资的25%）。

张某4月1日至5月11日40天的工资，因这期间张某付出了劳动，酒店理应支付这期间的劳动报酬。

根据《违反和解除劳动合同的经济补偿办法》规定，用人单位无故拖欠劳动者工资的，还需加发相当于工资报酬百分之二十五的经济补偿金。酒店应支付欠付张某劳动报酬金额的百分之二十五作为补偿。如果劳动者是向劳动行政部门请求处理的，根据《劳动合同法》劳动行政部门可责令酒店限期支付劳动报酬，逾期不支付的，责令酒店按应付金额百分之五十以上百分之一百以下的标准向张某加付赔偿金。

用人单位依法安排劳动者在法定休假节日工作的，按照不低于劳动合同规定的劳动者本人日或小时工资标准的300%支付劳动者工资。酒店应补足张某法定休假节日工作时的劳动报酬。

由于酒店与张某未签劳动合同，根据《劳动合同法》超过一个月未与劳动者签合同，用人单位自用工之日起应向劳动者每月支付双倍工资。酒店与张某于2007年11月建立劳动关系，《劳动合同法》于2008年1月1日实施，张某的双倍工资应从2008年2月1日起开始计算。

此案给企业的教训是：第一，应及时与劳动者签订劳动合同。企业不应在合同中约定“单位只给交工伤和医疗保险”、“乙方劳动保险等劳动保障相关事宜由乙方原单位负责，甲方不再负责乙方的劳动保险或其他保障事项”等类似排除自身法定义务的条款。这样约定，一是可能因违反法律的规定而无效；二是由于对劳动者不公平，劳动者拒签而给用人单位带来被动。未签劳动合同的，用人单位自用工之日起应向劳动者每月支付双倍工资。第二，应及时足额支付劳动报酬。用人单位应按劳动合同中的约定或单位规章制度的规定，及时足额支付劳动报酬。包括工资及加班工资等。未及时足额支付的，劳动者有权要求加发相当于工资报酬百分之二十五的经济补偿金。劳动者以此为由解除劳动合同的，用人单位还应当向劳动者支付按在本单位工作的年限，每满一年支付一个月工资的标准向劳动者支付经济补偿。本案例中未提及计算此项。

【案例五十三】 不支付经济补偿，“竞业禁止”条款无效

王某，中专电脑专业毕业，于2006年10月9日，与江苏省徐州市某区某电脑公司签订劳动合同，被聘为技术员，聘期两年。双方当事人在劳动合同中约定了竞业禁止：合同解除或终止后，王某三年内不得在本地区从事与该公司相同性质的工作，如违约，王某须一次性赔偿电脑公司经济损失10万元。因电脑公司拖欠王某2007年9月、10月两个月的工资，2007年11月15日，王某向区劳动争议仲裁委员会申请仲裁，要求解除劳动合同；补发两个月工资1500元，给付经济补偿3200元；确认劳动合同中的竞业禁止约定条款无效。区劳动争议仲裁委员会仲裁：电脑公司应支付拖欠王某的工资1500元，经济补偿金375元及解除劳动合同补偿金800元；驳回王某确认竞业禁止条款无效的请求。2007年12月，王某向法院起诉，请求法院判决某电脑公司支付拖欠工资，补偿经济损失，确认竞业禁止条款无效。被告电脑公司辩称：竞业禁止约定系原告自愿签字，应属于有效条款，同时保留对王某擅自解除合同应赔偿损失10万元的追偿权。

法院审理认为，根据劳动法与《劳动合同法》的相关规定，解除劳动合同，用人单位应支付拖欠的工资、延期支付工资的经济补偿金、解除劳动合同经济补偿金，与劳动者约定竞业禁止条款的，应同时约定竞业禁止经济补偿条款并实际支付竞业禁止经济补偿金，否则，竞业禁止条款对劳动者不具有法律约束力。2008年2月5日，法院做出判决：某电脑公司一次性给付王某工资1500元、经济补偿金375元、解除劳动合同补偿金800元，电脑公司与王某签订的竞业禁止约定因没有约定经济补偿条款，对王某不具有法律约束力。判决后，某电脑公司与王某在法定期限内皆未提起上诉。

【法律链接】

《劳动合同法》

第二十三条　用人单位与劳动者可以在劳动合同中约定保守用人单位的商业秘密和与知识产权相关的保密事项。

对负有保密义务的劳动者，用人单位可以在劳动合同或者保密协议中与劳

动者约定竞业限制条款，并约定在解除或者终止劳动合同后，在竞业限制期限内按月给予劳动者经济补偿。劳动者违反竞业限制约定的，应当按照约定向用人单位支付违约金。

第二十四条　竞业限制的人员限于用人单位的高级管理人员、高级技术人员和其他负有保密义务的人员。竞业限制的范围、地域、期限由用人单位与劳动者约定，竞业限制的约定不得违反法律、法规的规定。

在解除或者终止劳动合同后，前款规定的人员到与本单位生产或者经营同类产品、从事同类业务的有竞争关系的其他用人单位，或者自己开业生产或者经营同类产品、从事同类业务的竞业限制期限，不得超过两年。

……

第九十条　劳动者违反本法规定解除劳动合同，或者违反劳动合同中约定的保密义务或者竞业限制，给用人单位造成损失的，应当承担赔偿责任。

【分析】

为了保护用人单位的商业秘密及专有技术，防止恶意竞争，我国《劳动合同法》规定，对负有保密义务的劳动者在从业期间和在解除或终止劳动关系后必须遵守劳动合同约定的竞业禁止条款，保守原用人单位的商业秘密以及与知识产权相关的其他保密事项，否则，劳动者将承担违约责任，给用人单位造成损失的，还要承担赔偿责任。

1. 用人单位有权与劳动者签订竞业禁止条款。竞业禁止是指负有特定义务的劳动者在任职期间或者离任后的一定期间内，不得自营或者为他人经营与所任职的企业同类性质的行业，不得泄露用人单位的商业秘密和与知识产权相关的保密事项。劳动者违反竞业限制约定的，应当按照约定向用人单位支付违约金。

2. 竞业禁止条款应当遵守公平原则。竞业禁止这种对劳动权能的限制，必将导致劳动者竞业禁止期间收入的降低，往往会造成劳动者生活质量的下降。为了保障劳动者竞业禁止期间的生活质量，法律对竞业禁止行为进行了必要的合理的限制。根据《劳动合同法》的规定，用人单位在与劳动者约定竞业禁止条款时，竞业限制的人员限于用人单位的高级管理人员、高级技术人员和其他负有保密义务的人员；竞业禁止的范围、地域、期限的约定，不得违反法律、法规的规定；应当约定在竞业限制期限内按月给予劳动者经济补偿；在解除或者终止劳动合同后，竞业禁止人员到与本单位生产或者经营同类产品、从事同类业务的有竞争关系的其他用人单位，或者自己开业生产或者经营同类产品、从事同类业务的竞业限制期限，不得超过两年。因此，竞业禁止对用人单位来说，其应当按月支付劳动者在竞业禁止期间的经济补偿金。否则，用人单位与劳动者不约定竞业禁止经济补偿金或不实际支付该经济补偿金的，竞业禁止约定条款对劳动者无效。

第四部分　人力资源管理制度与劳动合同实例

▲简约型管理制度实例（小企业适用）

一、员工管理基本规定

为调动员工的积极性，使员工管理工作规范化、制度化，运用好激励机制，为员工提供发展的空间，加强员工的归属感，特制定本制度。

▲员工的录用

（一）由用人部门负责人提出用人计划，报到公司办公室人力资源管理人员处。须说明用人理由，并明确岗位。属于新增岗位的，还应进行岗位描述，确定岗位职责。

（二）先由公司办公室组织进行内部协调解决。当内部无法解决时，经总经理批准后进行招聘。招聘工作由公司办公室组织。其中，招聘中级以上专业人员、中层以上管理人员的，还应经董事长批准。

（三）招聘的方式。

1. 公开招聘。通过发布报纸或电视广告，登录招聘网站等公布招聘岗位、条件等进行招聘，或通过劳动力及人才市场现场进行招聘。

2. 推荐人推荐。对零星招聘也可采取熟人推荐的方式进行。

3. 其他方式。

（四）录用基本条件。

1. 思想品德：遵守国家法律法规，企业规章制度，履行公民义务、遵守社会主义道德规范。

2. 劳动态度：热爱劳动，遵守劳动纪律，工作积极主动，不斤斤计较。

3. 实际工作能力：具有相应岗位所要求的工作经验和技能。从事电工、水暖工等岗位须持有相应岗位的专业技能证书。

4. 身体状况：身体健康、能适应其岗位的工作需要。

实际招聘时，应针对不同岗位制定具体的招聘条件，并于招聘时公布。应聘人员除须符合上述基本条件外，还应符合应聘时企业所告知的具体要求。

（五）录用的程序。

应聘人员须经办公室对应聘人员提供的资料进行初步审查，视情况决定是否组织考试或面试，最后由总经理决定录用。

决定录用后按以下程序办理：

1. 录用谈话。由主管生产副经理介绍工作的具体内容及要求，简单介绍公司情况等。

2. 办理相关手续。

（1）新员工填写《员工录用登记表》，经总经理签批，交办公室归档。

（2）提交以下材料：

A. 身份证原件及复印件。

B. 毕业证书原件及复印件。

C. 技术职务任职资格证书或技能证书原件及复印件。

D. 一寸免冠照片一张。

E. 近期体检报告。

（3）由办公室建立员工档案。

（4）将员工基本情况录入职工名册。

（5）新员工领取员工手册（或公司管理制度汇编）。

（6）签订劳动合同。

3. 试用。

公司可以与新员工约定试用期。劳动合同期限三个月以上不满一年的，试用期不得超过一个月；劳动合同期限一年以上不满三年的，试用期不得超过两个月；三年以上固定期限和无固定期限的劳动合同，试用期不得超过六个月。

试用期的工资不得低于本单位相同岗位最低档工资的 80% 或者不得低于劳动合同约定工资的 80%，并不得低于用人单位所在地的最低工资标准。

4. 转正。

新员工试用期满后，由本人填写《员工转正申请表》。根据公司规定进行定薪、定职。不符合录用条件的新员工，公司向其说明情况后，在试用期满前，解除劳动合同。

▲劳动合同管理

（一）公司与员工双方必须以书面的形式依法签订劳动合同。员工不与公司签订劳动合同的，公司应在用工后一个月内，书面通知员工限期签订劳动合同，否则公司终止与员工的劳动关系。

（二）凡符合签订劳动合同范围的员工均须与公司签订劳动合同。

劳务用工须与符合设立条件的劳务公司签订劳务派遣合同。聘用已退休的劳动者可与其签订聘用合同。

（三）劳动合同的必备条款。

（1）公司名称、住所和法定代表人或者主要负责人；

（2）劳动者的姓名、住址和居民身份证或者其他有效身份证件号码；

（3）劳动合同期限；

（4）工作内容和工作地点；

（5）工作时间和休息休假；

（6）劳动报酬；

（7）社会保险；

（8）劳动保护、劳动条件和职业危害防护；

（9）法律、法规规定应当纳入劳动合同的其他事项。

除前款规定的必备条款外，公司与劳动者可以在合同中约定试用期、培训、保守秘密、补充保险和福利待遇等其他事项。

（四）劳动合同期限分为：固定期限劳动合同、无固定期限劳动合同和以完成一定工作任务为期限的劳动合同。

（五）员工首次签订劳动合同的期限为一年，其中试用期一个月。

（六）员工第二次签订劳动合同，期限为二至五年。

（七）有下列情形之一，劳动者提出或者同意续订、订立劳动合同的，除劳动者提出订立固定期限劳动合同外，公司与劳动者订立无固定期限劳动合同：

（1）劳动者在本公司连续工作满十年的；

（2）连续订立二次固定期限劳动合同，且劳动者没有《劳动合同法》第三十九条和第四十条第一项、第二项规定的情形，续订劳动合同的；

（3）公司与劳动者协商一致，可以订立无固定期限劳动合同。

（八）员工的工作岗位、工作内容根据实际工作岗位确定，公司可经员工同意后，根据实际工作需要调整员工的工作岗位、工作内容。

（九）公司按照国家的法律法规和公司规定，为员工提供劳动条件和劳动保护，支付劳动报酬和社会保险，安排工作时间及休息休假。

（十）公司建立员工守则、违纪违规处罚等劳动纪律管理制度，规范员工行为，员工应遵守公司的规定。

（十一）公司与员工签订劳动合同后，必要时还可签订补充协议为合同的必要的附件。如外派培训、岗位职责、借调工作、医疗期、劳动合同变更等协议书等。

（十二）劳动合同的解除。

依照《劳动合同法》规定的条件、程序，有下列情形之一的，公司可以与劳动者解除固定期限劳动合同、无固定期限劳动合同或者以完成一定工作任务为期限的劳动合同：

（1）用人单位与劳动者协商一致的；

（2）劳动者在试用期间被证明不符合录用条件的；

（3）劳动者严重违反用人单位的规章制度的；

（4）劳动者严重失职，营私舞弊，给用人单位造成重大损害的；

（5）劳动者同时与其他用人单位建立劳动关系，对完成本单位的工作任务造成严重影响，或者经用人单位提出，拒不改正的；

（6）劳动者以欺诈、胁迫的手段或者乘人之危，使用人单位在违背真实意思的情况下订立或者变更劳动合同的；

（7）劳动者被依法追究刑事责任的；

（8）劳动者患病或者非因工负伤，在规定的医疗期满后不能从事原工作，也不能从事由用人单位另行安排的工作的；

（9）劳动者不能胜任工作，经过培训或者调整工作岗位，仍不能胜任工作的；

（10）劳动合同订立时所依据的客观情况发生重大变化，致使劳动合同无法履行，经用人单位与劳动者协商，未能就变更劳动合同内容达成协议的；

（11）用人单位依照企业破产法规定进行重整的；

（12）用人单位生产经营发生严重困难的；

（13）企业转产、重大技术革新或者经营方式调整，经变更劳动合同后，仍需裁减人员的；

（14）其他因劳动合同订立时所依据的客观经济情况发生重大变化，致使劳动合同无法履行的。

（十三）劳动合同的终止。

有下列情形之一的，劳动合同终止：

（1）劳动合同期满的；

（2）劳动者开始依法享受基本养老保险待遇的；

（3）劳动者达到法定退休年龄的；

（4）劳动者死亡，或者被人民法院宣告死亡或者宣告失踪的；

（5）用人单位被依法宣告破产的；

（6）用人单位被吊销营业执照、责令关闭、撤销或者用人单位决定提前解散的；

（7）法律、行政法规规定的其他情形。

▲员工的培训

（一）入职培训。

公司办公室要负责新员工的基本业务培训及公司管理规定的学习工作。时间不少于两天。

（二）日常培训。

培训方式可采用文字资料、录像、外请教员、内部管理人员讲授、聘请员工小教员等多种方式。内容为传递公司文化和企业价值观、提高团队整休素质水平等内容以及员工岗位工作技能、工作标准、企业管理规定等内容。

▲薪酬制度

（一）公司建立以岗位工资为核心，兼顾员工本人的学历、工作经验、工作能力等综合因素，确定其工资等级。

（二）根据公司经营情况，员工工资每年年初根据上年的考核情况进行工资的调整。

（三）工资构成：

是指基本工资、补贴、月奖金、半年奖、加班费、其他收入等。

（四）支付方式：

员工工资以现金方式直接在公司规定的发薪日支付给员工本人或存入员工的银行账户。

根据国家以及公司有关规定，以下费用从每月工资中扣除：

1. 个人所得税。
2. 社会保险费（养老、失业、大病、住房公积金）中个人负担的部分。
3. 个人负担的工会会费。
4. 应由个人负担但公司已预支的费用。
5. 其他个人应负担部分。

▲考勤管理

（一）正常工作时间为上午 8 时 30 分至 12 时，下午 1 时 30 分至 5 时。

（二）员工实行上下班打卡登记制度，公司据此核发全勤奖金及填报员工考核表。

（三）上班时间开始后 30 分钟内到班者，为迟到。超过 30 分钟的，按旷工半日计算。提前 30 分钟以内下班者为早退。超过 30 分钟按旷工半日计算。

（四）上班时间外出办私事者，一经发现，即扣除当月全勤奖，并给予警告一次的处分。

（五）一个月内迟到、早退累计达三次者扣发全勤奖 50%，达五次者扣发 100% 全勤奖。

（六）员工无故旷工一日者，除扣发当日工资外，扣发当月全勤奖。每月累计旷工三天及以上的，还需每日扣除当月标准工资的 1%。

（七）当月全勤者，获得全勤奖金 200 元。

▲休息休假、加班

（一）星期六、星期日为公休日，因工作不能按公休日休息的，公司安排轮休。

（二）员工法定假日如下：

（1）新年，放假 1 天（1 月 1 日）；

（2）春节，放假3天（农历除夕、正月初一、初二）；

（3）清明节，放假1天（农历清明当日）；

（4）劳动节，放假1天（5月1日）；

（5）端午节，放假1天（农历端午当日）；

（6）中秋节，放假1天（农历中秋当日）；

（7）国庆节，放假3天（10月1日、2日、3日）；

（8）妇女节（3月8日），女员工放假半天；

（9）青年节（5月4日），14周岁的青年放假半天。

具体放假时间以国务院公布的时间为准。

（三）事假：

（1）如因事必须亲自处理，应在前一日下午5时前申请，经主管查实认可，并核准后，方为有效，一次不得超过5天。

（2）全年累计事假不得超过14天，超过时为旷工。

（3）凡请事假当月累计4小时以内，计扣半天工资，超过4小时至8小时以内按一天计扣。

（四）病假：

（1）因病请假一天者，免于提供医师证明，但当月请病假一天以上或累计逾两天者必须出具当日就医的劳保或公立医院证明。无证明的按事假的规定办理。

（2）当月请病假一天者，当日薪金照发。病假一天以上的，本单位工龄5年以下的，发当日工资的80%，本单位工龄5年以上的，发当日工资的90%。

（3）员工病假的医疗期按《企业职工患病或非因工负伤医疗期规定》执行。

（五）带薪年休假：

员工连续工作一年以上的，按国家规定享受带薪年休假。

（六）加班：

（1）因工作需要加班的，必须前一日下午5点钟前填写加班申请书，经由主管核签后，送交人事部审核登记。

（2）加班者应准时到岗，如有延后的，超过3~30分钟以内，计扣半小时加班工资，超过30分钟至一小时以内者，计扣一小时加班工资。

▲劳动纪律

（一）办公室负责全公司的劳动纪律管理，负责组织对公司劳动纪律的监督考核工作。负责对检查或抽查当中发现的问题做出处理决定。

（二）员工应遵守公司的各项规章制度。

（三）员工应遵守公司规定的作息时间，按时上下班，轮班人员必须提前10分钟交接班，不得迟到、早退。

（四）工作时间内必须做到：

1. 按公司要求着装。不能穿背心、拖鞋，不能穿短裤、穿裙子、高跟鞋，不得拖长辫子、留长发。

2. 佩戴胸牌。应统一佩戴在外衣左胸或胸前位置。岗位证不得外借，也不得借他人胸牌使用。

3. 认真工作，遵守纪律，不干与本职工作无关的事。如：看小说、玩电脑游戏、打牌、下棋（含围观者）、睡觉、干私活等。员工上班期间不允许离岗或串岗。

4. 员工不得酗酒上班或上班期间喝酒。

5. 服从领导指挥，不无理取闹、骂人、消极怠工。

（五）人事部应加强对劳动纪律执行情况的检查考核，对违反者进行一定的经济处罚。

1. 不按公司要求着装的发现一次扣款 10 元。

2. 酗酒上班或上班期间喝酒的发现一次扣款 100 元。

3. 不服从工作指挥无理取闹，造成经济损失的发现一次扣款 100 元。

4. 值班时睡觉的发现一次扣款 50 元。

……

（六）以下行为属于严重违反规章制度行为，公司有权解除劳动合同：

1. 连续五天以上（含五天，下同）无故迟到，连续三天以上无故旷工，或一个月内累计迟到十天以上，累计旷工五天以上。

2. 不服从正常的工作安排，经领导警告仍不服从的。

3. 工作期间脱岗，连续三次以上的或一个月内累计三次以上的。

4. 上班期间喝酒连续三次以上的或一个月内累计三次以上的。

5. 严重违犯劳动纪律，影响工作秩序的，经警告拒不改正的。

6. 无理取闹，打架斗殴，严重影响社会秩序和公司形象的。

7. 工作期间干私活的。

……

犯有其他严重错误的。

（七）以下行为属于给公司造成重大损害的严重失职、营私舞弊的行为，公司有权解除劳动合同：

1. 泄露公司商业秘密，给公司造成重大经济损失或重大声誉损害。

2. 为个人利益出卖公司利益的，如向客户收取回扣，索要好处的。

3. 违反操作规程，损坏设备、工具，浪费原材料、能源，造成经济损失的。

4. 贪污、盗窃、赌博、营私舞弊，尚不够刑事处分的。

……

▲离职

1. 离职员工填写《员工离职申请表》，经总经理签批。由所在部门经理负责该员工的工作交接。

2.《员工离职申请表》由办公室保管。

3. 办理工资、补偿金清算事宜。

4. 出具解除或者终止劳动合同的证明。

▲其他事项

本规定于　年　月　日交全体员工讨论，经协商讨论修改完善后，由　年　月　日公司办公会议通过，并于当日公布实施。

××××××公司

年　月　日

二、岗位职责

……（略）

▲一般型管理制度实例

一、招聘管理制度

▲总则

（一）为及时满足公司发展需要，建立健全良好的人才选用机制，准确地补充公司所需人才，制定本制度。

（二）我们依靠企业的宗旨、文化、成就与机会，以及政策和待遇，吸引和招揽优秀人才。

（三）在招聘和录用中，注重人的素质、潜能、品格、学历和经验。聘用、使用、培养员工本着“公开、公平、公正、择优”及“双向选择”的原则。

（四）公司招用员工实行男女平等、民族平等原则，特殊工种或岗位对性别、民族有特别规定的从其规定。

▲招聘计划

（一）公司人力资源规划、人员编制和人事调整规范是确定岗位招聘的基本依据，各部门用人应严格控制在编制范围内。

（二）公司招用员工实行全面考核、择优录用、任人唯贤、先内部选用后对外招聘的原则，不招用不符合录用条件的员工。

（三）用人部门应根据需要提前一个月向人力资源部提交《人员需求计划表》，详细说明招聘岗位的工作内容、应聘条件及人数，由人力资源部审核其是否超出人员编制并拟定具体招聘计划。

（四）招聘计划的内容：

1. 招聘条件：确定受聘者的各项条件，如年龄、性别、学历、工作技能及其他方面的要求等。

员工应聘公司职位时，一般应当年满 18 周岁（必须年满 16 周岁），身体健康，现实表现良好。必须是与其他用人单位合法解除或终止了劳动关系，必须如实正确填写入职《登记表》，不得填写任何虚假内容。

2. 招聘人数：确定招聘人数时，应在充分考虑到现有员工潜力的情况下，合理确定，严禁出现超编人员。

（五）编制范围内的招聘：主管级（含）以下员工，统一由该部门负责人提出需求申请，经该负责人的直接上级批准后，由人力资源部拟订具体招聘计划并组织招聘；部门经理（含）级以上员工，由其直接上级提出申请，董事长批准后，人力资源部拟订具体招聘计划并组织招聘。

（六）编制范围外的招聘：所有员工的招聘申请均需董事长审批，重新修改编制后进行招聘。

▲内部招聘

（一）内部招聘是指在公司现有员工中进行招聘、筛选。内部招聘过程执行“内部招聘程序”。

（二）内部招聘由人力资源部负责组织、实施和协调。

1. 人力资源部负责内部招聘消息的发布和对应聘人员的初选，同时进行档案审查，并填写“公司内部招聘资格审查表”，其内容包括专业技能水平审查、工作经验审查、员工以往绩效考核成绩审查及奖惩记录审查等。

2. 在人力资源部组织下由用人申请部门负责人对初选人员进行专业考核。专业考核结束后，该部门应将考核试题、答案及应聘人员试卷、得分或其他考核记录，入选人员名单等移交人力资源部。

（三）经考核确定合格者，由人力资源部确定候选人，同时将其资格审查表、其所在部门负责人的意见及考核成绩汇总递交给拟聘岗位的直接上级批准。

（四）人力资源部在征得应聘人员所在部门负责人同意后，方可办理该员工的人事调动手续，进行岗位调动。若该部门负责人不同意又无其他合适人选时，由人力资源部上报总经理，由总经理最终确定。

（五）被录用人员上岗前须先进行首次述职和岗前培训。

▲外部招聘

（一）招聘信息的发布。根据招聘计划，根据所需人员层次的不同选择招聘方式和渠道，常见方式如下：

1. 通过职业代理机构发布，如人才交流中心、中介猎头公司、劳动力市场及招聘会等。

2. 通过在新闻媒体，如电台、电视台、网络、报刊杂志等发布招聘信息。

3. 通过公司员工或熟人推荐所认识的、符合要求的人选。

4. 直接到各高校招聘。

5. 其他可行方式。

（二）招聘简章的内容。

1. 招聘简章的内容应包括公司简介、招聘岗位、人数、招聘条件、报名截止日期、联系方式等。

2. 应包括须告知劳动者的有关工作内容、工作条件、工作地点、职业危害、安全生产状况、劳动报酬以及与订立和履行劳动合同直接相关的情况。

3. 招聘条件，如年龄、性别、学历、专业、工作经验、工作技能等。录用条件分为一般条件和具体岗位条件。一般条件是所有员工必须符合的共性要求，比如道德水准、基本素质等。具体岗位条件为与任职岗位相关资格。

（三）招聘流程。

1. 由应聘者填写《应聘人员登记表》，面试时应聘者需提供个人身份证、最高学历证明、各种技能证书的原始证件。

2. 人力资源部对所有应聘人员资料进行整理、分类及初步筛选，及时将初选人员简历、证书复印件及推荐资料等有关资料转交用人申请部门经理。各用人部门根据资料对应聘人员进行初步筛选，确定面试、笔试考核人选，根据其意见由人力资源部确定面试人员名单，并安排面试具体事宜。

3. 根据不同的应聘岗位常用的考核方法有面试、笔试等。

人力资源部应根据招聘岗位的具体要求，选择一种或几种测试方法。一般需包括基本素质、知识技能、管理能力、个性偏向等方面内容，采用心理测试法、行为模拟法、个案分析测试法及工作现场测试法等。各项内容的评估结果须量化。人力资源部负责建立公司岗位测试题库，以满足不同岗位的测试需求。

4. 主管级及以上应聘人员面试时由总经理、用人部门主管等人参与面试，对应聘者进行直接考核。主管级以下应聘人员由各部门主管、综合部及相关用人部门负责人共同面试。

5. 面试主考官负责“面试登记表”的记录，并规范做出面试结论性建议，即：

面试合格，建议录用或进行复试。

不符合要求，建议放弃或考虑其他岗位或暂将资料存档。

6. 根据需要可组织复试。人力资源部将入选的复试人员名单及相关资料送交用人部门，同时通知复试人员参加复试，并在指定时间将复试人员引送用人部门进行专业考核，技术人员还需进行技能测试。

7. 人力资源部和申请聘用部门依据候选人测评综合结果共同进行筛选，

并确定待聘人选。

8. 对于拟录用的应聘者，人力资源部应了解其应聘动机，离开原工作单位的原因。对财务人员还须调查其家庭背景。调查结束后将背景调查资料、综合测评结果及其他有关资料移交拟聘岗位直接上级，由直接上级确定最终待聘人员后，填写“提名建议书”报录用批准人批准。批准人批准后转人力资源部审核。

9. 对于决定录用人员，人力资源部根据用人部门确定的上岗时间，填写“录用通知单”，通知员工报到，报到时应携带以下资料：

（1）学历证、资格证、身份证（原件）；

（2）近期免冠1寸照片3张；

（3）其他应聘岗位应持有的证件。如：驾驶证、特种行业操作证。

10. 被录用人员应按规定时间准时到人力资源部报到，无特殊原因逾期不到者，取消上岗资格。

11. 新录用人员应到人力资源部办理报到手续。人力资源部负责办理：

（1）审核相关证件，复印后存档；

（2）新员工填写相关表单；

（3）建立个人档案卡；

（4）参观企业；

（5）安排企业培训；

（6）签订劳动合同。

12. 新员工企业培训考核合格后，人力资源部填写“上岗通知单”，并带领新员工到用人部门报到。用人部门负责对新员工进行岗前培训，并将岗前培训考核结果送达人力资源部备案。

（四）试用期。

1. 新聘人员除董事长或总经理特批后，可在劳动合同中约定无试用期外，一般都必须依合同期限的长短在劳动合同中约定试用期。试用期最长不超过六个月。

2. 试用人员由其直接上级按录用条件对其进行工作态度、业务水平、工作能力的考核，直接上级每周要对试用员工的工作进行考核或评价，填写“试用员工周考核表”，对连续三周考核确定为不符合录用条件者，退回人力资源部，办理调岗或解除劳动合同手续。

3. 根据新员工培训结果和试用期业绩表现，试用部门负责人可根据实际情况在试用期满前提出对该员工的提前转正申请，申请时需填写“试用员工提前转正审批表”，由人力资源部进行审核后，再由试用员工的隔级上级进行审批。

4. 试用员工的考核结果符合录用条件的方能转正。

5. 不符合录用条件的，试用部门须在员工试用期满十日前向人力资源部提出，未及时报告人力资源部的，人力资源部应及时向试用部门了解情况，以决定该员工是否转正或解除劳动合同。决定解除劳动合同的必须在试用期满前向员工提出并对其不符合录用条件的具体情况予以说明。

6. 人力资源部根据董事长或总经理批准意见办理相关手续。如批准提前结束试用期的应办理转正手续，发放“试用人员提前转正通知单”。试用期满的应发放“试用人员转正通知单”，不发放的不影响员工如期结束试用期。

▲附则

（一）本规定于　年　月　日至　年　月　日交全体员工讨论，提出修改意见，经平等协商讨论修改完善后，由　年　月　日公司董事会第　次会议决定通过。

（二）本制度由人力资源部负责解释，自　年　月　日公布并施行。

二、劳动合同管理办法

为规范劳动合同管理，明确员工与公司双方的权利义务，维护双方的合法权益，根据《中华人民共和国劳动法》和《中华人民共和国劳动合同法》及公司、分公司所在地的劳动合同规定以及国家、地方其他有关法律法规，制定本实施办法。

第一章　基本规定

第一条　劳动合同是全体员工与公司在平等、自愿、协商一致的基础上，为确立劳动关系，明确双方责任、权利和义务所签订的协议。

第二条　劳动合同依法订立，即具有法律约束力，双方必须履行劳动合同规定的义务。

公司与员工双方以书面的形式依法签订劳动合同。公司方由公司法定代表人签字并加盖公司的印章，员工方由本人签字。法定代表人授权总经理或其他人签字的，授权书为合同的附件。

第三条　经公司与员工双方同意，可请有关劳动部门予以劳动合同鉴证。

第二章　签订劳动合同的范围

第四条　符合《劳动合同法》规定的全体劳动者应与公司签订劳动合同。

第五条　员工应提供进本公司前未就业状况的证明（报到证、转业证、失业证、解除劳动合同证明等）。

第六条　新员工须在本公司用工之日起一个月内与公司签订劳动合同。员工拒不与公司签订书面劳动合同的，公司应在提前三日书面通知后终止劳动关系。

第三章　劳动合同内容

第七条　劳动合同应当具备以下条款：

（一）用人单位的名称、住所和法定代表人或者主要负责人；

（二）劳动者的姓名、住址和居民身份证或者其他有效身份证件号码；

（三）劳动合同期限；

（四）工作内容和工作地点；

（五）工作时间和休息休假；

（六）劳动报酬；

（七）社会保险；

（八）劳动保护、劳动条件和职业危害防护；

（九）法律、法规规定应当纳入劳动合同的其他事项。

劳动合同除前款规定的必备条款外，公司还可与员工就试用期、培训、保守秘密、补充保险和福利待遇等其他事项进行约定。

第四章　劳动合同的期限

第八条　公司与员工依据本公司岗位特点在平等、自愿、协商一致的基础上确定合同期限。

劳动合同期限分为：有固定期限、无固定期限和以完成一定的工作为期限三种。劳动合同期限由公司与员工协商约定，国家、省、市有规定的应从其规定。

公司的固定期限劳动合同，定为一年、两年、三年、五年四种。

第九条　约定试用期的，试用期包括在劳动合同期限内。劳动合同期限为一年的，试用期为一个月；劳动合同期限为两年的，试用期为两个月。劳动合同期限为三年、五年和无固定期限的，试用期为六个月。

第十条　员工首次签订劳动合同的期限为一年。

总经理、副总经理、总工程师、总监，首次签订劳动合同三年；部门负责人、国家承认的中级以上职称专业技术人员，首次签订劳动合同两年；主管级员工、办公室文秘，财务出纳、收银员等特殊岗位的员工，首次签订劳动合同两年；其他员工首次签订劳动合同一年。

劳动合同期满后，双方约定再续签的，按前款规定处理。部门负责人以上的员工、国家承认的中级以上职称专业技术人员任职满两年或两年以上的，续签合同时，可签订五年期劳动合同。

因完成特定工程项目为目的聘用的员工，以完成特定工程项目的时间为合同期限。

有特殊情况的双方另行商定。

第十一条　劳动合同期满双方约定续签的，以下人员如提出签订无固定期限劳动合同，公司可予签订：

（一）员工在本公司连续工作满 10 年以上；

（二）本公司连续工作满五年，表现优秀的骨干、高级管理人员；

（三）连续订立二次固定期限劳动合同，符合《劳动合同法》规定的情形，续订劳动合同的。

第五章　劳动合同的其他内容

第十二条　员工的工作岗位、工作内容根据实际工作岗位确定，公司可根据实际工作需要经与员工协商一致调整员工的工作岗位、工作内容并变更劳动合同。

第十三条　公司按照国家的法律法规和公司规定，为员工提供劳动保护和劳动条件，支付劳动报酬和社会保险，安排工作时间及休息休假。

第十四条　公司建立员工守则、违纪违规处罚等劳动纪律管理制度，规范员工行为，员工应遵守公司的规定。

第六章　劳动合同附件

第十五条　公司与员工签订劳动合同后，必要时还可签订一些协议为合同的必要的附件。如外派培训服务期、岗位职责、借调工作、医疗期、劳动合同变更协议书等。

第七章　劳动合同的签订、终止、续订、变更和解除

第十六条　公司在员工正式开始试用期的第一天，应由人力资源部安排与其签订劳动合同。劳动合同一式两份，员工与公司各执一份。

第十七条　有下列情形之一的，劳动合同终止：

（一）劳动合同期满的；

（二）以完成一定工作为期限的合同，完成了约定工作的；

（三）法律、法规规定的其他终止条件出现的；

（四）法律、法规规定的其他情形的。

终止劳动合同前三十天，公司应向员工发出《终止劳动合同意向通知书》，员工应在收到该通知书后按要求填写回执并交回人力资源部。

第十八条　公司欲与员工续签劳动合同，应在期限届满前三十天向员工发出《续订劳动合同意向通知书》，员工回执同意后，双方可以协商续订劳动合同。

第十九条　有下列情形之一的，可以变更劳动合同的内容：

（一）经劳动合同当事人协商同意的；

（二）劳动合同订立时所依据的法律、法规、规章已经修改的；

（三）劳动合同订立时所依据的客观情况发生变化的；

（四）《劳动合同法》规定的其他情形的。

公司欲变更劳动合同内容，应提前五天向员工发出《变更劳动合同通知书》，经双方协商一致后填写《劳动合同变更协议》。

第二十条　公司解除劳动合同，应填写《解除劳动合同通知书》。员工提出解除合同的应书面提出申请。

第二十一条　员工有以下情形之一的，公司可以随时解除劳动合同：

（一）在试用期内被证明不符合录用条件的；

（二）严重违反劳动纪律或规章制度的；

（三）严重失职、营私舞弊、给公司造成重大损失的（追究其经济责任后解除劳动合同）；

（四）被依法追究刑事责任的；

（五）法律、法规规定的其他情形的。

第二十二条　员工有下列情形之一的，公司可以解除劳动合同，但应提前三十日将《解除劳动合同通知书》送达员工，员工应签属回执：

（一）员工患病或非因工负伤、医疗期满后不能从事原工作，也不能从事公司另行安排的工作的；

（二）员工不能胜任工作，经过培训、调整后仍不能胜任工作的；

（三）合同内容与客观情况发生重大变化致使合同无法履行的，经双方协商不能达成一致意见的；

（四）法律、法规规定的其他情形的。

第二十三条　员工有下列情形之一，公司可不依据第二十二条解除劳动合同：

（一）有法律法规规定情形的；

（二）员工给公司造成经济损失尚未处理完毕的。

第二十四条　经双方协商一致，劳动合同可以解除。

第二十五条　有下列情形之一，员工可以随时通知公司解除劳动合同：

（一）在试用期内；

（二）企业以暴力、威胁、监禁或者非法限制人身自由的手段强迫劳动的；

（三）企业不能按劳动合同支付工资及提供劳动条件的；

（四）有关法律法规规定的其他情形。

第二十六条　终止、解除劳动合同，公司按有关规定给员工出具《终止（解除）劳动合同证明书》。员工单方强行解除劳动合同的，在员工办理完交接后出具。

第八章　违反和解除劳动合同的补偿、赔偿

第二十七条　公司按照国家有关违反和解除劳动合同的经济补偿和赔偿的规定办理有关事宜。

第二十八条　一方违反法律、法规、劳动合同约定解除劳动合同的，应向对方交纳违约金或赔偿金。

第二十九条　由公司出资外派培训、学习的，可在专项协议书中约定服务期。服务期未满解除劳动关系的，应根据专项协议的约定予以单独赔偿。

第三十条　服务期赔偿金支付计算方法如下：[实际支付的学习、培训以及相关费用之和]×[未履约月数/服务期总月数]。

第九章　离　　职

第三十一条　因员工方原因离职的，离职员工应填写《员工离职申请表》，经部门经理、总经理签批。员工按规定提前三十日提出的，《员工离职申请表》由人力资源部签收。由所在部门经理负责该员工的工作交接。填写工作交接单，一式三份，交接双方各一份，另一份及《员工离职申请表》由人力资源部保管。

第三十二条　离职员工到人力资源部签订《解除或终止劳动合同协议》，办理工资、补偿金清算事宜。

第三十三条　出具解除或者终止劳动合同的证明。

第十章　附　　则

第三十四条　因履行合同发生争议，双方当事人可以协商，也可依法申请调解、仲裁或提起诉讼。

第三十五条　员工根据公司安排在公司总部、分公司、子公司间变动工作岗位的，应变更原劳动合同或解除后与新公司签劳动合同，合同期限为前一合同的余下期限，公司工龄可连续计算。

第三十六条　本规定与公司、分公司（子公司）所在地的法律法规的有关规定不一致的，以当地的规定为准。

第三十七条　本规定于　年　月　日至　年　月　日交全体员工讨论，提出修改意见，经平等协商讨论修改完善后，由　年　月　日公司董事会第　次会议决定通过。

三、员工守则

为规范员工的行为，加强规范管理，实现高效、协调、规范的管理，建立和谐、向上的企业文化，公司制定《员工守则》。

第一条　员工应遵守公司规章制度及主管的正常工作指挥与监督管理，忠实勤勉地执行职务。对经办业务或工种如有建设性意见时，可以口头或书面陈述建议。

第二条　员工应有高度敬业的精神、责任心和团结协作的工作态度。敬业爱岗、恪尽职守、提高办事效率，杜绝因不正确的工作态度导致的工作事故。全面优质地完成本职工作，对工作中的各个环节和各项内容都要认真负责。

第三条　团结同事，关心企业，荣辱与共。

1. 自觉维护公司形象、声誉和利益，树立全局观念。有责任及时向领导报告不利于公司名誉、业务、项目等各方面的情况。

2. 积极参加公司制度与文化的建设，对公司的发展提出自己的意见。

3. 同事间团结协作，岗位间要加强合作，相互协调，不得推诿扯皮、推卸责任。

4. 同事之间要和谐相处，互相尊重，不得发生影响员工团结、合作的行为。

5. 谦虚谨慎，作风民主，富有涵养，能够听取和容纳不同意见，以诚待人，自觉维护公司团结。

第四条　礼貌待客，举止文明。

1. 对客户要礼貌、热情、耐心、周到。保持谦和礼貌、诚恳友善的态度。

2. 接听电话要以“您好，××公司！”开头，“再见”结尾。忌生硬，影响企业形象。

3. 主动了解客户要求，尽力满足客户要求，对顾客的要求，不得敷衍了事或搁置不办，客观原因不能满足客户要求的问题要认真做出解释。

4. 为广大客户提供热情的咨询服务，对客户的答复不可模棱两可、夸大其词和随意承诺，更不能推诿扯皮。

5. 个人的言行举止得体、大方，使用文明用语。

6. 工作时精神饱满，姿态端庄，举止文明。

第五条　加强学习，进取向上，提高综合素质。

1. 加强业务知识学习，不断更新知识，提高业务技能。

2. 加强文化学习，不断提高道德修养和理论水平。

3. 注重调查研究、收集信息，积极为公司的发展出谋划策，向公司提有参考价值的意见和建议，加快公司的发展步伐。

4. 不断进取，勇于创新，敢于尝试和承担风险。

第六条　保护公司商业秘密。

1. 不向外人谈论本企业的机密，不向市场竞争对手透露公司生产、技术、经营信息、有关业务方面的情况和提供业务技术方面的帮助。未经许可不得向外界提供公司管理资料和其他非公开的内部资料。

2. 员工不得利用公司的资产、资源、资料、业务关系、内部消息、工作职权或影响力，以谋取个人或其他人员或其他团体组织的利益。

3. 遵守公司与员工之间的约定，未经许可不得向任何第三者透露任何公司情况。

4. 不得任意翻阅不属于自己负责的文件、账簿表册或函件。

5. 不得私自携带公司资料（包括生产技术管理资料及其影印本）超出公司管理范围。

第七条　严格遵守各项规章制度，同时要做到：

1. 上班时间一到即刻开始工作，下班之后无特别事务不得逗留。

2. 工作期间，不得随意离开岗位；如需离开应向主管人员请准后方可离开。

3. 员工在工作时不得怠慢拖延，作业时间中应全神贯注，严禁看杂志、电视、报纸；搞好公司内部人际关系，团结友爱，不得吵闹、斗殴；不得聊天闲谈，或搬弄是非，扰乱秩序。

4. 平时养成良好、健康的卫生习惯，不随地吐痰，不乱丢烟头杂物，保持公司环境卫生清洁。

5. 爱护公物，小心使用公司仪器设备、工具、物料，不得盗窃、贪污或故意损坏公司财物。

6. 关心公司，维护公司形象，敢于同有损公司形象和利益的行为做斗争。

7. 全体员工应通力合作，提高工作效率，防止危险，严禁野蛮作业。

8. 提倡增收节支，开源节流，节约用水、用电、用气，严禁浪费公物和公物私用。

9. 不得经营与本公司业务类似或者职务上有关的业务，或者兼任其他单位职务。

10. 服从上级指挥，如有不同意见，应面陈或书面陈述。一经上级主管决定，应立即遵照实行，不得有阳奉阴违或敷衍失职的行为。

11. 员工因过失或故意致公司或他人遭受损害时，应负赔偿责任。

第八条　本规定于　年　月　日至　年　月　日交全体员工讨论，提出修改意见，经平等协商讨论修改完善后，由　年　月　日公司董事会第　次会议决定通过。

四、考勤管理制度

第一条　总则

考勤是企业管理的基础工作，是计发工资奖金、劳保福利等待遇的主要依据。考勤管理由人力资源部负责，各部的考勤管理应指派专人担任考勤员，并报人力资源部备案。

第二条　考勤员职责

1. 按规定及时、认真、准确地记录考勤情况。

2. 如实反映本单位考勤中存在的问题。

3. 妥善保管各种休假凭证。

4. 及时汇总考勤结果，并做出报告。

第三条 考勤记载符号

出勤：√ 事假：× 病假：○ 旷工：◎ 婚假：+ 丧假：±

产假、探亲假：□ 工伤假、夜班、计划生育假、看病、倒休：◇

第四条 各部门应在28日前将当月考勤汇总报人力资源部，由人力资源部汇总后报财务部门核算工资奖金。

第五条 工作时间

正常工作时间为上午8时30分至12时，下午1时30分至5时。

员工每周工作时间为40小时，每个工作日的工作时间以8小时为原则时间。

第六条 考勤

1. 工作时间开始后30分钟以内到所属岗位上班者视为迟到，超过30分钟的，按旷工半日计算。

2. 工作时间终了前30分钟内离开所属岗位下班者视为早退，超过30分钟按旷工半日计算。

3. 迟到、早退者每次扣30元。

4. 提前下班超过15分钟或超过15分钟后上班，应办理请（补）假手续（因公外出或请假经主管证明者除外）。其余均视为旷工1天，扣罚20元及1天工薪。

5. 上班时间外出办私事者，一经发现，即扣除当月全勤奖，并给予警告一次的处分。

6. 一个月内迟到、早退累计达三次者扣发全勤奖50%，达五次者扣发100%全勤奖。

7. 当月全勤者，获得全勤奖金200元。

第七条 事假

员工遇事须于工作日亲自办理的，应该事先请假。如不能事先请假的，可用电报、电话、书信、口信等方式请假。如果假期不够应提前办理续假手续。

一般员工请假4天内，由其直接主管审批，5天以上由部门主管审批，一般主管请假，由部门主管或总经理审批；部门主管请假，由公司总经理审批。事假期间不发工资。

员工每季度累计事假不足4天者照发工资，同时带薪事假天数可累计使用，但不得提前或跨年度使用。

第八条 病假

因病或因公受伤，凭合同医院病休证明。非合同医院的病休证明经主管领导批准，也可给予病假。

年累计病假超过半年，其工龄满 9 年的员工按 75% 计发工资；工龄满 4 年（含 4 年）的员工按 70% 计发工资；工龄不满 4 年的员工按 65% 计发工资。低于最低工资标准 80% 的以最低工资标准 80% 计算。

到医院看病，给假半天，记“看病”考勤，不影响工资，超过半天应记事假考勤。

第九条　工伤

因公负伤，因工致残，持医院诊断证明并经人力资源部确认，可按工伤假记考勤，工伤假期间工资照发。

因公负伤的员工，伤愈复发，经鉴定后，以工伤处理。

第十条　婚假

员工结婚持结婚证书，享受婚假 4 天。男女双方都到晚婚年龄（男 25 岁、女 23 岁）者增加婚假 11 天；因对方在外地工作而需到外地结婚的酌情增加路程假。婚假期间工资照发。

第十一条　丧假

员工配偶、子女、父母或养父母死亡，给丧假 4 天；祖父、外祖父、祖母、外祖母、公婆、岳父母死亡，给丧假 3 天；如在外地酌情计路程假，假期工资照发。

第十二条　产假、计划生育假

1. 产假一般为 90 天，其中产前 15 天。符合晚育年龄（女 24 岁）的夫妻，女方可享受产假 120 天（含法定产假 90 天），男方可享受陪护假 15 天，按计划生育假记录考勤。难产增加产假 15 天。多胞胎生育的，每多生育一个婴儿，增加产假 15 天。怀孕三个月以内流产的，根据医疗单位证明，给予 20 天至 30 天的产假。三个月以上七个月以下流产的，产假 42 天。七个月以上流产的，产假 90 天。产假应产前产后连续计算，假期工资照发。

2. 以上规定公休、节假日包括在内，女员工休产假期间的工资按有关规定由生育保险基金支付。休陪护假的男员工工资照常发放。

第十三条　探亲假

（一）享受探亲假的条件如下：

1. 工作期满 1 年的正式员工，如果不能利用公休假日与其父母或配偶团聚且同父母或配偶异地分居者，可以享受探亲假待遇；

2. 员工丧偶已满 1 年且未重新结婚者，如有未成年（18 岁以下）的子女寄养在外省市，也可享受探亲假的待遇；

3. 领取结婚证书的员工，可在当年再享受最后一次探亲假的待遇；

4. 已婚职员父母均在外地居住者，每 3 年可享受一次探亲假待遇。

（二）具有以下情况的员工不能享受探亲假待遇：

1. 丧偶、离婚的员工，当年不能享受每年一次探亲假的待遇；

2. 家居远郊区县，已按规定给予了交通补助费的员工，不再享受探亲假待遇；

3. 员工与其父或母任何一方可利用公休日团聚连续满1个月，未婚员工当年与父母团聚连续满20天者，不享受探亲假待遇。

（三）员工探亲假期：

1. 员工探望配偶，每年给予一方探亲假一次，假期1个月。

2. 未婚员工探望父母，每年给假一次，假期为20天；自愿两年探亲一次的可两年给假一次，假期为45天。

3. 已婚员工探望父母者每三年给假一次，假期为20天。起始时间是结婚第二年。

4. 探亲假期是员工与亲人团聚的实际时间，员工探亲时公司根据实际情况给予路程假。探亲假期包括公休日，但不包括法定节日。

5. 探亲假期内工资照发。

6. 探亲假原则一次性使用。如有特殊情况，员工经批准也可分两次使用探亲假，但只给一次路程假，报销一次往返路费。

（四）探亲假管理：

1. 员工探亲，须事前填写探亲申请表，经部门领导批准并报人力资源部审核，财务部凭人力资源部批准的探亲申请予以报销往返路费；

2. 各部门应根据工作的情况，有计划地安排员工探亲，员工本人应服从组织的安排。

第十四条　休息休假

（一）星期六、星期日为公休日，因工作不能按公休日休息的，公司安排轮休。

（二）员工法定假日如下：

1. 新年，放假1天（1月1日）；

2. 春节，放假3天（农历除夕、正月初一、初二）；

3. 清明节，放假1天（农历清明当日）；

4. 劳动节，放假1天（5月1日）；

5. 端午节，放假1天（农历端午当日）；

6. 中秋节，放假1天（农历中秋当日）；

7. 国庆节，放假3天（10月1日、2日、3日）；

8. 妇女节（3月8日），女员工放假半天；

9. 青年节（5月4日），14周岁至28周岁的青年放假半天。

具体放假时间以国务院的通知确定的时间为准。

（三）带薪年休假：

1. 员工连续工作一年以上的，享受带薪年休假。员工累计工作已满1年不满 10 年的，年休假 5 天；已满 10 年不满 20 年的，年休假 10 天；已满 20 年的，年休假 15 天。

2. 员工有下列情形之一的，不享受当年的年休假：

员工依法享受寒暑假，其休假天数多于年休假天数的；员工请事假累计 20 天以上且单位按照规定不扣工资的；累计工作满 1 年不满 10 年的员工，请病假累计两个月以上的；累计工作满 10 年不满 20 年的员工，请病假累计 3 个月以上的；累计工作满 20 年以上的员工，请病假累计 4 个月以上的。

3. 员工应于年初提出休假计划，公司根据生产经营情况统一安排员工具体休假时间。

第十五条　加班倒休

充分利用正常工作时间，提高工作效率，严格控制加班加点，确因工作需要而加班加点应经公司领导批准。

员工平时加班按实际加班时间给予按本人日平均工资的 150% 计发加班工资。

公司员工在休息日加班按本人日工资的 200% 计发加班工资。公司员工在法定节日加班按本人日工资的 300% 计发加班工资。

第十六条　旷工

（一）凡下列情况均以旷工论处：

1. 采取不正当手段，涂改、骗取、伪造休假证明；

2. 未请假或请假未被批准，即不到岗；

3. 未经请假批准或假期已满而未经续假批准而擅自不到者以旷工处理；

4. 委托或代人打卡或伪造出勤记录者，一经查明属实，当事人均以旷工 1 天处理；

5. 不服从正常工作调动，经教育仍不到岗；

6. 打架斗殴、违纪致伤造成无法上岗；

7. 其他违规违纪行为造成缺勤。

（二）旷工扣发相应工资。

员工无故旷工一日者，除扣发当日工资外，扣发当月全勤奖。每月累计旷工三天及以上的，还需每日扣除当月标准工资的 1%。

无故连续旷工 3 天及以上的或全月累计无故旷工 5 天或 1 年旷工达 10 天者，公司可以解除劳动合同。

第十七条　本规定未尽事宜按公司有关规定执行。

第十八条　本规定于　年　月　日至　年　月　日交全体员工讨论，提出修改意见，经平等协商讨论修改完善后，由　年　月　日公司董事会第　次会议决定通过。

第十九条　本规定自发布之日起执行。

五、奖励与惩罚管理制度

第一条　为规范公司的奖惩管理，提高员工的工作积极性，特制定本制度。

第二条　员工奖励分通报表扬、发奖金、记功、晋升四种。

第三条　有下列事情之一者，予以一次性奖励：

（一）品行端正，工作努力，遵守纪律，圆满完成工作任务的；

（二）热心为客户服务，表现突出的；

（三）有显著的善行佳话，为本公司争得荣誉的；

（四）忍受克服困难，肮脏难受的工作足为楷模的；

（五）其他应当给予奖励的。

第四条　有下列事情之一者，予以一次性奖励并记功一次：

（一）对生产技术或管理制度建议改进，经采纳施行，有显著成效的；

（二）节约物料或对废料利用，有显著成效的；

（三）适时完成重大或特殊交办任务的；

（四）遇有意外事件或灾害，奋不顾身，不避危难，因而减少损害的；

（五）检举违规或损害公司利益的。

第五条　有下列事情之一者，予以晋升工资一级并记功一次：

（一）研究发明，对公司确有贡献，并使成本降低，利润增加的；

（二）维护公司或工厂重大利益，避免重大损失的；

（三）对公司有特殊贡献，足为本公司同事表率的；

（四）对公司利益和发展作出其他显著贡献的；

（五）一年内记功三次的；

（六）本公司工龄满 5 年，连续三年年终考绩优秀的（不超过全体员工总额的 5%）。

第六条　员工处罚分五种：

（一）警告：每次减发 1 天工薪；

（二）记过：每次减发 3 天工薪；

（三）记大过：每次减发 5 天工薪；

（四）降级：除降级使用，相应核减工资；

（五）解除劳动合同。

第七条　有下列事情之一者，予以警告：

（一）上班时间擅离岗位，怠误工作的；

（二）因个人过失致发生工作错误，情节轻微的；

（三）妨害生产工作秩序，情节轻微的；

（四）不服从主管人员合理指导，情节轻微的；

（五）不按规定穿着服装或佩挂规定厂牌或穿拖鞋上班的。

第八条 有下列事情之一者，予以记过：

（一）对上级指示或有期限命令，无故未能如期完成，致影响本公司权益的；

（二）在工作场所喧哗、嬉戏、吵闹、妨碍他人工作而不听劝告的；

（三）对同事恶意攻讦或诬害、伪证、制造事端的；

（四）工作中酗酒致影响他人工作的；

（五）因疏忽致机器设备或物品材料遭受损害或伤及他人的；

（六）未经许可携带外人入厂参观的。

第九条 有下列事情之一者，予以记大过：

（一）擅离职守，使公司蒙受重大损失的；

（二）在工作场所或工作中酗酒滋事，影响生产、业务、事务等秩序的；

（三）损毁涂改重要文件或公物的；

（四）怠误工作或擅自变更工作规程，使本公司蒙受重大损失的；

（五）不服从主管人员合理指导，屡劝不听的；

（六）工作时间内做其他事情，如睡觉、下棋、阅读、炊煮等；

（七）1个月内旷工达两日的；

（八）机器、车辆、仪器及具有技术性工具，非经常使用人及单位主管同意擅自操作的（如因此而造成损害，则另要负赔偿责任）；

（九）其他重大违规行为的（如违反安全规定措施，情节重大的等）。

第十条 有下列事情之一者，解除劳动合同：

（一）对同事暴力威胁、恐吓、妨害秩序的；

（二）殴打同事或相互殴打的，情节严重的；

（三）在公司厂区、宿舍内赌博，不听劝阻的；

（四）偷窃或侵占同事或公司财物经查证属实的；

（五）损毁公司财物，损失重大或第二次损毁涂改重大文件或公物的；

（六）未经许可，兼营其他公司与本公司同类业务，给公司造成不良影响的；

（七）无故连续旷工3日或全月累计旷工6日或1年旷工12日的；

（八）给公司造成重大经济损失的；

（九）散布不利于公司的谣言或挑拨劳资双方感情，给公司造成不良影响的；

（十）利用公司名誉在外招摇撞骗，使公司名誉受损害的；

（十一）擅离职守，导致发生生产事故，使公司蒙受损害的；

（十二）1年中记大过满两次，功过无法平衡抵消的；

（十三）其他违反法令或本规定情节重大的；

（十四）受刑事处分的；

（十五）其他严重违反公司的规章制度的；

（十六）其他严重失职，营私舞弊，给公司造成重大损害的。

第十一条　员工功过抵消规定：

（一）通报表扬与警告抵消；

（二）记功1次，抵消记过1次或警告两次。记功3次，抵消大过1次或记过3次，员工功过相抵以发生于同一年度内的为限。

第十二条　员工给公司造成经济损失的，公司按照劳动合同的约定和本规定要求其赔偿经济损失和进行处罚。经济损失的赔偿，可从劳动者本人的工资中扣除。但每月扣除的部分不得超过劳动者当月工资的20%。若扣除后的剩余工资部分低于当地月最低工资标准，则按最低工资标准支付。

第十三条　本规定于　年　月　日至　年　月　日交全体员工讨论，提出修改意见，经平等协商讨论修改完善后，由　年　月　日公司董事会第　次会议决定通过。

第十四条　本规定自发布之日起执行。

六、薪酬管理制度

第一章　总　　则

第一条　目的

本制度依据公司人力资源规划的总体思想，为调动全体员工的工作积极性而制定的员工工资及停职津贴标准。

第二条　适用范围

本制度适用于正式员工。

第二章　基本原则

第三条　工资的定义

是指每月定期发放的基准工资及定期奖金。

第四条　支付原则

1. 公司以员工劳动强度、责任大小、专业性等标准，作为支付酬劳的依据。

2. 未执行公司指派任务者，不予支付工资。

第五条　工资结构

本公司工资分为基准工资和奖金两部分，其中基准工资又由基准内工资和基准外工资构成。基准内工资包括基本工资、特殊作业津贴、责任津贴、房屋津贴和抚养津贴、交通津贴等，而基准外工资包括时间外勤务津贴、深夜勤务津贴、不定时勤务津贴、特殊勤务津贴、假日勤务津贴、补休津贴和调职津贴。

第六条　支付方法

工资经扣除第八条所列的规定扣除额后，须直接以现金支付给员工。

第七条　尾数的计算

工资计算时总额如有未达到整元的尾数产生，一律将其四舍五入。

第八条　工资扣除

下列各项须从工资中直接扣除：

1. 个人工资所得税。

2. 劳保费及团体意外保险费。

3. 员工宿舍费、伙食费、工作服个人负担部分。

4. 工会会费。

5. 其他按法令规定应予扣除的费用。

第九条　领取方式

领取工资时，必须依照规定的手续，在支薪簿上盖章以便查核。

第三章　工资的计算及支付

第十条　工资计算时间及给付日期

1. 工资计算期间为前一个月的 20 日到该月的 19 日，并于该月的 22 日支付。如遇支付工资日为休假日时，则提前一个工作日发放。

2. 公司因不可抗拒事件不得不延缓工资支付时，应提前一日通知员工，并确定延缓支付的日期。

第十一条　非常给付

员工或依靠员工收入维持生计的受抚养家属，遇到下列非常情况时，可以向公司申请预支工资。但以应得工资为限。

1. 生育、受伤、疾病，或遭意外灾害。

2. 结婚或死亡等。

第十二条　特别给付

员工死亡、离职或遭解雇时，本人或其抚养家属可以向公司提出申请给予工资事宜，从请求日起 7 日内，公司应支付该员工已工作日数的工资。

第十三条　津贴领取资格及变更

该月津贴领取的资格有所变更时，则按下列规定办理：

1. 房屋津贴、抚养津贴、交通津贴等发生变更时，根据该月月底前领取的工资给付。

2. 特殊作业津贴、工作津贴、特殊勤务津贴及调职津贴等发生变更时，则根据该员工出勤日数依下列基准给付（年度带薪休假均视为出勤）：

（1）该月的出勤日数为该月应出勤日数的 3/4 以上时，给付 100% 的津贴额。

（2）该月的出勤日数为该月应出勤日数2/3以上时，给付50%的津贴额。

（3）该月的出勤日数未达该月应出勤日数的1/2时，不给付津贴。

第十四条　休假中的工资

休假时的工资规定如下：

1. 因年度带薪休假而缺勤时，应按平常勤务时的工资给付。

2. 员工申请特别休假（如婚假或丧假）时的工资，可按平常勤务时的工资给付。

3. 因生育而休假时，公司须按劳动法所规定的产假，按平常勤务时的工资给付。

第十五条　试用期的工资

试用期的员工工资，按基准工资的80%给付。

第十六条　基本工资

公司综合评估员工的职务、能力、技术、经验以及学历等因素，以决定其基本工资标准。

第四章　加　　薪

第十七条　公司根据营业增长状况，每年在12月31日实施加薪。加薪原则上以基本工资为调薪的依据。

第十八条　加薪资格

凡上年年底前进入公司的员工，在本年12月16日前仍在公司服务者，则从12月31日起实施调薪。

第十九条　加薪额

1. 公司根据与工会协议后订出的基准额，原则上依各人的能力、职务、考绩、勤怠等来决定加薪的标准。

2. 年度缺勤日数达12日以上者，其加薪金额应按有关规定核算。

第五章　奖　　金

第二十条　奖金支付的原则

公司根据营业增长的状况及各人贡献的大小，原则上每半年发放一次。

第二十一条　计算期间及支付时间

1. 上半年的奖金计算期间为该年度的1月1日至6月30日，原则上在9月支付。

2. 下半年的奖金计算期间为该年度的7月1日至12月31日，原则上在次年的3月支付。

第二十二条　支付对象

上半年度奖金的给付对象是在6月30日以前在公司工作的员工；下半年

度奖金的给付对象是在12月31以前在公司工作的员工。

第二十三条　支付额

奖金根据与工会协商后所定出的基准额，结合员工的考绩和出勤情况等考核成绩来支付。

第六章　附　　则

第二十四条　本规定于　年　月　日至　年　月　日交全体员工讨论，提出修改意见，经平等协商讨论修改完善后，由　年　月　日公司董事会第　次会议决定通过。

第二十五条　本规定自发布之日起执行。

七、岗位职责

（一）董事长岗位职责：

（1）主持股东大会和召集、主持董事会会议。

（2）召集检查董事会决议的实施情况。

（3）签署公司股票、公司债券。

（二）总经理岗位职责：

（1）主持公司的生产经营管理工作，组织实施董事会决议。

（2）组织实施公司年度经营计划和投资方案。

（3）拟订公司内部管理机构设置方案。

（4）拟订公司基本管理制度。

（5）制定公司的具体规定。

（6）提请聘任或解聘公司副总经理、财务负责人。

（7）聘任或者解聘除应由董事会聘任或者解聘以外的管理人员。

（8）行使公司章程和董事会授予的其他职权。

（9）列席董事会会议。

（三）办公室主任岗位职责：

直接上级：总经理

下属岗位：文秘、广告策划员、驾驶员、人力资源管理员。

（1）检查公司各项制度是否得到执行。

（2）处理日常公关事务、安排公务接待。

（3）制订办公室的工作计划和具体措施。

（4）组织起草、审核各种文稿，做好文书处理工作。

（5）做好大型会议的组织准备和催办落实。

（6）组织做好对公司人员的考核、选拔、培养和离退休工作。

（7）协助领导协调部门之间的意见分歧和工作矛盾，提出解决办法。

（8）完成领导交办的临时任务。

（9）负责公司固定资产及物业项目的管理。

（四）财务部经理岗位职责：

直接上级：总经理

下属岗位：出纳员、会计员。

（1）负责公司财务日常管理工作。

（2）贯彻执行国家及公司有关财务管理制度。

（3）拟订财务收支计划、经费核算管理。

（4）反映财务费用计划的执行情况。

（5）按公司分配政策，合理分配公司收入。

（6）组织财务盘点工作。

（7）协助总经理制定奖金制度。

（8）协调好与银行及其他相关职能部门的关系。

（五）工程部经理岗位职责：

直接上级：总经理

下属岗位：工程各专业主管、档案管理员、工程部文员。

（1）负责组织公司工程施工管理，对项目进度、质量、成本、安全进行控制。

（2）负责组织项目开工前的手续办理和施工准备工作。参与综合计划部组织的项目可行性研究，参与项目前期规划方案论证、单体初步设计、施工图设计会签；参与施工图会审；负责组织工程的报建工作、组织有关人员办理开工证；根据开发项目工程施工组织总设计要求，配置部门内部资源。

（3）组织或参与总包、分包、监理单位的招投标。组织初步筛选投标单位；协助对投标单位进行资质审查和招标文件、标底的审核；协助通过招投标程序确定投标单位。

（4）对所有工程建设进度、质量、成本、安全负责。指导项目的实施，监督检查项目完成的进度和工程质量；协调施工单位、监理单位、设计单位、规划单位的外部工作关系，审查施工组织方案；协调工程部与其他部门工作关系；协调有关部门解决施工现场的技术变更或技术疑难问题；负责对各项目提供服务和控制，对项目进行过程监督；负责组织对施工安全进行管理，对工程成本进行控制；组织相关部门验收工程项目，与物业公司进行交接。

（5）预算管理工作。组织拟定并完成公司工程预算管理办法；负责组织编制并审核工程项目预算以及材料、设备采购的预算。

（6）主持对项目组的考核和评价。制定对项目组实施考核的指标体系；组织相关人员对项目组进行打分测评；综合评价项目组的工作绩效；组织项目建设的总结。

（7）负责部门内的日常管理。负责本部门年度、季度、月度工作计划的制订及组织实施。

（六）销售部经理岗位职责：

直接上级：总经理

下属岗位：销售主管、客服主管、销售员、档案管理员、销售部文员，营销策划员。

（1）将总销售收入标准分解下达给本项目销售人员，督导其完成任务。

（2）根据市场动态审核确认并调整项目营销方案。

（3）定期负责对销售表以及退、换房进行调控。

（4）对现场销售及客服的回款按月上报并及时抽查。

（5）汇总上报项目阶段性销售总结报告。

（6）负责项目所有销售合同及补充协议的审核工作。

（7）安排、调动销售部及客户服务部开展交房工作。

（8）组织并参与相关人员对项目前期开发的规划、设计、户型等提出建议。

（9）负责汇总市场调研信息，准确把握项目经营方向，明确项目整体营销方案。

（10）参与项目广告方案，并提出指导性建议，跟踪发布及效果分析。

（11）指导销售主管与客户服务主管完成项目销售任务。

……

（略）

▲劳动合同填制实例

一、劳动合同填制指引

1. 劳动合同填制的基本要求。

（1）应尽可能采用劳动合同范本。为便于操作，各地劳动行政部门都出台了结合当地实际的劳动合同范本，一般中小企业可直接采用。对一些特别要求可在附加条款中约定。对可选择适用的条款，如拟不采用，应在空格中填“不采用”字样或将空格划销。

（2）因特殊需要自行拟定劳动合同文本的，应注意与劳动者充分协商。劳动合同草案一般由用人单位提出，征求应招工人的意见。也可以由被招工人与企业行政的代表，如厂长、经理、人事处长、科长等直接协商，共同起草。还要避免出现免除企业自身法定义务，剥夺劳动者法定权利的霸王条款，此类条款是无效的。签订劳动合同前，用人单位应向被招工人如实介绍本单位的情况，被招工人也有权提出自己的意见和要求，双方经充分协商，达成一致意见后，用毛笔或钢笔填写劳动合同书，并签名盖章。

对不采用当地劳动行政部门范本的，还应注意与当地劳动行政部门沟通，避免在劳动合同签订、备案等环节引起不必要的麻烦。劳动合同签订后，应当到当地劳动行政机关申请鉴证，并向其主管部门和当地劳动部门备案。

（3）劳动合同的内容应清楚明白，避免含混不清，用词用语应逻辑严谨，避免歧义。有的合同起草人或填制人认为，条款约定得含糊一些，可以按对自己有利的方式解释，商场的促销广告不是都可以“本商场保留最终解释权”吗？实际结果往往正相反，含糊条款的理解不会以起草人或填制人的意志为转移。如果这一含糊条款被认定为格式条款的话，则应按照有利于对方的理解来解释。含糊条款也可能因构成重大误解而无效。劳动合同的作用就是要使双方的权利与义务达到一个双方都清楚明白的状态，含糊条款将会使双方的权利与义务仍处于不确定状态，达不到合同的目的。

（4）合同由劳动者亲自填制为好。一般企业是将劳动合同统一填制完成后，交劳动者签字。这样的好处是规范统一，效率高。如果企业在劳动合同管理方面比较规范，程序严谨是可以的。如签订劳动合同前能充分与劳动者协商，合同内容与劳动者提交的劳动合同意向书一致等。有的企业劳动合同管理比较简单粗放，就应直接交劳动者亲自填制，企业人力资源管理人员加强审核。

与个别劳动者达成的附加条款，以劳动者亲自填制为好。

2. 用人单位的名称、住所和法定代表人或者主要负责人的填写。

用人单位应写全称，住所地、法定代表人应填写准确。应注意，按《中华人民共和国劳动合同法实施条例》的规定，用人单位设立的分支机构，依法取得营业执照或者登记证书的，可以作为用人单位与劳动者订立劳动合同；未依法取得营业执照或者登记证书的，受用人单位委托可以与劳动者订立劳动合同。

3. 劳动者的姓名、住址和居民身份证或者其他有效身份证件号码的填写。

应注意劳动者的姓名应与其居民身份证或者其他有效身份证件上的姓名一致。

4. 劳动合同期限的填写。

本项涉及三个问题：期限的选择、起止日期的确定、试用期的确定。

（1）期限的选择。有固定期限、无固定期限还是以完成一定工作任务为期限。

（2）起止日期的确定。有固定期限的劳动合同期限应填制为形如“合同期限五年，自 2008 年 4 月 1 日至 2013 年 3 月 31 日”，应注意避免期限数值与起止日期不一致的问题。一般而言，合同履行的起始日期晚于签订合同日期或等于签订合同日期，但由于《劳动合同法》规定了建立劳动关系的概念，规定了劳动关系于用工之日建立，且规定劳动合同的签订时间可晚于建立劳动关系的时间。因此，虽然我们可以预先约定合同履行日期，但实际工作中劳动合同的履行起始日期一般会早于劳动合同签订日期，无论履行日期早于还是晚于劳动合同签订日期，劳动合同履行的起始日期都应填为实际用工之日。无固定期限劳动合同应写明起始日期。以完成一定工作任务为期限的劳动合同除应写明起始日期外，还要写明完成的具体工作及完成的标志。如某企业要建一幢厂房需一名建筑工程师，劳动合同的期限可约定为形如“自 2008 年 4 月 1 日起至 3 号厂房建成并验收合格日止”。

（3）试用期的确定。应注意试用期与劳动合同期限的协调。三个月以上的固定期限劳动合同和无固定期限劳动合同可以约定试用期。固定期限不满一年的，试用期不超过一个月；一年以上不满三年的，试用期不超过二个月；三年以上固定期限劳动合同试用期不超过六个月。无固定期限的劳动合同，试用期不超过六个月。以完成一定工作任务为期限的劳动合同，不能约定试用期。与同一劳动者只能约定一次试用期。劳动合同不能仅约定试用期，填制为形如“试用期为一个月，自 2008 年 4 月 1 日至 2008 年 4 月 30 日止”。

5. 工作内容和工作地点的填写。

工作内容和工作地点也是易引起劳动纠纷的问题，明确约定很重要。工作内容是指劳动者向用人单位支付劳动的约定内容。工作内容的约定还应有一定的灵活弹性。工作地点是劳动者的劳动场所，是劳动合同的履行地。同时，由于国家劳动管理的“属地化原则”，工作地点将涉及劳动仲裁地、最低工资标准等一系列问题。首先，企业在约定工作岗位和地点上要比较准确、明确、具体。一方面工作内容和工作地点不能大而无针对性，如根本无出国工作可能的员工约定为工作地点为“中国”，工作内容约定为“一般员工”。另一方面又不能过小，以至于动辄就需协商变更劳动合同。管理规范的企业其员工的工作内容，可以参照企业岗位说明书来确定。岗位名称以企业岗位职责书、岗位描述书所确定的规范名称为准。工作内容以岗位职责书、岗位描述书为准。工作地点应为实际从事劳动的地点，并按便于明确劳动仲裁管辖地与明确最低工资标准等劳动保障待遇的原则确定。其次，对女职工双方要特别约定岗位是属于“管理技术岗位”还是“生产操作岗位”。因为这对决定女职工的退休年龄有直接的影响。最后，要注意对关于女职工和未成年工的保护问题。对女职工和未成年工（16~18 周岁劳动者）国家实行特殊劳动保护，《劳动法》第五十九条、第六十四条以及 1988 年 7 月 21 日国务院发布的《女职工劳动保护规定》、1990 年 1 月 18 日劳动部发布的《女职工禁忌劳动范围的规定》和 1994 年 12 月 9 日劳动部发布的《未成年工特殊保护规定》规定，用人单位招用劳动者时，不得招用女工或未成年工从事矿山井下、《体力劳动强度分级》国家标准中第四级体力劳动强度的劳动和其他禁忌从事的劳动，也不得招用未成年工从事有毒有害的劳动。违者将被劳动行政部门处以罚款；对女职工或未成年工造成损害的，还应当承担赔偿责任。本项可填制为形如“岗位（工种）为（人力资源管理岗），职务为（经理），从事的工作内容为（人力资源管理事务），工作地点为（大连市）”。劳动合同中可有“公司可根据工作需要，调整员工的工作岗位”等类似字样，实际调整时还是注意要与员工协商一致。要注意避免不合理调整。

6. 工作时间和休息休假的填写。

（1）工作时间。我国法律规定标准工时每日不超过 8 小时，每周工作 40 小时。除标准工时外还有，不定时工作制，综合计算工时制。应在合同中明确约定。

我国现行的基本工时制度有 3 种，即标准工时制、不定时工作制和综合计算工时制。标准工时制是指法律规定的用人单位在正常情况下普遍实行的工作时间制度。我国实行每天工作 8 小时、每周工作 40 个小时的标准工时制度。不定时工作制是针对因生产特点、工作特殊需要或职责范围的关系，无法按标准工作时间衡量或需要机动作业的职工所采用的一种工时制度。综合计算工时工作制是针对因工作性质特殊，需连续作业或受季节及自然条件限制的企业的部分职工，采用的以周、月、季、年等为周期综合计算工作时间，但其平均日工作时间和平均周工作时间与法定标准工作时间基本相同的一种工时制度。

根据《劳动法》第三十九条和 1994 年 12 月 14 日劳动部印发的《关于企业实行不定时工作制和综合计算工时工作制的审批办法》第三条、第七条规定，企业不能实行标准工时制的，经劳动行政部门批准，可实行不定时工作制或综合计算工时制等其他工作和休息办法。

根据以上规定，用人单位实行不定时工作制或综合计算工时工作制，需经实行不定时工作制或综合计算工时制的员工书面签字同意，并向劳动行政部门提出申请，经劳动行政部门严格审批后方可实行。

本项可填制为形如：“甲方（用人单位）安排乙方（劳动者）所在岗位实行下列一种工作时间制度：

①标准工作时间制度：乙方（劳动者）每日工作不超过 8 小时，平均每周工作不超过 40 小时，每周休息日为周六、周日。

②不定时工作制：甲方（用人单位）在保障乙方（劳动者）身体健康并充分听取乙方（劳动者）意见的基础上，应采取集中工作、集中休息、轮休调休、弹性工作等适当方式，确保乙方（劳动者）的休息休假权利和生产、工作任务的完成。

③以（月）为周期综合计算工时工作制，平均日和平均周工作时间不超过法定标准工作时间。

实行不定时工作制和综合计算工时工作制的，甲方（用人单位）应报经劳动行政部门批准后实行。”

（2）休息休假。用人单位应当保证劳动者每周至少休息一日。因生产特点不能实行的，经劳动行政部门批准，可以实行其他休息办法。本项可填制为形如：“甲方按照国家有关规定及企业生产经营需要，建立健全休假制度，合理安排乙方工作时间，依法保证乙方的休息权利，保证乙方依法享有法定节假日以及探亲、婚丧、计划生育、带薪年休假等休假权利。”

7. 劳动报酬的填写。

本项有两个要点：一是确定报酬数额，二是确定支付时间。

确定报酬数额。取得劳动报酬是劳动者提供劳动的主要目的，获得劳动报酬也是劳动者的首要权利。我国法律明确规定了最低工资，并对工资发放等做了规定，企业在劳动合同约定中应遵守有关法律的规定。

合同中工资数额一般以实际月标准工资为准。标准工资是指正常工作时间内的正常劳动应得的报酬，是个定数，而不包括加班工资、效益工资和奖金等内容。劳动报酬栏的填写应注意以下几点：

（1）劳动报酬不得低于当地最低工资标准。如果劳动合同对劳动报酬约定不明确，可以重新协商。协商不成的，适用集体合同规定。没有集体合同或者集体合同未规定劳动报酬的，实行同工同酬。没有集体合同或者集体合同未规定劳动条件等标准的，适用国家有关规定。

（2）劳动报酬的种类也应明确约定。劳动报酬的种类一般包括基本工资、津贴、交通费用、住房补贴费、伙食费、培训费用、医疗费、提成等。如果企业的劳动报酬管理制度比较完善规范，劳动合同的劳动报酬内容可简略一些。如果企业的劳动报酬管理制度不够完善规范，这些内容就应该在合同内详细约定。

（3）确定工资的计算方式。按时、按件或按天、按级别计算等。

（4）加班、事假、病假或其他假期工资的约定。加班应当计发加班工资。工人依法享受假日的，不得扣发工资。对于事假、病假或其他假期的工资则可由企业规章制度依法确定。

（5）扣减报酬的理由也需要在合同中详细规定。基于正当理由扣减劳动者报酬的，扣减数额总计不得超过当期应付报酬的一定比例（比如 20%）。

（6）约定试用期工资。

（7）劳动合同中可有“甲方可以根据企业经济效益变化情况，按企业依法制定的工资管理办法调整乙方的劳动报酬”等类似的字样，实际调整时还是要注意与员工协商一致，避免不合理调整。

确定支付时间。劳动报酬支付的时间以实际为准，如每月 10 日前。本项可填制为形如：“甲方按下列一种形式支付乙方工资：

①计时工资。乙方的工资标准为 1500 元 / 月，绩效工资（奖金）根据乙方实际劳动贡献确定。

②计件工资。乙方的劳动定额为　　　，计件单价为　　　。

③按照甲方依法制定的工资分配制度确定。

乙方在试用期期间的工资标准为 1200 元 / 月。

甲方于每月 10 日前以货币或转账形式足额支付乙方工资。如遇节假日或休息日，应提前到最近的工作日支付。”

8. 社会保险的填写。

缴纳社会保险是企业的法定义务，一般包括医疗保险、养老保险、失业保险、工伤保险和生育保险等。

城镇职工有义务参加所有法定社会保险。目前农民工参加社会保险的制度尚不够完善，各地区情况也不一样，凡当地已开办了一种或几种社会保险，企业就有义务参加。如一些地区已为农民工开办了医疗保险、工伤保险等。本项可填制为形如：“甲乙双方应当依法参加社会保险，按时足额缴纳各项社会保险费。采用下列一种方式缴纳社会保险费。其中，乙方负担的部分由甲方负责代扣代缴。

①参加养老保险、医疗保险、失业保险、工伤保险、生育保险。

②参加医疗保险、工伤保险及生育保险。”

9. 劳动保护、劳动条件和职业危害防护的填写。

用人单位应为劳动者提供安全的生产场所，如劳动者的生产环境可能存在安全隐患或职业病因素的，用人单位应在招用劳动者时如实告知，这种告知等义务是法定的、无条件的，不能等劳动者咨询才告知，并在合同中写明。用人单位还应根据劳动者从事的工作岗位，按规定发放必要的劳动保护用品。

10. 法律、法规规定应当纳入劳动合同的其他事项的填写。

劳动合同除前款规定的必备条款外，用人单位与劳动者可以约定试用期、培训、保守秘密、补充保险和福利待遇等其他事项。

二、劳动合同填制实例

（一）实例一（固定期限）：

编号：__________

劳动合同书

甲方（用人单位）：××房地产开发有限公司

乙方（劳动者）：×××

××市劳动和社会保障局制

须　知

1．甲方应如实告知乙方工作的内容、工作条件、工作地点、职业危害、安全生产状况、劳动报酬以及乙方要求了解的其他情况。甲方有权了解乙方与劳动合同直接相关的基本情况，乙方应当如实说明。

2．甲方招用乙方，不得扣押乙方的居民身份证和其他证件，不得要求乙方提供担保或者以其他名义向乙方收取财物。

3．甲方应在用工之日起1个月内与乙方订立书面劳动合同，双方在用工前订立劳动合同的，劳动关系自用工之日起建立。甲方应当建立职工名册备查，并到劳动行政部门办理劳动用工备案手续。

4．劳动合同期限3个月以上不满1年的，试用期不得超过1个月；劳动合同期限1年以上不满3年的，试用期不得超过2个月；3年以上固定期限和无固定期限的劳动合同试用期不得超过6个月。以完成一定工作任务为期限的劳动合同或者劳动合同期限不满3个月的，不得约定试用期。试用期包含在劳动合同期限内。劳动合同仅约定试用期的，试用期不成立，该期限为劳动合同期限。

5．有下列情形之一，乙方提出或者同意续订、订立劳动合同的，除乙方提出订立固定期限劳动合同外，应当订立无固定期限劳动合同：（1）乙方在甲方连续工作满10年的；（2）甲方初次实行劳动合同制度或者国有企业改制重新订立劳动合同时，乙方在甲方连续工作满10年且距法定退休年龄不足10年的；（3）连续订立二次固定期限劳动合同，且乙方没有《劳动合同法》第三十九条和第四十一条第一项、第二项规定的情形，续订劳动合同的。

6．除约定服务期和竞业限制条款两种情形之外，甲方不得与乙方约定由乙方承担违约金。

7．劳动保障政策咨询电话：×××××××××

劳动保障监察投诉举报电话：×××××××××

依据《中华人民共和国劳动法》《中华人民共和国劳动合同法》及相关法律、法规的规定，甲乙双方遵循合法公平、平等自愿、协商一致、诚实信用的原则，订立本合同，并承诺共同遵守。

一、双方当事人基本情况

第一条 甲方（用人单位）名称 ××房地产开发有限公司

法定代表人、主要负责人或委托代理人 张××

单位类型 民营 经济类型 有限责任公司

组织机构代码证号 ×××××××××××××

注册登记地 ××省××市××区（县）××街（乡）××号

实际经营地 ××省××市××区（县）××街（乡）××号

联系方式及电话 ×××××××××

第二条 乙方（劳动者）姓名 曲× 性别 男

户籍类型（√非农业、__农业）

居民身份证号码 ××××××××××××××××××

或者其他有效身份证件名称及号码

户籍所在地 ××省××市××区（县）××街（乡）××号

实际居住地 ××省××市××区（县）××街（乡）××号

联系方式及电话 ×××××××××

第三条 乙方联系方式及电话发生变更，应及时通知甲方。

二、劳动合同期限

第四条 本合同期限经双方协商一致，采取下列第一种形式：

（一）固定期限：自2008年4月1日起至2013年3月31日止。其中，试用期自2008年4月1日起至2008年9月30日止。

（二）无固定期限：自×年×月×日起。其中，试用期自×年×月×日起至×年×月×日止。

（三）以完成一定工作任务为期限：自×年×月×日起至×时止。

三、工作内容和工作地点

第五条 甲方根据工作需要安排乙方在人力资源经理岗位，从事人力资源管理工作，工作地点为大连。

甲乙双方可以签订岗位协议书，约定岗位具体职责和要求。

第六条 乙方应按照甲方安排的工作内容及要求，认真履行岗位职责，按时完成工作任务，遵守甲方依法制定的规章制度。

四、工作时间和休息休假

第七条 甲方安排乙方所在岗位实行下列第一种工作时间制度：

（一）标准工作时间制度：乙方每日工作不超过8小时，平均每周工作不超过40小时，每周休息日为星期六、星期日。

（二）不定时工作制。甲方在保障乙方身体健康并充分听取乙方意见的基础上，应采取集中工作、集中休息、轮休调休、弹性工作等适当方式，确保乙方的休息休假权利和生产、工作任务的完成。

（三）以×（月、季、年）为周期综合计算工时工作制，平均日和平均周工作时间不超过法定标准工作时间。

实行不定时工作制和综合计算工时工作制的，甲方应报经劳动行政部门批准后实行。

第八条 甲方按照国家有关规定及企业生产经营需要，合理安排乙方工作时间，依法保证乙方的休息权利，保证乙方依法享有法定节假日以及探亲、婚丧、计划生育、带薪年休假等休假权利。

第九条 甲方严格执行劳动定额标准，不得强迫或者变相强迫乙方加班。确因生产经营需要，经与工会和乙方协商后可以延长工作时间，一般每日不超过1小时。因特殊原因需延长工作时间的，在保障乙方身体健康的条件下，延长工作时间每日不超过3小时，每月不超过36小时。

五、劳动报酬

第十条 甲方结合本单位的生产经营特点和经济效益，依法确定本单位的工资分配制度。乙方的工资水平，按照本单位的工资分配制度，结合乙方的劳动技能、劳动强度、劳动条件、劳动贡献等确定，实行同工同酬。

第十一条 甲方按下列第一种形式支付乙方工资。

（一）计时工资。乙方的工资标准为2000元/月（周），绩效工资（奖金）根据乙方实际劳动贡献确定。

（二）计件工资。乙方的劳动定额为×，计件单价为×。

（三）按照甲方依法制定的工资分配制度确定。

乙方在试用期期间的工资标准为1600元/月。

第十二条 甲方于每月10日前以货币或转账形式足额支付乙方工资。如遇节假日或休息日，应提前到最近的工作日支付。

甲方应书面记录支付乙方工资的时间、数额、工作天数、签字等情况，并向乙方提供工资清单。

第十三条 甲方安排乙方延长工作时间或者在休息日、法定节假日工作的，应依法安排乙方补休或者按照国家相关规定向乙方支付加班工资。

第十四条 乙方正常提供劳动的，甲方支付给乙方的工资不得低于最低工资标准。

第十五条 乙方在医疗期内的病假工资由甲方根据企业规章制度的规定标准支付，但不得低于最低工资标准的80%。

六、社会保险和福利待遇

第十六条 甲乙双方应当依法参加社会保险，按时足额缴纳各项社会保险费。采用下列第＿一＿种方式缴纳社会保险费。其中，乙方负担的部分由甲方负责代扣代缴。

（一）参加养老保险、医疗保险、失业保险、工伤保险、生育保险。

（二）参加医疗保险、工伤保险及＿×＿。

第十七条　乙方在合同期内，休息休假、患病或负伤、患职业病或因工负伤、生育、死亡等待遇，以及医疗期、孕期、产期、哺乳期的期限及待遇，按相关法律、法规的规定执行。

第十八条　甲方为乙方提供以下补充保险和福利待遇：

××××××××＿＿＿＿＿＿＿＿。

七、劳动保护、劳动条件和职业危害防护

第十九条　甲方建立健全安全技术操作规程、工作规范和劳动安全卫生、职业危害防护制度，并对乙方进行必要的培训。乙方在劳动过程中应严格遵守各项制度规范和安全技术操作规程。

第二十条　甲方为乙方提供符合国家规定的劳动安全卫生条件和必要的劳动防护用品。安排乙方从事有职业危害作业的，定期为乙方进行健康检查。

第二十一条　甲方对可能产生职业病危害的岗位，应当向乙方履行如实告知的义务，并对乙方进行劳动安全卫生教育，预防劳动过程中的事故发生，减少职业危害。

第二十二条　甲方违章指挥、强令冒险作业，危及乙方人身安全的，乙方有权拒绝。乙方对危害生命安全和身体健康的劳动条件，有权对甲方提出批评、检举和控告。

八、劳动合同的履行和变更

第二十三条　甲乙双方按照本合同的约定，依法、全面履行各自的义务。

第二十四条　甲方变更名称、法定代表人、主要负责人或者投资人等事项，不影响本合同的履行。

第二十五条　甲方发生合并或者分立等情况，本合同继续有效，由承继甲方权利和义务的单位继续履行。

第二十六条　经甲乙双方协商一致，可以变更本合同约定的内容，并以书面形式确定。

九、劳动合同的解除和终止

第二十七条　经甲乙双方协商一致，本合同可以解除。

第二十八条　乙方提前30日以书面形式通知甲方，可以解除本合同。乙方在试用期内提前3日通知甲方，可以解除本合同。

第二十九条　甲方有下列情形之一的，乙方可以解除本合同：

（一）未按照约定提供劳动保护或者劳动条件的；

（二）未及时足额支付劳动报酬的；

（三）未依法为乙方缴纳社会保险费的；

（四）规章制度违反法律、法规的规定，损害乙方权益的；

（五）因《劳动合同法》第二十六条第一款规定的情形致使劳动合同无效的；

（六）法律、行政法规规定乙方可以解除劳动合同的其他情形；

（七）甲方以暴力、威胁或者非法限制人身自由的手段强迫乙方劳动，或者违章指挥、强令冒险作业危及乙方人身安全的，乙方可以立即解除本合同，不需事先告知甲方。

第三十条 乙方有下列情形之一的，甲方可以解除本合同：

（一）在试用期间被证明不符合录用条件的；

（二）严重违反甲方规章制度的；

（三）严重失职，营私舞弊，给甲方造成重大损害的；

（四）乙方同时与其他用人单位建立劳动关系，对完成甲方的工作任务造成严重影响，或者经甲方提出，拒不改正的；

（五）以欺诈、胁迫的手段或者乘人之危，使甲方在违背真实意思的情况下订立或者变更劳动合同的；

（六）被依法追究刑事责任的。

第三十一条 乙方有下列情形之一的，甲方提前30日以书面形式通知乙方或者额外支付乙方1个月工资，可以解除本合同：

（一）乙方患病或非因工负伤，在规定的医疗期满后不能从事原工作，也不能从事由甲方另行安排的工作的；

（二）乙方不能胜任工作，经过培训或者调整工作岗位，仍不能胜任工作的；

（三）劳动合同订立时所依据的客观情况发生重大变化，致使劳动合同无法履行，经双方协商，未能就变更劳动合同内容达成协议的。

第三十二条 甲方如需裁员，应依据《劳动合同法》规定进行，并不得侵害乙方合法权益。

第三十三条 有下列情形之一的，本合同终止：

（一）劳动合同期满的；

（二）乙方开始依法享受基本养老保险待遇的；

（三）乙方死亡，或者被人民法院宣告死亡或者宣告失踪的；

（四）甲方被依法宣告破产的；

（五）甲方被吊销营业执照、责令关闭、撤销或者甲方决定提前解散的；

（六）法律、行政法规规定的其他情形。

第三十四条 甲方应当在解除或者终止劳动合同时向乙方出具解除或者终止劳动合同的证明，并在15日内为乙方办理档案和社会保险关系转移手续。

乙方应当按照约定办理工作交接。应当向乙方支付经济补偿的，甲方应当在乙方办结工作交接时支付。甲方对已经解除或者终止的劳动合同文本，至少保存2年备查。

十、经济补偿和赔偿

第三十五条　按本合同第二十七条，由甲方提出解除合同的和按本合同第二十九条、第三十一条、第三十二条解除合同以及按本合同第三十三条终止合同的，甲方应按《劳动合同法》第四十六条规定向乙方支付经济补偿。

第三十六条　经济补偿按乙方在甲方工作的年限，每满1年支付1个月工资。6个月以上不满1年的，按1年计算；不满6个月的，支付半个月工资。工资标准为乙方解除或终止劳动合同前12个月平均工资。

第三十七条　若乙方的工资高于甲方所在直辖市、社区的市级人民政府公布的本地区上年度职工月平均工资的3倍，甲方以职工月平均工资的3倍为标准向乙方支付经济补偿，支付的年限最高不超过12年。

第三十八条　甲方违法解除或者终止本合同，乙方要求继续履行本合同的，甲方应当继续履行；乙方不要求继续履行本合同或者本合同已经不能继续履行的，甲方应当依法按照经济补偿金标准的两倍向乙方支付赔偿金。

乙方违法解除劳动合同，给甲方造成损失的，应当承担赔偿责任。

十一、其他事项

第三十九条　甲方为乙方提供专项培训费用，对其进行专业技术培训，双方可以订立专项协议，约定服务期。

乙方违反服务期约定的，应当按照约定支付违约金。

第四十条　乙方负有保密义务的，双方可以订立专项协议，约定竞业限制条款。

乙方违反竞业限制约定的，应当按照约定支付违约金。给甲方造成损失的，应当承担赔偿责任。

第四十一条　以下协议作为本合同的附件：

（一）岗位协议书

（二）培训协议书

（三）保密协议书

（四）____________

第四十二条　双方约定的其他事项：

____

____

第四十三条　甲乙双方因履行本合同发生劳动争议，可以协商解决。协商不成，可以依法申请仲裁、提起诉讼。

第四十四条　本合同未尽事宜，按国家和省、市有关规定执行。

第四十五条　本合同自甲乙双方签字或盖章之日起生效。本合同一式两份，甲乙双方各执一份。

甲方（盖章）：　　　　　　　　　　　　　乙方（签名）：

法定代表人、负责人

或委托代理人（签名）：

2008 年 4 月 20 日　　　　　　　　　　　2008 年 4 月 20 日

双方当事人依法签订的劳动合同自愿申请鉴证，应当在劳动合同鉴证之日起 30 日内向劳动行政部门提出。

鉴证机构（盖章）：　　　　　　　　　　鉴证时间：　年　月　日

劳动合同变更页

经甲乙双方协商一致，本合同可以变更。变更事项依次做如下记载：

第____次变更：变更以上合同条款第____条第____项，变更后内容为：____。

变更条款生效时间：____年____月____日

甲方法定代表人或其委托代理人签字或盖章：

签字时间：____年____月____日

乙方签字：____________________

签字时间：____年____月____日

第____次变更：变更以上合同条款第____条第____项，变更后内容为：____。

变更条款生效时间：____年____月____日

甲方法定代表人或其委托代理人签字或盖章：

签字时间：____年____月____日

乙方签字：____________________

签字时间：____年____月____日

劳动合同变更页

经甲乙双方协商一致，本合同可以变更。变更事项依次做如下记载：

第____次变更：变更以上合同条款第____条第____项，变更后内容为：________________________________。

变更条款生效时间：____年____月____日

甲方法定代表人或其委托代理人签字或盖章：

签字时间：____年____月____日

乙方签字：__________________

签字时间：____年____月____日

第____次变更：变更以上合同条款第____条第____项，变更后内容为：________________________________。

变更条款生效时间：____年____月____日

甲方法定代表人或其委托代理人签字或盖章：

签字时间：____年____月____日

乙方签字：__________________

签字时间：____年____月____日

劳动合同续签页

第______次续签合同期限：
固定期限：自____年____月____日起至____年____月____日止。
无固定期限：自____年____月____日起。
甲方法定代表人或其委托代理人签字或盖章：
签字时间：____年____月____日
乙方签字：__________________
签字时间：____年____月____日

第______次续签合同期限：
固定期限：自____年____月____日起至____年____月____日止。
无固定期限：自____年____月____日起。
甲方法定代表人或其委托代理人签字或盖章：
签字时间：____年____月____日
乙方签字：__________________
签字时间：____年____月____日

劳动合同续签页

第______次续签合同期限：

固定期限：自____年____月____日起至____年____月____日止。

无固定期限：自____年____月____日起。

甲方法定代表人或其委托代理人签字或盖章：

签字时间：____年____月____日

乙方签字：__________________

签字时间：____年____月____日

第______次续签合同期限：

固定期限：自____年____月____日起至____年____月____日止。

无固定期限：自____年____月____日起。

甲方法定代表人或其委托代理人签字或盖章：

签字时间：____年____月____日

乙方签字：__________________

签字时间：____年____月____日

附件（其他约定事项）：

（二）实例二（以完成一定工作任务为期限）：

编号：____________

广东省劳动合同

广东省劳动和社会保障厅编制

使 用 说 明

一、双方在签订本合同前，应认真阅读本合同。本合同一经签订，即具有法律效力，双方必须严格履行。

二、本合同必须由用人单位（甲方）的法定代表人（或者委托代理人）和职工（乙方）亲自签字或盖章，并加盖用人单位公章（或者劳动合同专用章）。

三、本合同中的空栏，由双方协商确定后填写，并不得违反法律、法规和相关规定；不需填写的空栏，画上“/”。

四、工时制度分为标准工时、不定时、综合计算工时三种。实行不定时、综合计算工时工作制的，应经劳动保障部门批准。

五、本合同的未尽事宜，可另行签订补充协议，作为本合同的附件，与本合同一并履行。

六、本合同必须认真填写，字迹清楚、文字简练、准确，并不得擅自涂改。

七、本合同（含附件）签订后，甲、乙双方各保管一份备查。

甲方（用人单位）：　　　　　　　　　　　乙方（劳动者）：
名称：××物业管理有限公司　　　　　　　姓名：高××
法定代表人（主要负责人）：孙×
身份证号码：××××××××××××××××××
住址：××××××××××
住所（地址）：××××××××××
经济类型：有限公司
联系电话：××××××××　　　　　　　联系电话：××××××××

根据《中华人民共和国劳动法》《中华人民共和国劳动合同法》和国家及省的有关规定，甲乙双方按照合法、公平、平等自愿、协商一致、诚实信用的原则订立本合同。

一、劳动合同期限

（一）合同期

双方同意按以下第__3__种方式确定本合同期限：

1．固定期限：从×年×月×日起至×年×月×日止。

2．无固定期限：从×年×月×日起至法定终止条件出现时止。

3．以完成一定工作任务为期限：从2008年4月1日起至莲花小区物业保安服务工作任务完成时止。该工作任务完成的标志为莲花小区物业保安服务合同终止。

（二）试用期

双方同意按以下第1种方式确定试用期（试用期包含在合同期内）：

1．无试用期。

2．试用期从×年×月×日起至×年×月×日止。

二、工作内容和工作地点

（一）乙方的工作部门为莲花小区物业管理中心。

岗位（管理技术岗位或生产操作岗位），为操作岗位。

职务（或工种）为保安员。

（二）乙方的工作任务或职责是负责小区秩序管理，配合治安管理部门做好小区安全防范工作。

（三）乙方的工作地点为莲花小区。

（四）甲方在合同期内因生产经营需要或其他原因调整乙方的工作岗位，或派乙方到本合同约定以外的地点、单位工作的，应协商一致并按变更本合同办理，双方签章确认的协议书作为本合同的附件。

三、工作时间和休息休假

（一）甲、乙双方同意按以下第3种方式确定乙方的工作时间：

1．标准工时制，即每日工作8小时，每周工作5天，每周至少休息一天。

2．不定时工作制，即经劳动保障部门审批，乙方所在岗位实行不定时工作制。

3．综合计算工时工作制，即经劳动保障部门审批，乙方所在岗位实行以年为周期，总工时2085小时的综合计算工时工作制。

（二）甲方因生产（工作）需要，经与工会和乙方协商后可以延长工作时间。除《劳动法》第四十二条规定的情形外，一般每日不得超过一小时，因特殊原因最长每日不得超过三小时，每月不得超过三十六小时。

（三）甲方按规定给予乙方享受法定休假日、年休假、婚假、丧假、探亲假、产假、看护假等带薪假期，并应按本合同约定的工资标准支付工资。

四、劳动报酬

（一）乙方正常工作时间的工资按下列第＿1＿种形式执行，并不得低于当地最低工资标准。

1．计时工资：

（1）乙方正常工作时间工资按公司岗位工资执行，工资额为1500元/月（8.63元/时）；

（2）乙方试用期工资为1200元/月（试用期工资不得低于甲方相同岗位最低档工资或者本合同约定工资的百分之八十，并不得低于甲方所在地的最低工资标准）。

2．计件工资：

（1）计件单价＿×＿；

（2）劳动定额＿×＿（确定的劳动定额原则上应当使本单位同岗位百分之七十以上的劳动者在法定劳动时间内能够完成）；

3．其他形式（如实行年薪制或者按考核周期支付工资）：×。

（二）乙方的绩效薪酬或奖金的计发办法为：公司建立奖励制度激励员工工作积极性，规范奖金发放。

（三）工资必须以货币形式支付，不得以实物及有价证券替代货币支付。

（四）甲方每月10日发放上月（当月/上月）工资。如遇节假日或休息日，则提前到最近的工作日支付。

（五）甲方依法安排乙方延长工作时间或者在休息日、法定节假日加班的，应按《劳动法》《广东省工资支付条例》的规定支付加班工资，但乙方休息日加班被安排补休的除外。

五、社会保险和福利待遇

（一）合同期内，甲方应按国家、省和本地区的有关规定，依法为乙方办理参加养老、医疗、失业、工伤、生育等社会保险的手续，按规定的缴费基数和缴费比例缴纳应由甲方承担的社会保险费，并按规定从乙方的工资中代为扣缴应由个人承担的社会保险费。甲方应将为乙方办理参加社会保险手续和扣缴社会保险费的情况如实告知乙方。

（二）乙方患病或非因工负伤，甲方应按国家和地方的规定给予医疗期和医疗待遇，按医疗保险及其他相关规定报销医疗费用，并在规定的医疗期内支付病假工资或疾病救济费。

六、劳动保护、劳动条件和职业危害防护

（一）甲方按国家和省有关劳动保护规定提供符合国家劳动卫生标准的劳动作业场所，切实保护乙方在生产工作中的安全和健康。如乙方工作过程中可能产生职业病危害，甲方应如实告知乙方，并按《职业病防治法》的规定保护乙方的健康及其相关权益。

（二）甲方根据乙方从事的工作岗位，按国家有关规定，发给乙方必要的劳动保护用品，并按劳动保护规定每<u>年</u>（年/季/月）免费安排乙方进行体检。

（三）甲方按照国家、省和当地的有关规定，做好女职工的劳动保护和保健工作。

（四）乙方有权拒绝甲方的违章指挥、强令冒险作业，对甲方及其管理人员漠视乙方生命安全和身体健康的行为，有权对甲方提出批评并向有关部门检举、控告。

（五）乙方患职业病、因工负伤或者因工死亡的，甲方应按《工伤保险条例》的规定办理。

七、合同的变更

（一）任何一方要求变更本合同的有关内容，都应以书面形式通知对方。

（二）甲乙双方经协商一致，可以变更本合同，并办理书面变更手续。变更后的劳动合同文本由甲乙双方各执一份。

八、合同的解除和终止

（一）解除

1．经甲乙双方协商一致，本合同可以解除。其中由甲方提出解除本合同的，应按规定支付经济补偿。

2．有下列情形之一的，甲方可以解除本合同：

（1）乙方在试用期内被证明不符合录用条件的；

（2）乙方严重违反甲方规章制度的；

（3）乙方严重失职，营私舞弊，对甲方造成重大损害的；

（4）乙方同时与其他用人单位建立劳动关系，对完成甲方的工作任务造成严重影响，或者经甲方提出，拒不改正的；

（5）乙方以欺诈、胁迫的手段或者乘人之危，使甲方在违背真实意思的情况下订立或者变更劳动合同致使本合同或者变更协议无效的；

（6）乙方被依法追究刑事责任的；

（7）乙方患病或非因工负伤，在规定的医疗期满后不能从事本合同约定的工作，也不能从事由甲方另行安排的工作的；

（8）乙方不能胜任工作，经过培训或者调整工作岗位，仍不能胜任工作的；

（9）本合同订立时所依据的客观情况发生重大变化，致使本合同无法履行，经双方协商未能就变更本合同达成协议的。

甲方按照第（7）、（8）、（9）项规定解除本合同的，需提前三十日书面通知乙方（或者额外支付乙方一个月工资），并按规定向乙方支付经济补偿，其中按第（7）项解除本合同并符合有关规定的还需支付乙方医疗补助费。

3．有下列情形之一，甲方在履行规定程序后，可以裁减人员，并按规定支付经济补偿：

（1）甲方依照企业破产法规定进行重整的；

（2）甲方生产经营发生严重困难的；

（3）甲方转产、重大技术革新或者经营方式调整的；

（4）其他因劳动合同订立时所依据的客观经济情况发生重大变化，致使合同无法履行的。

4．乙方解除本合同，应当提前三十日以书面形式通知甲方；在试用期内的，应当提前三日通知甲方。

但有下列情形之一的，乙方可以解除本合同，甲方应按规定支付经济补偿：

（1）甲方未按照劳动合同约定提供劳动保护或者劳动条件的；

（2）甲方未及时足额支付劳动报酬的；

（3）甲方未依法为乙方缴纳社会保险费的；

（4）甲方的规章制度违反法律、法规的规定，损害乙方权益的；

（5）甲方以欺诈、胁迫的手段或者乘人之危，使乙方在违背真实意思的情况下订立或者变更本合同，致使本合同或者变更协议无效的；

（6）甲方免除自己的法定责任、排除乙方权利，致使本合同无效的；

（7）甲方违反法律、行政法规强制性规定，致使本合同、合同附件或补充协议等与合同具有同等效力的文件无效的；

（8）甲方以暴力、威胁或者非法限制人身自由的手段强迫乙方劳动，或者违章指挥、强令冒险作业危及乙方人身安全的；

（9）法律、行政法规规定乙方可以解除劳动合同的其他情形。

甲方有上述第（8）项情形的，乙方可以立即解除劳动合同，不需事先告知用人单位。

5．有下列情形之一的，甲方不得依据《劳动合同法》第四十条、第四十一条的规定解除本合同：

（1）乙方从事接触职业病危害作业未进行离岗前职业健康检查，或者疑似职业病病人在诊断或者医学观察期间的；

（2）乙方在本单位患职业病或者因工负伤并被确认丧失或部分丧失劳动能力的；

（3）乙方患病或者非因工负伤，在规定的医疗期内的；

（4）女职工在孕期、产期、哺乳期的；

（5）乙方在本单位连续工作满十五年，且距法定退休年龄不足五年的；

（6）法律、行政法规规定的其他情形。

（二）终止

1．本合同期满或法定终止条件出现，本合同即行终止。

2．本合同因下列情形之一终止的，甲方应当按规定向乙方支付经济补偿：

（1）除甲方维持或者提高劳动合同约定条件续订劳动合同，乙方不同意续订的情形外，劳动合同期满的；

（2）甲方被依法宣告破产的；

（3）甲方被吊销营业执照、责令关闭、撤销或者甲方决定提前解散的；

（4）法律、行政法规规定的其他情形。

3．乙方有第八条第（一）项第5点情形之一，合同期满的，甲方应当续延乙方合同期至相应的情形消失时终止。但乙方在甲方患职业病或者因工负伤并被确认丧失或者部分丧失劳动能力的劳动合同的终止，按照国家和省有关工伤保险的规定执行。

（三）合同解除或者终止的手续

甲方应当在解除或者终止本合同时出具解除或者终止劳动合同的证明，并在十五日内为乙方办理档案和社会保险关系转移手续。

（四）甲方违反《劳动合同法》规定解除或者终止本合同的，应按规定的经济补偿标准的两倍支付乙方赔偿金。

九、调解与仲裁

双方履行本合同如发生争议，可先协商解决；不愿协商或协商不成的，可以向甲方劳动争议调解机构申请调解；调解无效，可在法定仲裁时效内向有管辖权的劳动争议仲裁委员会申请仲裁；也可以直接向劳动争议仲裁委员会申请仲裁。对仲裁裁决不服的，可在法定期限内向人民法院提起诉讼。

十、服务期与竞业限制

（一）如甲方为乙方提供专项培训费用，对其进行专业技术培训，双方作如下约定：×＿＿＿＿＿＿＿。

（乙方违反服务期约定的，应当按照约定向甲方支付违约金。违约金数额不得超过甲方提供的培训费用，并不得超过服务期尚未履行部分应分摊的培训费用）

（二）如乙方掌握甲方的商业秘密和与知识产权相关的保密事项，双方做如下约定：×＿＿＿＿＿＿＿。

（乙方负有保密义务的，甲方可与其约定竞业限制，并约定在解除或者终止本合同后，在竞业限制期限内按月给予乙方经济补偿。乙方违反竞业限制约定的，应当按照约定向甲方支付违约金。竞业限制的人员仅限于甲方的高级管理人员、高级技术人员和其他负有保密义务的人员。解除或者终止本合同后的竞业限制期限不得超过二年）

十一、其他

（一）本合同未尽事宜，按国家和地方有关政策规定办理。在合同期内，如本合同条款与国家、省有关劳动管理新规定相抵触的，按新规定执行。

（二）下列文件规定为本合同附件，与本合同具有同等效力：

1. ____________。
2. ____________。
3. ____________。
4. ____________。
5. ____________。
6. ____________。

（三）双方约定（内容不得违反法律法规及相关规定，可另加双方签名或盖章的附页）：

甲方:（盖章）　　　　　　　　　　乙方:（签名或盖章）
法定代表人:
（或委托代理人）
2008 年 3 月 20 日　　　　　　　　2008 年 3 月 21 日
鉴证机构（盖章）:
鉴证人:
鉴证日期:　　年　　月　　日

变更劳动合同协议书

甲、乙双方经平等协商，一致同意对本合同做以下变更：

甲方：（盖章）　　　　　　　　乙方：（签名或盖章）

法定代表人：

（或委托代理人）

年　月　日　　　　　　　　　　年　月　日

（三）实例三（无固定期限）：

示范文本

编号：＿＿＿＿＿＿

劳动合同书

（无固定期限）

甲　　方：××生物科技有限公司

乙　　方：李××

签订日期：2008年4月15日

北京市劳动和社会保障局监制

根据《中华人民共和国劳动法》《中华人民共和国劳动合同法》和有关法律、法规，甲乙双方经平等自愿、协商一致签订本合同，共同遵守本合同所列条款。

一、劳动合同双方当事人基本情况

第一条　甲方：××生物科技有限公司

法定代表人（主要负责人）或委托代理人：钟××

注册地址：×××××××××

经营地址：×××××××××

第二条　乙方：李××　性别：男

户籍类型（非农业、农业）：非农业

居民身份证号码：××××××××××××××××××

或者其他有效证件名称：________　证件号码：________

在甲方工作起始时间：2008年4月1日

家庭住址：××××××××　邮政编码：××××××

在京居住地址：××××××××　邮政编码：××××××

户口所在地：××省（市）××区（县）××街道（乡镇）

二、劳动合同期限

第三条　本合同为无固定期限劳动合同。

本合同于2008年4月15日生效，其中试用期至2008年9月30日止。

三、工作内容和工作地点

第四条　乙方同意根据甲方工作需要，担任产品包装岗位（工种）工作。

第五条　根据甲方的岗位（工种）作业特点，乙方的工作区域或工作地点为××生产基地。

第六条　乙方工作应达到公司管理制度规定的包装岗位工作标准的要求标准。

四、工作时间和休息休假

第七条　甲方安排乙方执行标准工时制度。

执行标准工时制度的，乙方每天工作时间不超过8小时，每周工作不超过40小时。每周休息日为星期六、星期日。

甲方安排乙方执行综合计算工时工作制度或者不定时工作制度的，应当事先取得劳动行政部门特殊工时制度的行政许可决定。

第八条　甲方对乙方实行的休假制度有国家法定休假、带薪年休假、职工依法享受的探亲假，及病假、产假、婚丧假、事假等。

五、劳动报酬

第九条 甲方每月10日前以货币形式支付乙方工资，月工资为 1500 元或按 公司薪酬管理制度 执行。

乙方在试用期期间的工资为 1200 元/月。

甲乙双方对工资的其他约定 ×

第十条 甲方生产工作任务不足使乙方待工的，甲方支付乙方的月生活费为800元或按 不低于当地的最低工资标准 执行。

六、社会保险及其他保险福利待遇

第十一条 甲乙双方按国家和北京市的规定参加社会保险。甲方为乙方办理有关社会保险手续，并承担相应社会保险义务。

第十二条 乙方患病或非因工负伤的医疗待遇按国家、北京市有关规定执行。甲方按 国家规定及公司薪酬管理制度 支付乙方病假工资。

第十三条 乙方患职业病或因工负伤的待遇按国家和北京市的有关规定执行。

第十四条 甲方为乙方提供以下福利待遇 上下班交通车，午餐补贴，每年有一次旅游 。

七、劳动保护、劳动条件和职业危害防护

第十五条 甲方根据生产岗位的需要，按照国家有关劳动安全、卫生的规定为乙方配备必要的安全防护措施，发放必要的劳动保护用品。

第十六条 甲方根据国家有关法律、法规，建立安全生产制度；乙方应当严格遵守甲方的劳动安全制度，严禁违章作业，防止劳动过程中的事故，减少职业危害。

第十七条 甲方应当建立、健全职业病防治责任制度，加强对职业病防治的管理，提高职业病防治水平。

八、劳动合同的解除、终止和经济补偿

第十八条 甲乙双方解除、终止劳动合同应当依照《中华人民共和国劳动合同法》和国家及北京市有关规定执行。

第十九条 甲方应当在解除或者终止本合同时，为乙方出具解除或者终止劳动合同的证明，并在十五日内为乙方办理档案和社会保险关系转移手续。

第二十条 乙方应当按照双方约定，办理工作交接。应当支付经济补偿的，在办结工作交接时支付。

九、当事人约定的其他内容

第二十一条　甲乙双方约定本合同增加以下内容：

　　×____

____

十、劳动争议处理及其他

第二十二条　双方因履行本合同发生争议，当事人可以向甲方劳动争议调解委员会申请调解；调解不成的，可以向劳动争议仲裁委员会申请仲裁。

当事人一方也可以直接向劳动争议仲裁委员会申请仲裁。

第二十三条　本合同的附件如下______×____________________

____

第二十四条　本合同未尽事宜或与今后国家、北京市有关规定相悖的，按有关规定执行。

第二十五条　本合同一式两份，甲乙双方各执一份。

甲方（公章）：　　　　　　　　　　　乙方（签字或盖章）：

法定代表人（主要负责人）或委托代理人：
（签字或盖章）

签订日期：2008 年 4 月 15 日

劳动合同变更书

经甲乙双方协商一致，对本合同做以下变更：

甲方（公章）： 乙方（签字或盖章）：

法定代表人（主要负责人）

或委托代理人：

（签字或盖章）

年 月 日 年 月 日

使 用 说 明

一、本合同书可作为用人单位与职工签订劳动合同时使用。

二、用人单位与职工使用本合同书签订劳动合同时，凡需要双方协商约定的内容，协商一致后填写在相应的空格内。

签订劳动合同，甲方应加盖公章；法定代表人或主要负责人应本人签字或盖章。

三、经当事人双方协商需要增加的条款，在本合同书中第二十一条中写明。

四、当事人约定的其他内容，劳动合同的变更等内容在本合同内填写不下时，可另附纸。

五、本合同应使钢笔或签字笔填写，字迹清楚，文字简练、准确，不得涂改。

六、本合同一式两份，甲乙双方各执一份，交乙方的不得由甲方代为保管。

2007 年 11 月

（四）实例四（劳务派遣）：

示范文本

编号：________

劳动合同书

（劳务派遣）

甲　　方：××劳动服务公司

乙　　方：宁××

签订日期：2008年4月1日

北京市劳动和社会保障局监制

根据《中华人民共和国劳动法》《中华人民共和国劳动合同法》和有关法律、法规，甲乙双方经平等自愿、协商一致签订本合同，共同遵守本合同所列条款。

一、劳动合同双方当事人基本情况

第一条 甲方：××劳动服务公司

法定代表人（主要负责人）或委托代理人：夏××

注册地址：×××××××××

经营地址：×××××××××

第二条 乙方：宁×× 性别：女 户籍类型（非农业、农业）：非农业

居民身份证号码：××××××××××××××××××

或者其他有效证件名称：________ 证件号码：________

在甲方工作起始时间：2008 年 4 月 1 日

家庭住址：××××××××× 邮政编码：××××××

在京居住地址：××××××××× 邮政编码：××××××

户口所在地：×× 省（市）×× 区（县）×× 街道（乡镇）

二、劳动合同期限

第三条 本合同为固定期限劳动合同。

本合同于2008年4月1日生效，其中试用期至2008年9月30日止。本合同于2013年3月31日终止。

甲方派遣乙方到用工单位的派遣期限自2008年4月1日开始。

三、工作内容和工作地点

第四条 甲方派遣乙方工作的用工单位名称 ××银行××支行

第五条 乙方同意根据用工单位工作需要，担任 前台柜员 岗位（工种）工作。

第六条 根据用工单位的岗位（工种）作业特点，乙方的工作区域或工作地点为 ××银行××支行

第七条 乙方按用工单位的要求应达到 用工单位管理制度中前台柜员岗位说明书中描述的 工作标准。

四、工作时间和休息休假

第八条 用工单位安排乙方执行 标准 工时制度。

执行标准工时制度的，乙方每天工作时间不超过8小时，每周工作不超过40小时。每周休息日为 星期六、星期日 。

用工单位安排乙方执行综合计算工时工作制度或者不定时工作制度的，应当事先取得劳动行政部门特殊工时制度的行政许可决定。

第九条 甲方和用工单位对乙方实行的休假制度有国家法定休假、带薪年休假、职工依法享受的探亲假，及病假、产假、婚丧假、事假等。

五、劳动报酬

第十条 甲方每月 10 日前以货币形式支付乙方工资，月工资为 1800 元。

乙方在试用期期间的工资为 1500 元/月。

甲乙双方对工资的其他约定 ×

第十一条 甲方未能安排乙方工作或者被用工单位退回期间，按照北京市最低工资标准支付乙方报酬。

六、社会保险及其他保险福利待遇

第十二条 甲乙双方按国家和北京市的规定参加社会保险。甲方为乙方办理有关社会保险手续，并承担相应社会保险义务。

第十三条 乙方患病或非因工负伤的医疗待遇按国家、北京市有关规定执行。甲方按 国家规定及公司薪酬管理制度 支付乙方病假工资。

第十四条 乙方患职业病或因工负伤的待遇按国家和北京市的有关规定执行。

第十五条 甲方为乙方提供以下福利待遇午餐补贴，为全员购买意外伤害保险，每年有一次旅游。

七、劳动保护、劳动条件和职业危害防护

第十六条 甲方应当要求用工单位根据生产岗位的需要，按照国家有关劳动安全、卫生的规定为乙方配备必要的安全防护措施，发放必要的劳动保护用品。

第十七条 甲方应当要求用工单位根据国家有关法律、法规，建立安全生产制度；乙方应当严格遵守甲方和用人单位的劳动安全制度，严禁违章作业，防止劳动过程中的事故，减少职业危害。

第十八条 甲方应当要求用工单位建立、健全职业病防治责任制，加强对职业病防治的管理，提高职业病防治水平。

八、劳动合同的解除、终止和经济补偿

第十九条 甲乙双方解除、终止、续订劳动合同应当依照《中华人民共和国劳动合同法》和国家及北京市有关规定执行。

第二十条 甲方应当在解除或者终止本合同时，为乙方出具解除或者终止劳动合同的证明，并在十五日内为乙方办理档案和社会保险关系转移手续。

第二十一条 乙方应当按照双方约定，办理工作交接。应当支付经济补偿的，在办结工作交接时支付。

九、当事人约定的其他内容

第二十二条　甲乙双方约定本合同增加以下内容：

×

十、劳动争议处理及其他

第二十三条　双方因履行本合同发生争议，当事人可以向甲方劳动争议调解委员会申请调解；调解不成的，可以向劳动争议仲裁委员会申请仲裁。

当事人一方也可以直接向劳动争议仲裁委员会申请仲裁。

第二十四条　本合同的附件如下　×

第二十五条　本合同未尽事宜或与今后国家、北京市有关规定相悖的，按有关规定执行。

第二十六条　本合同一式两份，甲乙双方各执一份。

甲方（公章）：　　　　　　　　　　乙方（签字或盖章）：

法定代表人（主要负责人）或委托代理人：
（签字或盖章）

签订日期：2008年4月1日

劳动合同续订书

本次续订劳动合同期限类型为________________期限合同，续订合同生效日期为____年____月____日，续订合同____________________________终止。

甲方（公章）：　　　　乙方（签字或盖章）：

法定代表人（主要负责人）或委托代理人（签字或盖章）：

年　　月　　日

本次续订劳动合同期限类型为________________期限合同，续订合同生效日期为____年____月____日，续订合同____________________________终止。

甲方（公章）：　　　　乙方（签字或盖章）：

法定代表人（主要负责人）或委托代理人（签字或盖章）：

年　　月　　日

劳动合同变更书

经甲乙双方协商一致，对本合同做以下变更：

甲方（公章）：　　　　　　　　　乙方（签字或盖章）：

法定代表人（主要负责人）或委托代理人：
（签字或盖章）

年　　月　　日

使用说明

一、本合同书可作为用人单位与职工签订劳动合同时使用。

二、用人单位与职工使用本合同书签订劳动合同时，凡需要双方协商约定的内容，协商一致后填写在相应的空格内。

签订劳动合同，甲方应加盖公章；法定代表人或主要负责人应本人签字或盖章。

三、经当事人双方协商需要增加的条款，在本合同书中第二十二条中写明。

四、当事人约定的其他内容，劳动合同的变更等内容在本合同内填写不下时，可另附纸。

五、本合同应使钢笔或签字笔填写，字迹清楚，文字简练、准确，不得涂改。

六、本合同一式两份，甲乙双方各执一份，交乙方的不得由甲方代为保管。

2007年11月

▲常用文书表单

一、招聘广告

大连×××信息科技有限公司成立于2001年，位于××软件园，系日本独资企业。主要承接日本大型企业、金融机构及政府机关的系统集成和软件开发业务。凭借多年的核心软件技术产品、优秀的开发团队、严谨的项目管理和不断完善的服务体系，为诸多日本客户提供了高质量、高效率、低成本的软件服务，深受客户信赖。本公司坚持"速度、服务、卓越"的经营理念，始终致力于为国内外客户提供高品质的信息产品和服务。现在已经拥有诸多大中型日本软件企业作为长期合作伙伴，在行业内拥有良好的声誉。

目前本公司在立足国内和日本市场的基础上，正大力拓展欧美市场。本公司将通过先进的软件开发模式为客户提供更好的软件产品，致力打造一家在国内有一定知名度和影响力的品牌企业。为发展我公司的业务，现诚聘：

（一）招聘岗位。

高级软件开发工程师一名

（二）招聘条件。

1．正规院校计算机及相关专业大专或本科以上学历；

2．三年以上的软件开发经验；

3．日语三级以上水平；

4．精通C/C＋＋、Visual C＋＋，1年以上嵌入式开发经验；

5．精通.NET，至少熟悉MySQL、Oracle、SQL、MS SQL Server、DB2中的一种；

6．善于沟通协作，具备良好的书面和口头表达能力。

以上职位随时有赴日短期出差或长期驻日工作的机会！

（三）应聘者应提供的资料。

1．学历证明；

2．业绩资料；

3．身份证；

4．个人简历。

（四）招聘时间。

应聘者请于××××年××月××日前携带相关资料原件及复印件到我公司人力资源部报名，领取公司招聘告知书，填写应聘登记表。

（五）招聘地点。

公司人力资源部。

（六）面试安排。

经公司人力资源部审查确定面试名单后，3日内向应聘人发出面试通知书。

（七）待遇。

应聘者一经录用，即按本公司规定享受工资及相关福利待遇。

我公司在福利待遇方面完全按照国家政策执行。公司按工资全额比例给员工缴纳养老保险、医疗保险、失业保险、工伤保险、生育保险及住房公积金等；每年有带薪假；每月有餐费补助；住房补助；取暖费补贴；评比员工业绩，对表现突出的员工发放月奖金。开设各类技术讲座以提高员工素质；日语培训；每年选派优秀人才赴日本研修等。

联系电话：×××××××××

联系人：×××

公司地址：大连××软件园路××号

大连×××信息科技有限公司

××××年××月××日

二、员工应聘登记表

<table>
<tr><td>应聘岗位</td><td colspan="2"></td><td>薪资要求</td><td colspan="2"></td><td>人事档案现存机构</td><td></td></tr>
<tr><td>应聘人姓名</td><td colspan="2"></td><td>民族</td><td colspan="2"></td><td>工作时间</td><td></td></tr>
<tr><td>性别</td><td></td><td>身高</td><td></td><td>体重</td><td></td><td>身份证号码</td><td></td></tr>
<tr><td>政治面貌</td><td colspan="2"></td><td>出生年月</td><td colspan="2"></td><td>户口所在地</td><td></td></tr>
<tr><td>文化程度</td><td colspan="2"></td><td>职称</td><td colspan="2"></td><td>健康状况</td><td></td></tr>
<tr><td>毕业学校专业</td><td colspan="5"></td><td>计算机能力</td><td></td></tr>
<tr><td>现所在单位</td><td colspan="5"></td><td>部门及职务</td><td></td></tr>
<tr><td>薪资要求</td><td colspan="2">试用期薪资</td><td colspan="3"></td><td>转正薪资</td><td></td></tr>
<tr><td colspan="8">主要工作履历（请按年序填写）</td></tr>
<tr><td>起、止年月</td><td colspan="5">在何单位从事何种工作、任何职务</td><td colspan="2">备　注</td></tr>
<tr><td>～</td><td colspan="5"></td><td colspan="2"></td></tr>
<tr><td>～</td><td colspan="5"></td><td colspan="2"></td></tr>
<tr><td>～</td><td colspan="5"></td><td colspan="2"></td></tr>
<tr><td>～</td><td colspan="5"></td><td colspan="2"></td></tr>
<tr><td>～</td><td colspan="5"></td><td colspan="2"></td></tr>
<tr><td>～</td><td colspan="5"></td><td colspan="2"></td></tr>
<tr><td colspan="8">学历情况</td></tr>
<tr><td>起、止年月</td><td colspan="5">学校名称</td><td>专　业</td><td>学历、学位</td></tr>
<tr><td></td><td colspan="5"></td><td></td><td></td></tr>
<tr><td></td><td colspan="5"></td><td></td><td></td></tr>
<tr><td></td><td colspan="5"></td><td></td><td></td></tr>
<tr><td></td><td colspan="5"></td><td></td><td></td></tr>
<tr><td colspan="8">工作业绩</td></tr>
<tr><td>日　期</td><td colspan="4">项目名称、内容</td><td colspan="2">成果或效益说明</td><td>本人职责</td></tr>
<tr><td></td><td colspan="4"></td><td colspan="2"></td><td></td></tr>
<tr><td></td><td colspan="4"></td><td colspan="2"></td><td></td></tr>
<tr><td></td><td colspan="4"></td><td colspan="2"></td><td></td></tr>
<tr><td></td><td colspan="4"></td><td colspan="2"></td><td></td></tr>
<tr><td></td><td colspan="4"></td><td colspan="2"></td><td></td></tr>
</table>

续表

<table>
<tr><td rowspan="4">技能资质证书</td><td>证书名称</td><td>颁发部门</td><td>颁发时间</td></tr>
<tr><td></td><td></td><td></td></tr>
<tr><td></td><td></td><td></td></tr>
<tr><td></td><td></td><td></td></tr>
<tr><td>技能特长及爱好</td><td colspan="3">□计算机水平：____________________
□外语水平：□一级 □二级 □三级 □四级 □六级 □八级
□其他：________
其他技能：</td></tr>
<tr><td colspan="4">主要家庭成员（配偶、子女）</td></tr>
<tr><td>姓　名</td><td>与本人关系</td><td>在何单位从事何种工作、任何职务</td><td>居住地</td></tr>
<tr><td></td><td></td><td></td><td></td></tr>
<tr><td></td><td></td><td></td><td></td></tr>
<tr><td></td><td></td><td></td><td></td></tr>
<tr><td colspan="4">工作设想：

</td></tr>
<tr><td colspan="4">其他需要说明的问题：

</td></tr>
<tr><td colspan="2">联系地址：</td><td colspan="2">邮政编码：</td></tr>
<tr><td colspan="2">手机（电话）：</td><td colspan="2">电子邮箱：</td></tr>
<tr><td colspan="4">应聘人声明：
1．本人保证提供的学历证明、资格证明、工作经历等资料真实；2．本人保证在此表内所填写的一切皆属事实，并明白如有虚假或误导，可能因此不会被聘用或被解除劳动合同，并不予经济补偿；3．本表中填写的地址为邮件能送达的地址；4.收到公司招聘告知书，对告知书内容已了解。
应聘人签名：
年　月　日</td></tr>
</table>

公司声明：1．公司已经告知本人工作内容、工作条件、工作地点、职业危害、安全生产状况、劳动报酬，其他情况。

2．上述内容应聘者如认为有侵犯自己隐私权的可不予填写。

三、公司招聘告知书

本公司成立于2001年，位于××软件园，系日本独资企业。主要承接日本大型企业、金融机构及政府机关的系统集成和软件开发业务。凭借多年的核心软件技术产品、优秀的开发团队、严谨的项目管理和不断完善的服务体系，为诸多日本客户提供了高质量、高效率、低成本的软件服务，深受客户信赖。现在已经拥有诸多大中型日本软件企业作为长期合作伙伴，在行业内拥有良好的声誉。目前本公司在立足国内和日本市场的基础上，正大力拓展欧美市场。现将公司本次招聘高级软件开发工程师的相关情况告知如下：

（一）工作内容

（二）工作条件

（三）工作地点

（四）职业危害、安全生产状况

（五）劳动报酬

（六）应聘人要求了解的其他相关的情况

大连×××信息科技有限公司

××××年××月××日

四、员工入职登记表

工作岗位：　　　　　　　　　　　　　　　　　　　填表日期：

姓名		性别		出生年月		婚否		照片
民族		身高		体重		籍贯		
政治面貌		健康状况		工作年限		薪资要求		
学历		专业			毕业院校			
身份证号码				身份证地址				
联系方式	手机		座机		常住地址			

教育背景（从高中时填写）	起止日期	学　校	专　业	学　历	毕业证号

工作经历	起止日期	工作单位	职务及主要工作职责	离职原因	离职相关证明

主要家庭成员	姓　名	年龄	关　系	工作单位及职务

技能特长及爱好	
	□计算机水平：________
	□外语水平：□一级　□二级　□三级　□四级　□六级　□八级　□其他：________
	其他技能：
	个人爱好及特长：

续表

主要业绩陈述	
原劳动关系情况	A：未解除劳动关系　B：已协商解除劳动合同　C：合同终止　D：停薪留职 E：下岗　F：毕业后待业　G：已失业　H：退休退养　I：其他
用人部门意见	□合格能胜任本项工作　□基本合格但需培训　□不合格 签字：__________ 年　月　日
人力资源部意见	□同意录用　□存档储备　□不予考虑 其他： 签字：__________ 年　月　日
副总经理意见	□同意录用　□存档储备　□不予考虑 其他： 签字：__________ 年　月　日
总经理意见	□同意录用　□存档储备　□不予考虑 其他： 签字：__________ 年　月　日
董事长意见	□同意录用　□存档储备　□不予考虑 其他： 签字：__________ 年　月　日

五、终止劳动合同意向通知书

（　　）年（　　）号

________：

你的劳动合同因下列第____项原因，于　　年　　月　　日终止。

（一）劳动合同期满；

（二）开始依法享受基本养老保险待遇；

（三）达到法定退休年龄；

（四）公司被依法宣告破产；

（五）公司被吊销营业执照、责令关闭、撤销或者公司决定提前解散的；

（六）法律、行政法规规定的其他情形。

其他情形具体为：

大连××房地产开发有限公司（印）

年　　月　　日

终止劳动合同意向通知书（回执）

（　　）年（　　）号

公司：

收到（　　）年（　　）号《终止劳动合同意向通知书》。

__________（签字）

年　　月　　日

六、续订劳动合同意向通知书

（　　）年（　　）号

________：

你的劳动合同因将于　　年　　月　　日到期，公司拟与你续订劳动合同，续订合同期限为　　　年。

其他事项：

大连××房地产开发有限公司（印）

年　　月　　日

续订劳动合同意向通知书（回执）

（　　）年（　　）号

公司：

收到（　　）年（　　）号《续订劳动合同意向通知书》。我拟做下列第　　项选择：

一、同意续订劳动合同；

二、不同意续订劳动合同；

三、同意续订劳动合同，但有如下要求：

________（签字）

年　　月　　日

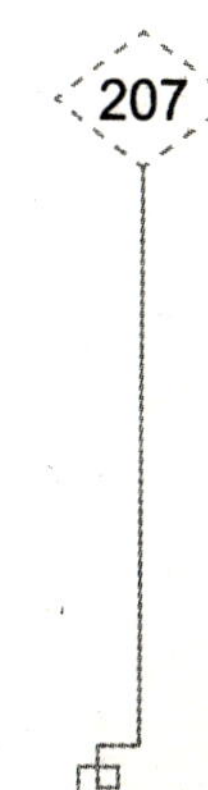

七、变更劳动合同通知书

（　　）年（　　）号

________：

你的劳动合同因________________原因应予变更，公司拟与你协商____日后签署《变更劳动合同协议》，现予告知。

大连××房地产开发有限公司（印）

年　　月　　日

变更劳动合同通知书（回执）

（　　）年（　　）号

公司：

收到（　　）年（　　）号《变更劳动合同通知书》。我拟做下列第　项选择：

一、同意变更劳动合同；

二、不同意变更劳动合同；

三、同意变更劳动合同，但有如下要求：

________（签字）

年　　月　　日

八、解除劳动合同通知书

（　　）年（　　）号

________：

你的劳动合同因下列第_____项原因于　　年　　月　　日解除，现予告知。

（一）已与公司协商一致；

（二）劳动者在试用期间被证明不符合录用条件；

（三）劳动者严重违反用人单位的规章制度；

（四）劳动者严重失职，营私舞弊，给用人单位造成重大损害；

（五）劳动者同时与其他用人单位建立劳动关系，对完成本单位的工作任务造成严重影响，或者经用人单位提出，拒不改正；

（六）劳动者以欺诈、胁迫的手段或者乘人之危，使用人单位在违背真实意思的情况下订立或者变更劳动合同；

（七）劳动者被依法追究刑事责任；

（八）劳动者患病或者非因工负伤，在规定的医疗期满后不能从事原工作，也不能从事由用人单位另行安排的工作；

（九）劳动者不能胜任工作，经过培训或者调整工作岗位，仍不能胜任工作；

（十）劳动合同订立时所依据的客观情况发生重大变化，致使劳动合同无法履行，经用人单位与劳动者协商，未能就变更劳动合同内容达成协议；

（十一）用人单位依照企业破产法规定进行重整；

（十二）用人单位生产经营发生严重困难；

（十三）企业转产、重大技术革新或者经营方式调整，经变更劳动合同后，仍需裁减人员；

（十四）其他因劳动合同订立时所依据的客观经济情况发生重大变化，致使劳动合同无法履行。

其他客观经济情况具体为：

在试用期间被证明不符合录用条件情况具体为：

大连××房地产开发有限公司（印）

年　　月　　日

解除劳动合同通知书（回执）

（　　）年（　　）号

公司：

收到（　　）年（　　）号《解除劳动合同通知书》。

＿＿＿＿＿（签字）

年　　月　　日

九、职工名册

序号	姓名	性别	公民身份证号码	户籍地址	现住址	联系电话	用工形式	用工起始时间	劳动合同期限

十、员工离职申请表

员工姓名		性　别		入职日期	
派遣企业		部　门		职　务	
申请日期		期望离职日		联系电话	
离职类型	□合同未到期解除劳动合同　□劳动合同到期不再续签				

1．您离职的原因：

□工资不符个人期望　□公司福利不好　□工作辛苦　□工作压力大

□工作缺乏挑战　□工作环境不安全　□没有发展空间　□同事关系不融洽

□公司管理不善　□交通不便　□公司文化不适　□公司关心员工少，无归属感

□自寻创业　□另谋职业　□读书进修　□个人健康　□家庭原因

□其他

2．具体原因说明：

3．您对本公司的建议/意见：

审批意见			
用人部门意见		总经理意见	
分管领导意见		人力资源部处理结果	

十一、工作交接表

年　　月　　日

<table>
<tr><td>姓名</td><td></td><td colspan="2">岗位</td><td></td><td>交接时间</td><td></td></tr>
<tr><td colspan="7">一、业务交接（业务资料及相关事项移交）</td></tr>
<tr><td colspan="6">移交项目</td><td>接收人</td></tr>
<tr><td colspan="6">1.</td><td></td></tr>
<tr><td colspan="6">2.</td><td></td></tr>
<tr><td colspan="6">3.</td><td></td></tr>
<tr><td colspan="6">4.</td><td></td></tr>
<tr><td colspan="6">5.</td><td></td></tr>
<tr><td colspan="7">二、行政交接（资产类及办公用品类事项移交）</td></tr>
<tr><td colspan="5">移交项目</td><td>资产管理员</td><td>资产负责人</td></tr>
<tr><td colspan="5">1.</td><td></td><td></td></tr>
<tr><td colspan="5">2.</td><td></td><td></td></tr>
<tr><td colspan="5">3.</td><td></td><td></td></tr>
<tr><td colspan="5">4.</td><td></td><td></td></tr>
<tr><td colspan="5">5.</td><td></td><td></td></tr>
<tr><td colspan="7">三、财务交接（财务类等经济事项移交）</td></tr>
<tr><td colspan="3">项　　目</td><td colspan="2">金　　额</td><td>监交人</td><td>财务负责人</td></tr>
<tr><td colspan="3">1.</td><td colspan="2"></td><td></td><td></td></tr>
<tr><td colspan="3">2.</td><td colspan="2"></td><td></td><td></td></tr>
<tr><td colspan="3">3.</td><td colspan="2"></td><td></td><td></td></tr>
<tr><td colspan="3">4.</td><td colspan="2"></td><td></td><td></td></tr>
<tr><td colspan="3">5.</td><td colspan="2"></td><td></td><td></td></tr>
<tr><td colspan="7">四、办公信息系统交接</td></tr>
<tr><td colspan="6">交接内容</td><td>交接负责人</td></tr>
<tr><td colspan="6"></td><td></td></tr>
<tr><td colspan="7">五、其他事项</td></tr>
<tr><td colspan="4">部门负责人签字</td><td colspan="3">部门分管领导签字</td></tr>
<tr><td colspan="4">年　　月　　日</td><td colspan="3">年　　月　　日</td></tr>
</table>

十二、解除劳动合同协议书

甲　方：×× 公司

乙　方：　　　　　　（员工工号：　　　　　）

甲、乙双方于　　年　　月　　日签订了第　　项：

一、固定期限劳动合同，合同期限自　　年　　月　　日至　　年　　月　　日。

二、无固定期限劳动合同，合同期限自　　年　　月　　起。

三、以完成一定工作任务为期限劳动合同，自　　年　　月　　日至工作完成止。

现由　　方提出协商解除劳动合同要求，经甲、乙双方协商一致，同意解除劳动合同，并达成如下协议：

一、解除劳动合同的日期为：　　年　　月　　日；

二、　　方支付　　方经济补偿金（违约金）　　　　元；

三、……

四、本协议一式两份，甲、乙双方各执一份。

甲方：×× 公司（章）　　　　　　乙方（签字）：

法定代表人（签字）：

年　　月　　日　　　　　　　　　年　　月　　日

十三、解除、终止劳动合同证明书

根据《中华人民共和国劳动合同法》及有关规定，本单位与　　　　解除或终止劳动合同。具体情况如下：

（一）劳动合同期限为以下第　　项：

1．固定期限：　　年　　月　　日至　　年　　月　　日。

2．无固定期限：自　　年　　月　　日起。

3．以完成一定工作任务为期限：自　　年　　月　　日至　　　　工作任务完成止。

（二）解除或者终止劳动合同的日期：　　年　　月　　日。

（三）工作岗位：

（四）在本单位的工作年限：　　年　　月　　日至　　年　　月　　日。

（五）解除或者终止劳动合同原因。

（六）经济补偿或赔偿情况。

职工基本情况

<table>
<tr><td colspan="2">单位社会保险登记证代码</td><td colspan="2"></td><td>个人代码</td><td colspan="2"></td></tr>
<tr><td>性别</td><td></td><td>身份证号码</td><td colspan="2"></td><td>户口性质</td><td></td></tr>
<tr><td colspan="2">就业登记证号</td><td colspan="2"></td><td>户口所在地</td><td colspan="2"></td></tr>
<tr><td colspan="2">社会保险缴费情况</td><td colspan="3"></td><td colspan="2">审核人：</td></tr>
<tr><td>备注</td><td colspan="6"></td></tr>
</table>

用人单位（盖章）

年　　月　　日

第五部分　相关法律法规

一、《中华人民共和国劳动合同法》

中华人民共和国主席令

第六十五号

《中华人民共和国劳动合同法》已由中华人民共和国第十届全国人民代表大会常务委员会第二十八次会议于2007年6月29日通过，现予公布，自2008年1月1日起施行。

中华人民共和国主席　胡锦涛

2007年6月29日

中华人民共和国劳动合同法

（2007年6月29日第十届全国人民代表大会常务委员会第二十八次会议通过）

目　　录

第一章　总　　则

第一条　为了完善劳动合同制度，明确劳动合同双方当事人的权利和义务，保护劳动者的合法权益，构建和发展和谐稳定的劳动关系，制定本法。

第二条　中华人民共和国境内的企业、个体经济组织、民办非企业单位等组织（以下称用人单位）与劳动者建立劳动关系，订立、履行、变更、解除或者终止劳动合同，适用本法。

国家机关、事业单位、社会团体和与其建立劳动关系的劳动者，订立、履行、变更、解除或者终止劳动合同，依照本法执行。

第三条　订立劳动合同，应当遵循合法、公平、平等自愿、协商一致、诚实信用的原则。

依法订立的劳动合同具有约束力，用人单位与劳动者应当履行劳动合同约定的义务。

第四条　用人单位应当依法建立和完善劳动规章制度，保障劳动者享有劳动权利、履行劳动义务。

用人单位在制定、修改或者决定有关劳动报酬、工作时间、休息休假、劳动安全卫生、保险福利、职工培训、劳动纪律以及劳动定额管理等直接涉及劳动者切身利益的规章制度或者重大事项时，应当经职工代表大会或者全体职工讨论，提出方案和意见，与工会或者职工代表平等协商确定。

在规章制度和重大事项决定实施过程中，工会或者职工认为不适当的，有权向用人单位提出，通过协商予以修改完善。

用人单位应当将直接涉及劳动者切身利益的规章制度和重大事项决定公示，或者告知劳动者。

第五条　县级以上人民政府劳动行政部门会同工会和企业方面代表，建立健全协调劳动关系三方机制，共同研究解决有关劳动关系的重大问题。

第六条　工会应当帮助、指导劳动者与用人单位依法订立和履行劳动合同，并与用人单位建立集体协商机制，维护劳动者的合法权益。

第二章　劳动合同的订立

第七条　用人单位自用工之日起即与劳动者建立劳动关系。用人单位应当建立职工名册备查。

第八条　用人单位招用劳动者时，应当如实告知劳动者工作内容、工作条件、工作地点、职业危害、安全生产状况、劳动报酬，以及劳动者要求了解的其他情况；用人单位有权了解劳动者与劳动合同直接相关的基本情况，劳动者应当如实说明。

第九条　用人单位招用劳动者，不得扣押劳动者的居民身份证和其他证件，不得要求劳动者提供担保或者以其他名义向劳动者收取财物。

第十条　建立劳动关系，应当订立书面劳动合同。

已建立劳动关系，未同时订立书面劳动合同的，应当自用工之日起一个月内订立书面劳动合同。

用人单位与劳动者在用工前订立劳动合同的，劳动关系自用工之日起建立。

第十一条 用人单位未在用工的同时订立书面劳动合同，与劳动者约定的劳动报酬不明确的，新招用的劳动者的劳动报酬按照集体合同规定的标准执行；没有集体合同或者集体合同未规定的，实行同工同酬。

第十二条 劳动合同分为固定期限劳动合同、无固定期限劳动合同和以完成一定工作任务为期限的劳动合同。

第十三条 固定期限劳动合同，是指用人单位与劳动者约定合同终止时间的劳动合同。

用人单位与劳动者协商一致，可以订立固定期限劳动合同。

第十四条 无固定期限劳动合同，是指用人单位与劳动者约定无确定终止时间的劳动合同。

用人单位与劳动者协商一致，可以订立无固定期限劳动合同。有下列情形之一，劳动者提出或者同意续订、订立劳动合同的，除劳动者提出订立固定期限劳动合同外，应当订立无固定期限劳动合同：

（一）劳动者在该用人单位连续工作满十年的；

（二）用人单位初次实行劳动合同制度或者国有企业改制重新订立劳动合同时，劳动者在该用人单位连续工作满十年且距法定退休年龄不足十年的；

（三）连续订立二次固定期限劳动合同，且劳动者没有本法第三十九条和第四十条第一项、第二项规定的情形，续订劳动合同的。

用人单位自用工之日起满一年不与劳动者订立书面劳动合同的，视为用人单位与劳动者已订立无固定期限劳动合同。

第十五条 以完成一定工作任务为期限的劳动合同，是指用人单位与劳动者约定以某项工作的完成为合同期限的劳动合同。

用人单位与劳动者协商一致，可以订立以完成一定工作任务为期限的劳动合同。

第十六条 劳动合同由用人单位与劳动者协商一致，并经用人单位与劳动者在劳动合同文本上签字或者盖章生效。

劳动合同文本由用人单位和劳动者各执一份。

第十七条 劳动合同应当具备以下条款：

（一）用人单位的名称、住所和法定代表人或者主要负责人；

（二）劳动者的姓名、住址和居民身份证或者其他有效身份证件号码；

（三）劳动合同期限；

（四）工作内容和工作地点；

（五）工作时间和休息休假；

（六）劳动报酬；

（七）社会保险；

（八）劳动保护、劳动条件和职业危害防护；

（九）法律、法规规定应当纳入劳动合同的其他事项。

劳动合同除前款规定的必备条款外，用人单位与劳动者可以约定试用期、培训、保守秘密、补充保险和福利待遇等其他事项。

第十八条　劳动合同对劳动报酬和劳动条件等标准约定不明确，引发争议的，用人单位与劳动者可以重新协商；协商不成的，适用集体合同规定；没有集体合同或者集体合同未规定劳动报酬的，实行同工同酬；没有集体合同或者集体合同未规定劳动条件等标准的，适用国家有关规定。

第十九条　劳动合同期限三个月以上不满一年的，试用期不得超过一个月；劳动合同期限一年以上不满三年的，试用期不得超过二个月；三年以上固定期限和无固定期限的劳动合同，试用期不得超过六个月。

同一用人单位与同一劳动者只能约定一次试用期。

以完成一定工作任务为期限的劳动合同或者劳动合同期限不满三个月的，不得约定试用期。

试用期包含在劳动合同期限内。劳动合同仅约定试用期的，试用期不成立，该期限为劳动合同期限。

第二十条　劳动者在试用期的工资不得低于本单位相同岗位最低档工资或者劳动合同约定工资的百分之八十，并不得低于用人单位所在地的最低工资标准。

第二十一条　在试用期中，除劳动者有本法第三十九条和第四十条第一项、第二项规定的情形外，用人单位不得解除劳动合同。用人单位在试用期解除劳动合同的，应当向劳动者说明理由。

第二十二条　用人单位为劳动者提供专项培训费用，对其进行专业技术培训的，可以与该劳动者订立协议，约定服务期。

劳动者违反服务期约定的，应当按照约定向用人单位支付违约金。违约金的数额不得超过用人单位提供的培训费用。用人单位要求劳动者支付的违约金不得超过服务期尚未履行部分所应分摊的培训费用。

用人单位与劳动者约定服务期的，不影响按照正常的工资调整机制提高劳动者在服务期期间的劳动报酬。

第二十三条　用人单位与劳动者可以在劳动合同中约定保守用人单位的商业秘密和与知识产权相关的保密事项。

对负有保密义务的劳动者，用人单位可以在劳动合同或者保密协议中与劳动者约定竞业限制条款，并约定在解除或者终止劳动合同后，在竞业限制期限内按月给予劳动者经济补偿。劳动者违反竞业限制约定的，应当按照约定向用人单位支付违约金。

第二十四条　竞业限制的人员限于用人单位的高级管理人员、高级技术人员和其他负有保密义务的人员。竞业限制的范围、地域、期限由用人单位与劳动者约定，竞业限制的约定不得违反法律、法规的规定。

在解除或者终止劳动合同后，前款规定的人员到与本单位生产或者经营同类产品、从事同类业务的有竞争关系的其他用人单位，或者自己开业生产或者经营同类产品、从事同类业务的竞业限制期限，不得超过二年。

第二十五条　除本法第二十二条和第二十三条规定的情形外，用人单位不得与劳动者约定由劳动者承担违约金。

第二十六条　下列劳动合同无效或者部分无效：

（一）以欺诈、胁迫的手段或者乘人之危，使对方在违背真实意思的情况下订立或者变更劳动合同的；

（二）用人单位免除自己的法定责任、排除劳动者权利的；

（三）违反法律、行政法规强制性规定的。

对劳动合同的无效或者部分无效有争议的，由劳动争议仲裁机构或者人民法院确认。

第二十七条　劳动合同部分无效，不影响其他部分效力的，其他部分仍然有效。

第二十八条　劳动合同被确认无效，劳动者已付出劳动的，用人单位应当向劳动者支付劳动报酬。劳动报酬的数额，参照本单位相同或者相近岗位劳动者的劳动报酬确定。

第三章　劳动合同的履行和变更

第二十九条　用人单位与劳动者应当按照劳动合同的约定，全面履行各自的义务。

第三十条　用人单位应当按照劳动合同约定和国家规定，向劳动者及时足额支付劳动报酬。

用人单位拖欠或者未足额支付劳动报酬的，劳动者可以依法向当地人民法院申请支付令，人民法院应当依法发出支付令。

第三十一条　用人单位应当严格执行劳动定额标准，不得强迫或者变相强迫劳动者加班。用人单位安排加班的，应当按照国家有关规定向劳动者支付加班费。

第三十二条　劳动者拒绝用人单位管理人员违章指挥、强令冒险作业的，不视为违反劳动合同。

劳动者对危害生命安全和身体健康的劳动条件，有权对用人单位提出批评、检举和控告。

第三十三条　用人单位变更名称、法定代表人、主要负责人或者投资人等事项，不影响劳动合同的履行。

第三十四条　用人单位发生合并或者分立等情况，原劳动合同继续有效，劳动合同由承继其权利和义务的用人单位继续履行。

第三十五条　用人单位与劳动者协商一致，可以变更劳动合同约定的内容。变更劳动合同，应当采用书面形式。

变更后的劳动合同文本由用人单位和劳动者各执一份。

第四章　劳动合同的解除和终止

第三十六条　用人单位与劳动者协商一致，可以解除劳动合同。

第三十七条　劳动者提前三十日以书面形式通知用人单位，可以解除劳动合同。劳动者在试用期内提前三日通知用人单位，可以解除劳动合同。

第三十八条　用人单位有下列情形之一的，劳动者可以解除劳动合同：

（一）未按照劳动合同约定提供劳动保护或者劳动条件的；

（二）未及时足额支付劳动报酬的；

（三）未依法为劳动者缴纳社会保险费的；

（四）用人单位的规章制度违反法律、法规的规定，损害劳动者权益的；

（五）因本法第二十六条第一款规定的情形致使劳动合同无效的；

（六）法律、行政法规规定劳动者可以解除劳动合同的其他情形。

用人单位以暴力、威胁或者非法限制人身自由的手段强迫劳动者劳动的，或者用人单位违章指挥、强令冒险作业危及劳动者人身安全的，劳动者可以立即解除劳动合同，不需事先告知用人单位。

第三十九条　劳动者有下列情形之一的，用人单位可以解除劳动合同：

（一）在试用期间被证明不符合录用条件的；

（二）严重违反用人单位的规章制度的；

（三）严重失职，营私舞弊，给用人单位造成重大损害的；

（四）劳动者同时与其他用人单位建立劳动关系，对完成本单位的工作任务造成严重影响，或者经用人单位提出，拒不改正的；

（五）因本法第二十六条第一款第一项规定的情形致使劳动合同无效的；

（六）被依法追究刑事责任的。

第四十条　有下列情形之一的，用人单位提前三十日以书面形式通知劳动者本人或者额外支付劳动者一个月工资后，可以解除劳动合同：

（一）劳动者患病或者非因工负伤，在规定的医疗期满后不能从事原工作，也不能从事由用人单位另行安排的工作的；

（二）劳动者不能胜任工作，经过培训或者调整工作岗位，仍不能胜任工作的；

（三）劳动合同订立时所依据的客观情况发生重大变化，致使劳动合同无法履行，经用人单位与劳动者协商，未能就变更劳动合同内容达成协议的。

第四十一条　有下列情形之一，需要裁减人员二十人以上或者裁减不足二十人但占企业职工总数百分之十以上的，用人单位提前三十日向工会或者全体职工说明情况，听取工会或者职工的意见后，裁减人员方案经向劳动行政部门报告，可以裁减人员：

（一）依照企业破产法规定进行重整的；

（二）生产经营发生严重困难的；

（三）企业转产、重大技术革新或者经营方式调整，经变更劳动合同后，仍需裁减人员的；

（四）其他因劳动合同订立时所依据的客观经济情况发生重大变化，致使劳动合同无法履行的。

裁减人员时，应当优先留用下列人员：

（一）与本单位订立较长期限的固定期限劳动合同的；

（二）与本单位订立无固定期限劳动合同的；

（三）家庭无其他就业人员，有需要扶养的老人或者未成年人的。

用人单位依照本条第一款规定裁减人员，在六个月内重新招用人员的，应当通知被裁减的人员，并在同等条件下优先招用被裁减的人员。

第四十二条　劳动者有下列情形之一的，用人单位不得依照本法第四十条、第四十一条的规定解除劳动合同：

（一）从事接触职业病危害作业的劳动者未进行离岗前职业健康检查，或者疑似职业病病人在诊断或者医学观察期间的；

（二）在本单位患职业病或者因工负伤并被确认丧失或者部分丧失劳动能力的；

（三）患病或者非因工负伤，在规定的医疗期内的；

（四）女职工在孕期、产期、哺乳期的；

（五）在本单位连续工作满十五年，且距法定退休年龄不足五年的；

（六）法律、行政法规规定的其他情形。

第四十三条　用人单位单方解除劳动合同，应当事先将理由通知工会。用人单位违反法律、行政法规规定或者劳动合同约定的，工会有权要求用人单位纠正。用人单位应当研究工会的意见，并将处理结果书面通知工会。

第四十四条　有下列情形之一的，劳动合同终止：

（一）劳动合同期满的；

（二）劳动者开始依法享受基本养老保险待遇的；

（三）劳动者死亡，或者被人民法院宣告死亡或者宣告失踪的；

（四）用人单位被依法宣告破产的；

（五）用人单位被吊销营业执照、责令关闭、撤销或者用人单位决定提前解散的；

（六）法律、行政法规规定的其他情形。

第四十五条　劳动合同期满，有本法第四十二条规定情形之一的，劳动合同应当续延至相应的情形消失时终止。但是，本法第四十二条第二项规定丧失或者部分丧失劳动能力劳动者的劳动合同的终止，按照国家有关工伤保险的规定执行。

第四十六条　有下列情形之一的，用人单位应当向劳动者支付经济补偿：

（一）劳动者依照本法第三十八条规定解除劳动合同的；

（二）用人单位依照本法第三十六条规定向劳动者提出解除劳动合同并与劳动者协商一致解除劳动合同的；

（三）用人单位依照本法第四十条规定解除劳动合同的；

（四）用人单位依照本法第四十一条第一款规定解除劳动合同的；

（五）除用人单位维持或者提高劳动合同约定条件续订劳动合同，劳动者不同意续订的情形外，依照本法第四十四条第一项规定终止固定期限劳动合同的；

（六）依照本法第四十四条第四项、第五项规定终止劳动合同的；

（七）法律、行政法规规定的其他情形。

第四十七条　经济补偿按劳动者在本单位工作的年限，每满一年支付一个月工资的标准向劳动者支付。六个月以上不满一年的，按一年计算；不满六个月的，向劳动者支付半个月工资的经济补偿。

劳动者月工资高于用人单位所在直辖市、设区的市级人民政府公布的本地区上年度职工月平均工资三倍的，向其支付经济补偿的标准按职工月平均工资三倍的数额支付，向其支付经济补偿的年限最高不超过十二年。

本条所称月工资是指劳动者在劳动合同解除或者终止前十二个月的平均工资。

第四十八条　用人单位违反本法规定解除或者终止劳动合同，劳动者要求继续履行劳动合同的，用人单位应当继续履行；劳动者不要求继续履行劳动合同或者劳动合同已经不能继续履行的，用人单位应当依照本法第八十七条规定支付赔偿金。

第四十九条　国家采取措施，建立健全劳动者社会保险关系跨地区转移接续制度。

第五十条　用人单位应当在解除或者终止劳动合同时出具解除或者终止劳动合同的证明，并在十五日内为劳动者办理档案和社会保险关系转移手续。

劳动者应当按照双方约定，办理工作交接。用人单位依照本法有关规定应当向劳动者支付经济补偿的，在办结工作交接时支付。

用人单位对已经解除或者终止的劳动合同的文本，至少保存二年备查。

第五章　特别规定

第一节　集体合同

第五十一条　企业职工一方与用人单位通过平等协商，可以就劳动报酬、工作时间、休息休假、劳动安全卫生、保险福利等事项订立集体合同。集体合同草案应当提交职工代表大会或者全体职工讨论通过。

集体合同由工会代表企业职工一方与用人单位订立；尚未建立工会的用人单位，由上级工会指导劳动者推举的代表与用人单位订立。

第五十二条　企业职工一方与用人单位可以订立劳动安全卫生、女职工权益保护、工资调整机制等专项集体合同。

第五十三条　在县级以下区域内，建筑业、采矿业、餐饮服务业等行业可以由工会与企业方面代表订立行业性集体合同，或者订立区域性集体合同。

第五十四条　集体合同订立后，应当报送劳动行政部门；劳动行政部门自收到集体合同文本之日起十五日内未提出异议的，集体合同即行生效。

依法订立的集体合同对用人单位和劳动者具有约束力。行业性、区域性集体合同对当地本行业、本区域的用人单位和劳动者具有约束力。

第五十五条　集体合同中劳动报酬和劳动条件等标准不得低于当地人民政府规定的最低标准；用人单位与劳动者订立的劳动合同中劳动报酬和劳动条件等标准不得低于集体合同规定的标准。

第五十六条　用人单位违反集体合同，侵犯职工劳动权益的，工会可以依法要求用人单位承担责任；因履行集体合同发生争议，经协商解决不成的，工会可以依法申请仲裁、提起诉讼。

第二节　劳务派遣

第五十七条　劳务派遣单位应当依照公司法的有关规定设立，注册资本不得少于五十万元。

第五十八条　劳务派遣单位是本法所称用人单位，应当履行用人单位对劳动者的义务。劳务派遣单位与被派遣劳动者订立的劳动合同，除应当载明本法第十七条规定的事项外，还应当载明被派遣劳动者的用工单位以及派遣期限、工作岗位等情况。

劳务派遣单位应当与被派遣劳动者订立二年以上的固定期限劳动合同，按月支付劳动报酬；被派遣劳动者在无工作期间，劳务派遣单位应当按照所在地人民政府规定的最低工资标准，向其按月支付报酬。

第五十九条　劳务派遣单位派遣劳动者应当与接受以劳务派遣形式用工的单位（以下称用工单位）订立劳务派遣协议。劳务派遣协议应当约定派遣岗位和人员数量、派遣期限、劳动报酬和社会保险费的数额与支付方式以及违反协议的责任。

用工单位应当根据工作岗位的实际需要与劳务派遣单位确定派遣期限，不得将连续用工期限分割订立数个短期劳务派遣协议。

第六十条　劳务派遣单位应当将劳务派遣协议的内容告知被派遣劳动者。

劳务派遣单位不得克扣用工单位按照劳务派遣协议支付给被派遣劳动者的劳动报酬。

劳务派遣单位和用工单位不得向被派遣劳动者收取费用。

第六十一条　劳务派遣单位跨地区派遣劳动者的，被派遣劳动者享有的劳动报酬和劳动条件，按照用工单位所在地的标准执行。

第六十二条　用工单位应当履行下列义务：

（一）执行国家劳动标准，提供相应的劳动条件和劳动保护；

（二）告知被派遣劳动者的工作要求和劳动报酬；

（三）支付加班费、绩效奖金，提供与工作岗位相关的福利待遇；

（四）对在岗被派遣劳动者进行工作岗位所必需的培训；

（五）连续用工的，实行正常的工资调整机制。

用工单位不得将被派遣劳动者再派遣到其他用人单位。

第六十三条　被派遣劳动者享有与用工单位的劳动者同工同酬的权利。用工单位无同类岗位劳动者的，参照用工单位所在地相同或者相近岗位劳动者的劳动报酬确定。

第六十四条　被派遣劳动者有权在劳务派遣单位或者用工单位依法参加或者组织工会，维护自身的合法权益。

第六十五条　被派遣劳动者可以依照本法第三十六条、第三十八条的规定与劳务派遣单位解除劳动合同。

被派遣劳动者有本法第三十九条和第四十条第一项、第二项规定情形的，用工单位可以将劳动者退回劳务派遣单位，劳务派遣单位依照本法有关规定，可以与劳动者解除劳动合同。

第六十六条　劳务派遣一般在临时性、辅助性或者替代性的工作岗位上实施。

第六十七条　用人单位不得设立劳务派遣单位向本单位或者所属单位派遣劳动者。

第三节　非全日制用工

第六十八条　非全日制用工，是指以小时计酬为主，劳动者在同一用人单位一般平均每日工作时间不超过四小时，每周工作时间累计不超过二十四小时的用工形式。

第六十九条　非全日制用工双方当事人可以订立口头协议。

从事非全日制用工的劳动者可以与一个或者一个以上用人单位订立劳动合同；但是，后订立的劳动合同不得影响先订立的劳动合同的履行。

第七十条　非全日制用工双方当事人不得约定试用期。

第七十一条　非全日制用工双方当事人任何一方都可以随时通知对方终止用工。终止用工，用人单位不向劳动者支付经济补偿。

第七十二条　非全日制用工小时计酬标准不得低于用人单位所在地人民政府规定的最低小时工资标准。

非全日制用工劳动报酬结算支付周期最长不得超过十五日。

第六章　监督检查

第七十三条　国务院劳动行政部门负责全国劳动合同制度实施的监督管理。

县级以上地方人民政府劳动行政部门负责本行政区域内劳动合同制度实施的监督管理。

县级以上各级人民政府劳动行政部门在劳动合同制度实施的监督管理工作中，应当听取工会、企业方面代表以及有关行业主管部门的意见。

第七十四条　县级以上地方人民政府劳动行政部门依法对下列实施劳动合同制度的情况进行监督检查：

（一）用人单位制定直接涉及劳动者切身利益的规章制度及其执行的情况；

（二）用人单位与劳动者订立和解除劳动合同的情况；

（三）劳务派遣单位和用工单位遵守劳务派遣有关规定的情况；

（四）用人单位遵守国家关于劳动者工作时间和休息休假规定的情况；

（五）用人单位支付劳动合同约定的劳动报酬和执行最低工资标准的情况；

（六）用人单位参加各项社会保险和缴纳社会保险费的情况；

（七）法律、法规规定的其他劳动监察事项。

第七十五条　县级以上地方人民政府劳动行政部门实施监督检查时，有权查阅与劳动合同、集体合同有关的材料，有权对劳动场所进行实地检查，用人单位和劳动者都应当如实提供有关情况和材料。

劳动行政部门的工作人员进行监督检查，应当出示证件，依法行使职权，文明执法。

第七十六条　县级以上人民政府建设、卫生、安全生产监督管理等有关主管部门在各自职责范围内，对用人单位执行劳动合同制度的情况进行监督管理。

第七十七条　劳动者合法权益受到侵害的，有权要求有关部门依法处理，或者依法申请仲裁、提起诉讼。

第七十八条　工会依法维护劳动者的合法权益，对用人单位履行劳动合同、集体合同的情况进行监督。用人单位违反劳动法律、法规和劳动合同、集体合同的，工会有权提出意见或者要求纠正；劳动者申请仲裁、提起诉讼的，工会依法给予支持和帮助。

第七十九条　任何组织或者个人对违反本法的行为都有权举报，县级以上人民政府劳动行政部门应当及时核实、处理，并对举报有功人员给予奖励。

第七章　法律责任

第八十条　用人单位直接涉及劳动者切身利益的规章制度违反法律、法规规定的，由劳动行政部门责令改正，给予警告；给劳动者造成损害的，应当承担赔偿责任。

第八十一条　用人单位提供的劳动合同文本未载明本法规定的劳动合同必备条款或者用人单位未将劳动合同文本交付劳动者的，由劳动行政部门责令改正；给劳动者造成损害的，应当承担赔偿责任。

第八十二条　用人单位自用工之日起超过一个月不满一年未与劳动者订立书面劳动合同的，应当向劳动者每月支付二倍的工资。

用人单位违反本法规定不与劳动者订立无固定期限劳动合同的，自应当订立无固定期限劳动合同之日起向劳动者每月支付二倍的工资。

第八十三条　用人单位违反本法规定与劳动者约定试用期的，由劳动行政部门责令改正；违法约定的试用期已经履行的，由用人单位以劳动者试用期满月工资为标准，按已经履行的超过法定试用期的期间向劳动者支付赔偿金。

第八十四条　用人单位违反本法规定，扣押劳动者居民身份证等证件的，由劳动行政部门责令限期退还劳动者本人，并依照有关法律规定给予处罚。

用人单位违反本法规定，以担保或者其他名义向劳动者收取财物的，由劳动行政部门责令限期退还劳动者本人，并以每人五百元以上二千元以下的标准处以罚款；给劳动者造成损害的，应当承担赔偿责任。

劳动者依法解除或者终止劳动合同，用人单位扣押劳动者档案或者其他物品的，依照前款规定处罚。

第八十五条　用人单位有下列情形之一的，由劳动行政部门责令限期支付劳动报酬、加班费或者经济补偿；劳动报酬低于当地最低工资标准的，应当支付其差额部分；逾期不支付的，责令用人单位按应付金额百分之五十以上百分之一百以下的标准向劳动者加付赔偿金：

（一）未按照劳动合同的约定或者国家规定及时足额支付劳动者劳动报酬的；

（二）低于当地最低工资标准支付劳动者工资的；

（三）安排加班不支付加班费的；

（四）解除或者终止劳动合同，未依照本法规定向劳动者支付经济补偿的。

第八十六条　劳动合同依照本法第二十六条规定被确认无效，给对方造成损害的，有过错的一方应当承担赔偿责任。

第八十七条　用人单位违反本法规定解除或者终止劳动合同的，应当依照本法第四十七条规定的经济补偿标准的两倍向劳动者支付赔偿金。

第八十八条　用人单位有下列情形之一的，依法给予行政处罚；构成犯罪的，依法追究刑事责任；给劳动者造成损害的，应当承担赔偿责任：

（一）以暴力、威胁或者非法限制人身自由的手段强迫劳动的；

（二）违章指挥或者强令冒险作业危及劳动者人身安全的；

（三）侮辱、体罚、殴打、非法搜查或者拘禁劳动者的；

（四）劳动条件恶劣、环境污染严重，给劳动者身心健康造成严重损害的。

第八十九条　用人单位违反本法规定未向劳动者出具解除或者终止劳动合同的书面证明，由劳动行政部门责令改正；给劳动者造成损害的，应当承担赔偿责任。

第九十条　劳动者违反本法规定解除劳动合同，或者违反劳动合同中约定的保密义务或者竞业限制，给用人单位造成损失的，应当承担赔偿责任。

第九十一条　用人单位招用与其他用人单位尚未解除或者终止劳动合同的劳动者，给其他用人单位造成损失的，应当承担连带赔偿责任。

第九十二条　劳务派遣单位违反本法规定的，由劳动行政部门和其他有关主管部门责令改正；情节严重的，以每人一千元以上五千元以下的标准处以罚款，并由工商行政管理部门吊销营业执照；给被派遣劳动者造成损害的，劳务派遣单位与用工单位承担连带赔偿责任。

第九十三条　对不具备合法经营资格的用人单位的违法犯罪行为，依法追究法律责任；劳动者已经付出劳动的，该单位或者其出资人应当依照本法有关规定向劳动者支付劳动报酬、经济补偿、赔偿金；给劳动者造成损害的，应当承担赔偿责任。

第九十四条　个人承包经营违反本法规定招用劳动者，给劳动者造成损害的，发包的组织与个人承包经营者承担连带赔偿责任。

第九十五条　劳动行政部门和其他有关主管部门及其工作人员玩忽职守、不履行法定职责，或者违法行使职权，给劳动者或者用人单位造成损害的，应当承担赔偿责任；对直接负责的主管人员和其他直接责任人员，依法给予行政处分；构成犯罪的，依法追究刑事责任。

第八章　附　　则

第九十六条　事业单位与实行聘用制的工作人员订立、履行、变更、解除或者终止劳动合同，法律、行政法规或者国务院另有规定的，依照其规定；未作规定的，依照本法有关规定执行。

第九十七条　本法施行前已依法订立且在本法施行之日存续的劳动合同，

继续履行；本法第十四条第二款第三项规定连续订立固定期限劳动合同的次数，自本法施行后续订固定期限劳动合同时开始计算。

本法施行前已建立劳动关系，尚未订立书面劳动合同的，应当自本法施行之日起一个月内订立。

本法施行之日存续的劳动合同在本法施行后解除或者终止，依照本法第四十六条规定应当支付经济补偿的，经济补偿年限自本法施行之日起计算；本法施行前按照当时有关规定，用人单位应当向劳动者支付经济补偿的，按照当时有关规定执行。

第九十八条 本法自2008年1月1日起施行。

二、《中华人民共和国劳动法》

中华人民共和国劳动法

主席令第二十八号

1994年7月5日第八届全国人民代表大会常务委员会第八次会议通过

第一章 总 则
第二章 促进就业
第三章 劳动合同和集体合同
第四章 工作时间和休息休假
第五章 工 资
第六章 劳动安全卫生
第七章 女职工和未成年工特殊保护
第八章 职业培训
第九章 社会保险和福利
第十章 劳动争议
第十一章 监督检查
第十二章 法律责任
第十三章 附 则

第一章 总 则

第一条 为了保护劳动者的合法权益，调整劳动关系，建立和维护适应社会主义市场经济的劳动制度，促进经济发展和社会进步，根据宪法，制定本法。

第二条 在中华人民共和国境内的企业、个体经济组织（以下统称用人单位）和与之形成劳动关系的劳动者，适用本法。

国家机关、事业组织、社会团体和与之建立劳动合同关系的劳动者，依照本法执行。

第三条　劳动者享有平等就业和选择职业的权利、取得劳动报酬的权利、休息休假的权利、获得劳动安全卫生保护的权利、接受职业技能培训的权利、享受社会保险和福利的权利、提请劳动争议处理的权利以及法律规定的其他劳动权利。劳动者应当完成劳动任务，提高职业技能，执行劳动安全卫生规程，遵守劳动纪律和职业道德。

第四条　用人单位应当依法建立和完善规章制度，保障劳动者享有劳动权利和履行劳动义务。

第五条　国家采取各种措施，促进劳动就业，发展职业教育，制定劳动标准，调节社会收入，完善社会保险，协调劳动关系，逐步提高劳动者的生活水平。

第六条　国家提倡劳动者参加社会义务劳动，开展劳动竞赛和合理化建议活动，鼓励和保护劳动者进行科学研究、技术革新和发明创造，表彰和奖励劳动模范和先进工作者。

第七条　劳动者有权依法参加和组织工会。工会代表和维护劳动者的合法权益，依法独立自主地开展活动。

第八条　劳动者依照法律规定，通过职工大会、职工代表大会或者其他形式，参与民主管理或者就保护劳动者合法权益与用人单位进行平等协商。

第九条　国务院劳动行政部门主管全国劳动工作。县级以上地方人民政府劳动行政部门主管本行政区域内的劳动工作。

第二章　促进就业

第十条　国家通过促进经济和社会发展，创造就业条件，扩大就业机会。国家鼓励企业、事业组织、社会团体在法律、行政法规规定的范围内兴办产业或者拓展经营，增加就业。国家支持劳动者自愿组织起来就业和从事个体经营实现就业。

第十一条　地方各级人民政府应当采取措施，发展多种类型的职业介绍机构，提供就业服务。

第十二条　劳动者就业，不因民族、种族、性别、宗教信仰不同而受歧视。

第十三条　妇女享有与男子平等的就业权利。在录用职工时，除国家规定的不适合妇女的工种或者岗位外，不得以性别为由拒绝录用妇女或者提高对妇女的录用标准。

第十四条　残疾人、少数民族人员、退出现役的军人的就业，法律、法规有特别规定的，从其规定。

第十五条　禁止用人单位招用未满十六周岁的未成年人。

文艺、体育和特种工艺单位招用未满十六周岁的未成年人，必须依照国家有关规定，履行审批手续，并保障其接受义务教育的权利。

第三章　劳动合同和集体合同

第十六条　劳动合同是劳动者与用人单位确立劳动关系、明确双方权利和义务的协议。

建立劳动关系应当订立劳动合同。

第十七条　订立和变更劳动合同，应当遵循平等自愿、协商一致的原则，不得违反法律、行政法规的规定。劳动合同依法订立即具有法律约束力，当事人必须履行劳动合同规定的义务。

第十八条　下列劳动合同无效：

（一）违反法律、行政法规的劳动合同；

（二）采取欺诈、威胁等手段订立的劳动合同。

无效的劳动合同，从订立的时候起，就没有法律约束力。确认劳动合同部分无效的，如果不影响其余部分的效力，其余部分仍然有效。劳动合同的无效，由劳动争议仲裁委员会或者人民法院确认。

第十九条　劳动合同应当以书面形式订立，并具备以下条款：

（一）劳动合同期限；

（二）工作内容；

（三）劳动保护和劳动条件；

（四）劳动报酬；

（五）劳动纪律；

（六）劳动合同终止的条件；

（七）违反劳动合同的责任。

劳动合同除前款规定的必备条款外，当事人可以协商约定其他内容。

第二十条　劳动合同的期限分为有固定期限、无固定期限和以完成一定的工作为期限。劳动者在同一用人单位连续工作满十年以上，当事人双方同意续延劳动合同的，如果劳动者提出订立无固定期限的劳动合同，应当订立无固定期限的劳动合同。

第二十一条　劳动合同可以约定试用期。试用期最长不得超过六个月。

第二十二条　劳动合同当事人可以在劳动合同中约定保守用人单位商业秘密的有关事项。

第二十三条　劳动合同期满或者当事人约定的劳动合同终止条件出现，劳动合同即行终止。

第二十四条　经劳动合同当事人协商一致，劳动合同可以解除。

第二十五条　劳动者有下列情形之一的，用人单位可以解除劳动合同：

（一）在试用期间被证明不符合录用条件的；

（二）严重违反劳动纪律或者用人单位规章制度的；

（三）严重失职，营私舞弊，对用人单位利益造成重大损害的；

（四）被依法追究刑事责任的。

第二十六条　有下列情形之一的，用人单位可以解除劳动合同，但是应当提前三十日以书面形式通知劳动者本人：

（一）劳动者患病或者非因工负伤，医疗期满后，不能从事原工作也不能从事由用人单位另行安排的工作的；

（二）劳动者不能胜任工作，经过培训或者调整工作岗位，仍不能胜任工作的；

（三）劳动合同订立时所依据的客观情况发生重大变化，致使原劳动合同无法履行，经当事人协商不能就变更劳动合同达成协议的。

第二十七条　用人单位濒临破产进行法定整顿期间或者生产经营状况发生严重困难，确需裁减人员的，应当提前三十日向工会或者全体职工说明情况，听取工会或者职工的意见，经向劳动行政部门报告后，可以裁减人员。用人单位依据本条规定裁减人员，在六个月内录用人员的，应当优先录用被裁减的人员。

第二十八条　用人单位依据本法第二十四条、第二十六条、第二十七条的规定解除劳动合同的，应当依照国家有关规定给予经济补偿。

第二十九条　劳动者有下列情形之一的，用人单位不得依据本法第二十六条、第二十七条的规定解除劳动合同：

（一）患职业病或者因工负伤并被确认丧失或者部分丧失劳动能力的；

（二）患病或者负伤，在规定的医疗期内的；

（三）女职工在孕期、产期、哺乳期内的；

（四）法律、行政法规规定的其他情形。

第三十条　用人单位解除劳动合同，工会认为不适当的，有权提出意见。如果用人单位违反法律、法规或者劳动合同，工会有权要求重新处理；劳动者申请仲裁或者提起诉讼的，工会应当依法给予支持和帮助。

第三十一条　劳动者解除劳动合同，应当提前三十日以书面形式通知用人单位。

第三十二条　有下列情形之一的，劳动者可以随时通知用人单位解除劳动合同：

（一）在试用期内的；

（二）用人单位以暴力、威胁或者非法限制人身自由的手段强迫劳动的；

（三）用人单位未按照劳动合同约定支付劳动报酬或者提供劳动条件的。

第三十三条　企业职工一方与企业可以就劳动报酬、工作时间、休息休假、劳动安全卫生、保险福利等事项，签订集体合同。集体合同草案应当提交职工代表大会或者全体职工讨论通过。

集体合同由工会代表职工与企业签订；没有建立工会的企业，由职工推举的代表与企业签订。

第三十四条　集体合同签订后应当报送劳动行政部门；劳动行政部门自收到集体合同文本之日起十五日内未提出异议的，集体合同即行生效。

第三十五条　依法签订的集体合同对企业和企业全体职工具有约束力。职工个人与企业订立的劳动合同中劳动条件和劳动报酬等标准不得低于集体合同的规定。

第四章　工作时间和休息休假

第三十六条　国家实行劳动者每日工作时间不超过八小时、平均每周工作时间不超过四十四小时的工时制度。

第三十七条　对实行计件工作的劳动者，用人单位应当根据本法第三十六条规定的工时制度合理确定其劳动定额和计件报酬标准。

第三十八条　用人单位应当保证劳动者每周至少休息一日。

第三十九条　企业因生产特点不能实行本法第三十六条、第三十八条规定的，经劳动行政部门批准，可以实行其他工作和休息办法。

第四十条　用人单位在下列节日期间应当依法安排劳动者休假：

（一）元旦；

（二）春节；

（三）国际劳动节；

（四）国庆节；

（五）法律、法规规定的其他休假节日。

第四十一条　用人单位由于生产经营需要，经与工会和劳动者协商后可以延长工作时间，一般每日不得超过一小时；因特殊原因需要延长工作时间的，在保障劳动者身体健康的条件下延长工作时间每日不得超过三小时，但是每月不得超过三十六小时。

第四十二条　有下列情形之一的，延长工作时间不受本法第四十一条的限制：

（一）发生自然灾害、事故或者因其他原因，威胁劳动者生命健康和财产安全，需要紧急处理的；

（二）生产设备、交通运输线路、公共设施发生故障，影响生产和公众利益，必须及时抢修的；

（三）法律、行政法规规定的其他情形。

第四十三条　用人单位不得违反本法规定延长劳动者的工作时间。

第四十四条　有下列情形之一的，用人单位应当按照下列标准支付高于劳动者正常工作时间工资的工资报酬：

（一）安排劳动者延长工作时间的，支付不低于工资的百分之一百五十的工资报酬；

（二）休息日安排劳动者工作又不能安排补休的，支付不低于工资的百分之二百的工资报酬；

（三）法定休假日安排劳动者工作的，支付不低于工资的百分之三百的工资报酬。

第四十五条　国家实行带薪年休假制度。

劳动者连续工作一年以上的，享受带薪年休假。具体办法由国务院规定。

第五章　工　　资

第四十六条　工资分配应当遵循按劳分配原则，实行同工同酬。工资水平在经济发展的基础上逐步提高。国家对工资总量实行宏观调控。

第四十七条　用人单位根据本单位的生产经营特点和经济效益，依法自主确定本单位的工资分配方式和工资水平。

第四十八条　国家实行最低工资保障制度。最低工资的具体标准由省、自治区、直辖市人民政府规定，报国务院备案。用人单位支付劳动者的工资不得低于当地最低工资标准。

第四十九条　确定和调整最低工资标准应当综合参考下列因素：

（一）劳动者本人及平均赡养人口的最低生活费用；

（二）社会平均工资水平；

（三）劳动生产率；

（四）就业状况；

（五）地区之间经济发展水平的差异。

第五十条　工资应当以货币形式按月支付给劳动者本人。不得克扣或者无故拖欠劳动者的工资。

第五十一条　劳动者在法定休假日和婚丧假期间以及依法参加社会活动期间，用人单位应当依法支付工资。

第六章　劳动安全卫生

第五十二条　用人单位必须建立、健全劳动安全卫生制度，严格执行国家劳动安全卫生规程和标准，对劳动者进行劳动安全卫生教育，防止劳动过程中的事故，减少职业危害。

第五十三条　劳动安全卫生设施必须符合国家规定的标准。

新建、改建、扩建工程的劳动安全卫生设施必须与主体工程同时设计、同时施工、同时投入生产和使用。

第五十四条　用人单位必须为劳动者提供符合国家规定的劳动安全卫生条

件和必要的劳动防护用品，对从事有职业危害作业的劳动者应当定期进行健康检查。

第五十五条　从事特种作业的劳动者必须经过专门培训并取得特种作业资格。

第五十六条　劳动者在劳动过程中必须严格遵守安全操作规程。劳动者对用人单位管理人员违章指挥、强令冒险作业，有权拒绝执行；对危害生命安全和身体健康的行为，有权提出批评、检举和控告。

第五十七条　国家建立伤亡事故和职业病统计报告和处理制度。县级以上各级人民政府劳动行政部门、有关部门和用人单位应当依法对劳动者在劳动过程中发生的伤亡事故和劳动者的职业病状况，进行统计、报告和处理。

第七章　女职工和未成年工特殊保护

第五十八条　国家对女职工和未成年工实行特殊劳动保护。

未成年工是指年满十六周岁未满十八周岁的劳动者。

第五十九条　禁止安排女职工从事矿山井下、国家规定的第四级体力劳动强度的劳动和其他禁忌从事的劳动。

第六十条　不得安排女职工在经期从事高处、低温、冷水作业和国家规定的第三级体力劳动强度的劳动。

第六十一条　不得安排女职工在怀孕期间从事国家规定的第三级体力劳动强度的劳动和孕期禁忌从事的劳动。对怀孕七个月以上的女职工，不得安排其延长工作时间和夜班劳动。

第六十二条　女职工生育享受不少于九十天的产假。

第六十三条　不得安排女职工在哺乳未满一周岁的婴儿期间从事国家规定的第三级体力劳动强度的劳动和哺乳期禁忌从事的其他劳动，不得安排其延长工作时间和夜班劳动。

第六十四条　不得安排未成年工从事矿山井下、有毒有害、国家规定的第四级体力劳动强度的劳动和其他禁忌从事的劳动。

第六十五条　用人单位应当对未成年工定期进行健康检查。

第八章　职业培训

第六十六条　国家通过各种途径，采取各种措施，发展职业培训事业，开发劳动者的职业技能，提高劳动者素质，增强劳动者的就业能力和工作能力。

第六十七条　各级人民政府应当把发展职业培训纳入社会经济发展的规划，鼓励和支持有条件的企业、事业组织、社会团体和个人进行各种形式的职业培训。

第六十八条　用人单位应当建立职业培训制度，按照国家规定提取和使用职业培训经费，根据本单位实际，有计划地对劳动者进行职业培训。从事技术工种的劳动者，上岗前必须经过培训。

第六十九条　国家确定职业分类，对规定的职业制定职业技能标准，实行职业资格证书制度，由经过政府批准的考核鉴定机构负责对劳动者实施职业技能考核鉴定。

第九章　社会保险和福利

第七十条　国家发展社会保险事业，建立社会保险制度，设立社会保险基金，使劳动者在年老、患病、工伤、失业、生育等情况下获得帮助和补偿。

第七十一条　社会保险水平应当与社会经济发展水平和社会承受能力相适应。

第七十二条　社会保险基金按照保险类型确定资金来源，逐步实行社会统筹。用人单位和劳动者必须依法参加社会保险，缴纳社会保险费。

第七十三条　劳动者在下列情形下，依法享受社会保险待遇：

（一）退休；

（二）患病、负伤；

（三）因工伤残或者患职业病；

（四）失业；

（五）生育。

劳动者死亡后，其遗属依法享受遗属津贴。劳动者享受社会保险待遇的条件和标准由法律、法规规定。劳动者享受的社会保险金必须按时足额支付。

第七十四条　社会保险基金经办机构依照法律规定收支、管理和运营社会保险基金，并负有使社会保险基金保值增值的责任。社会保险基金监督机构依照法律规定，对社会保险基金的收支、管理和运营实施监督。社会保险基金经办机构和社会保险基金监督机构的设立和职能由法律规定。任何组织和个人不得挪用社会保险基金。

第七十五条　国家鼓励用人单位根据本单位实际情况为劳动者建立补充保险。国家提倡劳动者个人进行储蓄性保险。

第七十六条　国家发展社会福利事业，兴建公共福利设施，为劳动者休息、休养和疗养提供条件。用人单位应当创造条件，改善集体福利，提高劳动者的福利待遇。

第十章　劳动争议

第七十七条　用人单位与劳动者发生劳动争议，当事人可以依法申请调解、仲裁、提起诉讼，也可以协商解决。调解原则适用于仲裁和诉讼程序。

第七十八条　解决劳动争议，应当根据合法、公正、及时处理的原则，依法维护劳动争议当事人的合法权益。

第七十九条　劳动争议发生后，当事人可以向本单位劳动争议调解委员会申请调解；调解不成，当事人一方要求仲裁的，可以向劳动争议仲裁委员会申请仲裁。当事人一方也可以直接向劳动争议仲裁委员会申请仲裁。对仲裁裁决不服的，可以向人民法院提起诉讼。

第八十条　在用人单位内，可以设立劳动争议调解委员会。劳动争议调解委员会由职工代表、用人单位代表和工会代表组成。劳动争议调解委员会主任由工会代表担任。劳动争议经调解达成协议的，当事人应当履行。

第八十一条　劳动争议仲裁委员会由劳动行政部门代表、同级工会代表、用人单位方面的代表组成。劳动争议仲裁委员会主任由劳动行政部门代表担任。

第八十二条　提出仲裁要求的一方应当自劳动争议发生之日起六十日内向劳动争议仲裁委员会提出书面申请。仲裁裁决一般应在收到仲裁申请的六十日内作出。对仲裁裁决无异议的，当事人必须履行。

第八十三条　劳动争议当事人对仲裁裁决不服的，可以自收到仲裁裁决书之日起十五日内向人民法院提起诉讼。一方当事人在法定期限内不起诉又不履行仲裁裁决的，另一方当事人可以申请人民法院强制执行。

第八十四条　因签订集体合同发生争议，当事人协商解决不成的，当地人民政府劳动行政部门可以组织有关各方协调处理。因履行集体合同发生争议，当事人协商解决不成的，可以向劳动争议仲裁委员会申请仲裁；对仲裁裁决不服的，可以自收到仲裁裁决书之日起十五日内向人民法院提起诉讼。

第十一章　监督检查

第八十五条　县级以上各级人民政府劳动行政部门依法对用人单位遵守劳动法律、法规的情况进行监督检查，对违反劳动法律、法规的行为有权制止，并责令改正。

第八十六条　县级以上各级人民政府劳动行政部门监督检查人员执行公务，有权进入用人单位了解执行劳动法律、法规的情况，查阅必要的资料，并对劳动场所进行检查。

县级以上各级人民政府劳动行政部门监督检查人员执行公务，必须出示证件，秉公执法并遵守有关规定。

第八十七条　县级以上各级人民政府有关部门在各自职责范围内，对用人单位遵守劳动法律、法规的情况进行监督。

第八十八条　各级工会依法维护劳动者的合法权益，对用人单位遵守劳动法律、法规的情况进行监督。任何组织和个人对于违反劳动法律、法规的行为有权检举和控告。

第十二章　法律责任

第八十九条　用人单位制定的劳动规章制度违反法律、法规规定的，由劳动行政部门给予警告，责令改正；对劳动者造成损害的，应当承担赔偿责任。

第九十条　用人单位违反本法规定，延长劳动者工作时间的，由劳动行政部门给予警告，责令改正，并可以处以罚款。

第九十一条　用人单位有下列侵害劳动者合法权益情形之一的，由劳动行政部门责令支付劳动者的工资报酬、经济补偿，并可以责令支付赔偿金：

（一）克扣或者无故拖欠劳动者工资的；

（二）拒不支付劳动者延长工作时间工资报酬的；

（三）低于当地最低工资标准支付劳动者工资的；

（四）解除劳动合同后，未依照本法规定给予劳动者经济补偿的。

第九十二条　用人单位的劳动安全设施和劳动卫生条件不符合国家规定或者未向劳动者提供必要的劳动防护用品和劳动保护设施的，由劳动行政部门或者有关部门责令改正，可以处以罚款；情节严重的，提请县级以上人民政府决定责令停产整顿；对事故隐患不采取措施，致使发生重大事故，造成劳动者生命和财产损失的，对责任人员比照刑法第一百八十七条的规定追究刑事责任。

第九十三条　用人单位强令劳动者违章冒险作业，发生重大伤亡事故，造成严重后果的，对责任人员依法追究刑事责任。

第九十四条　用人单位非法招用未满十六周岁的未成年人的，由劳动行政部门责令改正，处以罚款；情节严重的，由工商行政管理部门吊销营业执照。

第九十五条　用人单位违反本法对女职工和未成年工的保护规定，侵害其合法权益的，由劳动行政部门责令改正，处以罚款；对女职工或者未成年工造成损害的，应当承担赔偿责任。

第九十六条　用人单位有下列行为之一，由公安机关对责任人员处以十五日以下拘留、罚款或者警告；构成犯罪的，对责任人员依法追究刑事责任：

（一）以暴力、威胁或者非法限制人身自由的手段强迫劳动的；

（二）侮辱、体罚、殴打、非法搜查和拘禁劳动者的。

第九十七条　由于用人单位的原因订立的无效合同，对劳动者造成损害的，应当承担赔偿责任。

第九十八条　用人单位违反本法规定的条件解除劳动合同或者故意拖延不订立劳动合同的，由劳动行政部门责令改正；对劳动者造成损害的，应当承担赔偿责任。

第九十九条　用人单位招用尚未解除劳动合同的劳动者，对原用人单位造成经济损失的，该用人单位应当依法承担连带赔偿责任。

第一百条　用人单位无故不缴纳社会保险费的，由劳动行政部门责令其限期缴纳，逾期不缴的，可以加收滞纳金。

第一百零一条　用人单位无理阻挠劳动行政部门、有关部门及其工作人员行使监督检查权，打击报复举报人员的，由劳动行政部门或者有关部门处以罚款；构成犯罪的，对责任人员依法追究刑事责任。

第一百零二条　劳动者违反本法规定的条件解除劳动合同或者违反劳动合同中约定的保密事项，对用人单位造成经济损失的，应当依法承担赔偿责任。

第一百零三条　劳动行政部门或者有关部门的工作人员滥用职权、玩忽职守、徇私舞弊，构成犯罪的，依法追究刑事责任；不构成犯罪的，给予行政处分。

第一百零四条　国家工作人员和社会保险基金经办机构的工作人员挪用社会保险基金，构成犯罪的，依法追究刑事责任。

第一百零五条　违反本法规定侵害劳动者合法权益，其他法律、法规已规定处罚的，依照该法律、行政法规的规定处罚。

第十三章　附　　则

第一百零六条　省、自治区、直辖市人民政府根据本法和本地区的实际情况，规定劳动合同制度的实施步骤，报国务院备案。

第一百零七条　本法自1995年1月1日起施行。

三、《中华人民共和国劳动合同法实施条例》

中华人民共和国国务院令
第535号

《中华人民共和国劳动合同法实施条例》已经于2008年9月3日国务院第25次常务会议通过，现予公布，自公布之日起施行。

总理　温家宝

二〇〇八年九月十八日

中华人民共和国劳动合同法实施条例

第一章　总　　则

第一条　为了贯彻实施《中华人民共和国劳动合同法》(以下简称《劳动合同法》)，制定本条例。

第二条　各级人民政府和县级以上人民政府劳动行政等有关部门以及工会等组织，应当采取措施，推动《劳动合同法》的贯彻实施，促进劳动关系的和谐。

第三条　依法成立的会计师事务所、律师事务所等合伙组织和基金会，属于《劳动合同法》规定的用人单位。

第二章　劳动合同的订立

第四条　《劳动合同法》规定的用人单位设立的分支机构，依法取得营业执照或者登记证书的，可以作为用人单位与劳动者订立劳动合同；未依法取得营业执照或者登记证书的，受用人单位委托可以与劳动者订立劳动合同。

第五条　自用工之日起一个月内，经用人单位书面通知后，劳动者不与用人单位订立书面劳动合同的，用人单位应当书面通知劳动者终止劳动关系，无须向劳动者支付经济补偿，但是应当依法向劳动者支付其实际工作时间的劳动报酬。

第六条　用人单位自用工之日起超过一个月不满一年未与劳动者订立书面劳动合同的，应当依照《劳动合同法》第八十二条的规定向劳动者每月支付两倍的工资，并与劳动者补订书面劳动合同；劳动者不与用人单位订立书面劳动合同的，用人单位应当书面通知劳动者终止劳动关系，并依照《劳动合同法》第四十七条的规定支付经济补偿。

前款规定的用人单位向劳动者每月支付两倍工资的起算时间为用工之日起满一个月的次日，截止时间为补订书面劳动合同的前一日。

第七条　用人单位自用工之日起满一年未与劳动者订立书面劳动合同的，自用工之日起满一个月的次日至满一年的前一日应当依照《劳动合同法》第八十二条的规定向劳动者每月支付两倍的工资，并视为自用工之日起满一年的当日已经与劳动者订立无固定期限劳动合同，应当立即与劳动者补订书面劳动合同。

第八条　《劳动合同法》第七条规定的职工名册，应当包括劳动者姓名、性别、公民身份证号码、户籍地址及现住址、联系方式、用工形式、用工起始时间、劳动合同期限等内容。

第九条　《劳动合同法》第十四条第二款规定的连续工作满10年的起始时间，应当自用人单位用工之日起计算，包括《劳动合同法》施行前的工作年限。

第十条　劳动者非因本人原因从原用人单位被安排到新用人单位工作的，劳动者在原用人单位的工作年限合并计算为新用人单位的工作年限。原用人单位已经向劳动者支付经济补偿的，新用人单位在依法解除、终止劳动合同计算支付经济补偿的工作年限时，不再计算劳动者在原用人单位的工作年限。

第十一条　除劳动者与用人单位协商一致的情形外，劳动者依照《劳动合同法》第十四条第二款的规定，提出订立无固定期限劳动合同的，用人单位应当与其订立无固定期限劳动合同。对劳动合同的内容，双方应当按照合法、公平、平等自愿、协商一致、诚实信用的原则协商确定；对协商不一致的内容，依照《劳动合同法》第十八条的规定执行。

第十二条　地方各级人民政府及县级以上地方人民政府有关部门为安置就业困难人员提供的给予岗位补贴和社会保险补贴的公益性岗位，其劳动合同不适用《劳动合同法》有关无固定期限劳动合同的规定以及支付经济补偿的规定。

第十三条　用人单位与劳动者不得在《劳动合同法》第四十四条规定的劳动合同终止情形之外约定其他的劳动合同终止条件。

第十四条　劳动合同履行地与用人单位注册地不一致的，有关劳动者的最低工资标准、劳动保护、劳动条件、职业危害防护和本地区上年度职工月平均工资标准等事项，按照劳动合同履行地的有关规定执行；用人单位注册地的有关标准高于劳动合同履行地的有关标准，且用人单位与劳动者约定按照用人单位注册地的有关规定执行的，从其约定。

第十五条　劳动者在试用期的工资不得低于本单位相同岗位最低档工资的80%或者不得低于劳动合同约定工资的80%，并不得低于用人单位所在地的最低工资标准。

第十六条《劳动合同法》第二十二条第二款规定的培训费用，包括用人单位为了对劳动者进行专业技术培训而支付的有凭证的培训费用、培训期间的差旅费用以及因培训产生的用于该劳动者的其他直接费用。

第十七条　劳动合同期满，但是用人单位与劳动者依照《劳动合同法》第二十二条的规定约定的服务期尚未到期的，劳动合同应当续延至服务期满；双方另有约定的，从其约定。

第三章　劳动合同的解除和终止

第十八条　有下列情形之一的，依照《劳动合同法》规定的条件、程序，劳动者可以与用人单位解除固定期限劳动合同、无固定期限劳动合同或者以完成一定工作任务为期限的劳动合同：

（一）劳动者与用人单位协商一致的；

（二）劳动者提前30日以书面形式通知用人单位的；

（三）劳动者在试用期内提前3日通知用人单位的；

（四）用人单位未按照劳动合同约定提供劳动保护或者劳动条件的；

（五）用人单位未及时足额支付劳动报酬的；

（六）用人单位未依法为劳动者缴纳社会保险费的；

（七）用人单位的规章制度违反法律、法规的规定，损害劳动者权益的；

（八）用人单位以欺诈、胁迫的手段或者乘人之危，使劳动者在违背真实意思的情况下订立或者变更劳动合同的；

（九）用人单位在劳动合同中免除自己的法定责任、排除劳动者权利的；

（十）用人单位违反法律、行政法规强制性规定的；

（十一）用人单位以暴力、威胁或者非法限制人身自由的手段强迫劳动者劳动的；

（十二）用人单位违章指挥、强令冒险作业危及劳动者人身安全的；

（十三）法律、行政法规规定劳动者可以解除劳动合同的其他情形。

第十九条　有下列情形之一的，依照《劳动合同法》规定的条件、程序，用人单位可以与劳动者解除固定期限劳动合同、无固定期限劳动合同或者以完成一定工作任务为期限的劳动合同：

（一）用人单位与劳动者协商一致的；

（二）劳动者在试用期间被证明不符合录用条件的；

（三）劳动者严重违反用人单位的规章制度的；

（四）劳动者严重失职，营私舞弊，给用人单位造成重大损害的；

（五）劳动者同时与其他用人单位建立劳动关系，对完成本单位的工作任务造成严重影响，或者经用人单位提出，拒不改正的；

（六）劳动者以欺诈、胁迫的手段或者乘人之危，使用人单位在违背真实意思的情况下订立或者变更劳动合同的；

（七）劳动者被依法追究刑事责任的；

（八）劳动者患病或者非因工负伤，在规定的医疗期满后不能从事原工作，也不能从事由用人单位另行安排的工作的；

（九）劳动者不能胜任工作，经过培训或者调整工作岗位，仍不能胜任工作的；

（十）劳动合同订立时所依据的客观情况发生重大变化，致使劳动合同无法履行，经用人单位与劳动者协商，未能就变更劳动合同内容达成协议的；

（十一）用人单位依照企业破产法规定进行重整的；

（十二）用人单位生产经营发生严重困难的；

（十三）企业转产、重大技术革新或者经营方式调整，经变更劳动合同后，仍需裁减人员的；

（十四）其他因劳动合同订立时所依据的客观经济情况发生重大变化，致使劳动合同无法履行的。

第二十条　用人单位依照《劳动合同法》第四十条的规定，选择额外支付劳动者一个月工资解除劳动合同的，其额外支付的工资应当按照该劳动者上一个月的工资标准确定。

第二十一条　劳动者达到法定退休年龄的，劳动合同终止。

第二十二条　以完成一定工作任务为期限的劳动合同因任务完成而终止的，用人单位应当依照《劳动合同法》第四十七条的规定向劳动者支付经济补偿。

第二十三条　用人单位依法终止工伤职工的劳动合同的，除依照《劳动合同法》第四十七条的规定支付经济补偿外，还应当依照国家有关工伤保险的规定支付一次性工伤医疗补助金和伤残就业补助金。

第二十四条　用人单位出具的解除、终止劳动合同的证明，应当写明劳动合同期限、解除或者终止劳动合同的日期、工作岗位、在本单位的工作年限。

第二十五条　用人单位违反《劳动合同法》的规定解除或者终止劳动合同，依照《劳动合同法》第八十七条的规定支付了赔偿金的，不再支付经济补偿。赔偿金的计算年限自用工之日起计算。

第二十六条　用人单位与劳动者约定了服务期，劳动者依照《劳动合同法》第三十八条的规定解除劳动合同的，不属于违反服务期的约定，用人单位不得要求劳动者支付违约金。

有下列情形之一，用人单位与劳动者解除约定服务期的劳动合同的，劳动者应当按照劳动合同的约定向用人单位支付违约金：

（一）劳动者严重违反用人单位的规章制度的；

（二）劳动者严重失职，营私舞弊，给用人单位造成重大损害的；

（三）劳动者同时与其他用人单位建立劳动关系，对完成本单位的工作任务造成严重影响，或者经用人单位提出，拒不改正的；

（四）劳动者以欺诈、胁迫的手段或者乘人之危，使用人单位在违背真实意思的情况下订立或者变更劳动合同的；

（五）劳动者被依法追究刑事责任的。

第二十七条《劳动合同法》第四十七条规定的经济补偿的月工资按照劳动者应得工资计算，包括计时工资或者计件工资以及奖金、津贴和补贴等货币性收入。劳动者在劳动合同解除或者终止前 12 个月的平均工资低于当地最低工资标准的，按照当地最低工资标准计算。劳动者工作不满 12 个月的，按照实际工作的月数计算平均工资。

第四章　劳务派遣特别规定

第二十八条　用人单位或者其所属单位出资或者合伙设立的劳务派遣单位，向本单位或者所属单位派遣劳动者的，属于《劳动合同法》第六十七条规定的不得设立的劳务派遣单位。

第二十九条　用工单位应当履行《劳动合同法》第六十二条规定的义务，维护被派遣劳动者的合法权益。

第三十条　劳务派遣单位不得以非全日制用工形式招用被派遣劳动者。

第三十一条　劳务派遣单位或者被派遣劳动者依法解除、终止劳动合同的经济补偿，依照《劳动合同法》第四十六条、第四十七条的规定执行。

第三十二条　劳务派遣单位违法解除或者终止被派遣劳动者的劳动合同的，依照《劳动合同法》第四十八条的规定执行。

第五章　法律责任

第三十三条　用人单位违反《劳动合同法》有关建立职工名册规定的，由劳动行政部门责令限期改正；逾期不改正的，由劳动行政部门处 2000 元以上 2

万元以下的罚款。

第三十四条　用人单位依照《劳动合同法》的规定应当向劳动者每月支付两倍的工资或者应当向劳动者支付赔偿金而未支付的，劳动行政部门应当责令用人单位支付。

第三十五条　用工单位违反《劳动合同法》和本条例有关劳务派遣规定的，由劳动行政部门和其他有关主管部门责令改正；情节严重的，以每位被派遣劳动者1000元以上5000元以下的标准处以罚款；给被派遣劳动者造成损害的，劳务派遣单位和用工单位承担连带赔偿责任。

第六章　附　　则

第三十六条　对违反《劳动合同法》和本条例的行为的投诉、举报，县级以上地方人民政府劳动行政部门依照《劳动保障监察条例》的规定处理。

第三十七条　劳动者与用人单位因订立、履行、变更、解除或者终止劳动合同发生争议的，依照《中华人民共和国劳动争议调解仲裁法》的规定处理。

第三十八条　本条例自公布之日起施行。

四、《工伤保险条例》

中华人民共和国国务院令
第375号

《工伤保险条例》已经于2003年4月16日国务院第5次常务会议讨论通过，现予公布，自2004年1月1日起施行。

总理　温家宝

二〇〇三年四月二十七日

工伤保险条例

第一章　总　则

第一条　为了保障因工作遭受事故伤害或者患职业病的职工获得医疗救治和经济补偿，促进工伤预防和职业康复，分散用人单位的工伤风险，制定本条例。

第二条　中华人民共和国境内的各类企业、有雇工的个体工商户（以下称用人单位）应当依照本条例规定参加工伤保险，为本单位全部职工或者雇工（以下称职工）缴纳工伤保险费。

中华人民共和国境内的各类企业的职工和个体工商户的雇工，均有依照本条例的规定享受工伤保险待遇的权利。

有雇工的个体工商户参加工伤保险的具体步骤和实施办法，由省、自治区、直辖市人民政府规定。

第三条　工伤保险费的征缴按照《社会保险费征缴暂行条例》关于基本养老保险费、基本医疗保险费、失业保险费的征缴规定执行。

第四条　用人单位应当将参加工伤保险的有关情况在本单位内公示。

用人单位和职工应当遵守有关安全生产和职业病防治的法律法规，执行安全卫生规程和标准，预防工伤事故发生，避免和减少职业病危害。

职工发生工伤时，用人单位应当采取措施使工伤职工得到及时救治。

第五条　国务院劳动保障行政部门负责全国的工伤保险工作。

县级以上地方各级人民政府劳动保障行政部门负责本行政区域内的工伤保险工作。

劳动保障行政部门按照国务院有关规定设立的社会保险经办机构（以下称经办机构）具体承办工伤保险事务。

第六条　劳动保障行政部门等部门制定工伤保险的政策、标准，应当征求工会组织、用人单位代表的意见。

第二章　工伤保险基金

第七条　工伤保险基金由用人单位缴纳的工伤保险费、工伤保险基金的利息和依法纳入工伤保险基金的其他资金构成。

第八条　工伤保险费根据以支定收、收支平衡的原则，确定费率。

国家根据不同行业的工伤风险程度确定行业的差别费率，并根据工伤保险费使用、工伤发生率等情况在每个行业内确定若干费率档次。行业差别费率及行业内费率档次由国务院劳动保障行政部门会同国务院财政部门、卫生行政部门、安全生产监督管理部门制定，报国务院批准后公布施行。

统筹地区经办机构根据用人单位工伤保险费使用、工伤发生率等情况，适用所属行业内相应的费率档次确定单位缴费费率。

第九条　国务院劳动保障行政部门应当定期了解全国各统筹地区工伤保险基金收支情况，及时会同国务院财政部门、卫生行政部门、安全生产监督管理部门提出调整行业差别费率及行业内费率档次的方案，报国务院批准后公布施行。

第十条　用人单位应当按时缴纳工伤保险费。职工个人不缴纳工伤保险费。

用人单位缴纳工伤保险费的数额为本单位职工工资总额乘以单位缴费费率之积。

第十一条　工伤保险基金在直辖市和设区的市实行全市统筹，其他地区的统筹层次由省、自治区人民政府确定。

跨地区、生产流动性较大的行业，可以采取相对集中的方式异地参加统筹地区的工伤保险。具体办法由国务院劳动保障行政部门会同有关行业的主管部门制定。

第十二条　工伤保险基金存入社会保障基金财政专户，用于本条例规定的工伤保险待遇、劳动能力鉴定以及法律、法规规定的用于工伤保险的其他费用的支付。任何单位或者个人不得将工伤保险基金用于投资运营、兴建或者改建办公场所、发放奖金，或者挪作其他用途。

第十三条　工伤保险基金应当留有一定比例的储备金，用于统筹地区重大事故的工伤保险待遇支付；储备金不足支付的，由统筹地区的人民政府垫付。储备金占基金总额的具体比例和储备金的使用办法，由省、自治区、直辖市人民政府规定。

第三章　工伤认定

第十四条　职工有下列情形之一的，应当认定为工伤：

（一）在工作时间和工作场所内，因工作原因受到事故伤害的；

（二）工作时间前后在工作场所内，从事与工作有关的预备性或者收尾性工作受到事故伤害的；

（三）在工作时间和工作场所内，因履行工作职责受到暴力等意外伤害的；

（四）患职业病的；

（五）因工外出期间，由于工作原因受到伤害或者发生事故下落不明的；

（六）在上下班途中，受到机动车事故伤害的；

（七）法律、行政法规规定应当认定为工伤的其他情形。

第十五条　职工有下列情形之一的，视同工伤：

（一）在工作时间和工作岗位，突发疾病死亡或者在48小时之内经抢救无效死亡的；

（二）在抢险救灾等维护国家利益、公共利益活动中受到伤害的；

（三）职工原在军队服役，因战、因公负伤致残，已取得革命伤残军人证，到用人单位后旧伤复发的。

职工有前款第（一）项、第（二）项情形的，按照本条例的有关规定享受工伤保险待遇；职工有前款第（三）项情形的，按照本条例的有关规定享受除一次性伤残补助金以外的工伤保险待遇。

第十六条　职工有下列情形之一的，不得认定为工伤或者视同工伤：

（一）因犯罪或者违反治安管理伤亡的；

（二）醉酒导致伤亡的；

（三）自残或者自杀的。

第十七条　职工发生事故伤害或者按照职业病防治法规定被诊断、鉴定为职业病，所在单位应当自事故伤害发生之日或者被诊断、鉴定为职业病之日起30日内，向统筹地区劳动保障行政部门提出工伤认定申请。遇有特殊情况，经报劳动保障行政部门同意，申请时限可以适当延长。

用人单位未按前款规定提出工伤认定申请的，工伤职工或者其直系亲属、工会组织在事故伤害发生之日或者被诊断、鉴定为职业病之日起1年内，可以直接向用人单位所在地统筹地区劳动保障行政部门提出工伤认定申请。

按照本条第一款规定应当由省级劳动保障行政部门进行工伤认定的事项，根据属地原则由用人单位所在地的设区的市级劳动保障行政部门办理。

用人单位未在本条第一款规定的时限内提交工伤认定申请，在此期间发生符合本条例规定的工伤待遇等有关费用由该用人单位负担。

第十八条　提出工伤认定申请应当提交下列材料：

（一）工伤认定申请表；

（二）与用人单位存在劳动关系（包括事实劳动关系）的证明材料；

（三）医疗诊断证明或者职业病诊断证明书（或者职业病诊断鉴定书）。

工伤认定申请表应当包括事故发生的时间、地点、原因以及职工伤害程度等基本情况。

工伤认定申请人提供材料不完整的，劳动保障行政部门应当一次性书面告知工伤认定申请人需要补正的全部材料。申请人按照书面告知要求补正材料后，劳动保障行政部门应当受理。

第十九条　劳动保障行政部门受理工伤认定申请后，根据审核需要可以对事故伤害进行调查核实，用人单位、职工、工会组织、医疗机构以及有关部门应当予以协助。职业病诊断和诊断争议的鉴定，依照职业病防治法的有关规定执行。对依法取得职业病诊断证明书或者职业病诊断鉴定书的，劳动保障行政部门不再进行调查核实。

职工或者其直系亲属认为是工伤，用人单位不认为是工伤的，由用人单位承担举证责任。

第二十条　劳动保障行政部门应当自受理工伤认定申请之日起60日内作出工伤认定的决定，并书面通知申请工伤认定的职工或者其直系亲属和该职工所在单位。

劳动保障行政部门工作人员与工伤认定申请人有利害关系的，应当回避。

第四章　劳动能力鉴定

第二十一条　职工发生工伤，经治疗伤情相对稳定后存在残疾、影响劳动能力的，应当进行劳动能力鉴定。

第二十二条　劳动能力鉴定是指劳动功能障碍程度和生活自理障碍程度的等级鉴定。

劳动功能障碍分为十个伤残等级，最重的为一级，最轻的为十级。

生活自理障碍分为三个等级：生活完全不能自理、生活大部分不能自理和生活部分不能自理。

劳动能力鉴定标准由国务院劳动保障行政部门会同国务院卫生行政部门等部门制定。

第二十三条 劳动能力鉴定由用人单位、工伤职工或者其直系亲属向设区的市级劳动能力鉴定委员会提出申请，并提供工伤认定决定和职工工伤医疗的有关资料。

第二十四条 省、自治区、直辖市劳动能力鉴定委员会和设区的市级劳动能力鉴定委员会分别由省、自治区、直辖市和设区的市级劳动保障行政部门、人事行政部门、卫生行政部门、工会组织、经办机构代表以及用人单位代表组成。

劳动能力鉴定委员会建立医疗卫生专家库。列入专家库的医疗卫生专业技术人员应当具备下列条件：

（一）具有医疗卫生高级专业技术职务任职资格；

（二）掌握劳动能力鉴定的相关知识；

（三）具有良好的职业品德。

第二十五条 设区的市级劳动能力鉴定委员会收到劳动能力鉴定申请后，应当从其建立的医疗卫生专家库中随机抽取3名或者5名相关专家组成专家组，由专家组提出鉴定意见。设区的市级劳动能力鉴定委员会根据专家组的鉴定意见作出工伤职工劳动能力鉴定结论；必要时，可以委托具备资格的医疗机构协助进行有关的诊断。

设区的市级劳动能力鉴定委员会应当自收到劳动能力鉴定申请之日起60日内作出劳动能力鉴定结论，必要时，作出劳动能力鉴定结论的期限可以延长30日。劳动能力鉴定结论应当及时送达申请鉴定的单位和个人。

第二十六条 申请鉴定的单位或者个人对设区的市级劳动能力鉴定委员会作出的鉴定结论不服的，可以在收到该鉴定结论之日起15日内向省、自治区、直辖市劳动能力鉴定委员会提出再次鉴定申请。省、自治区、直辖市劳动能力鉴定委员会作出的劳动能力鉴定结论为最终结论。

第二十七条 劳动能力鉴定工作应当客观、公正。劳动能力鉴定委员会组成人员或者参加鉴定的专家与当事人有利害关系的，应当回避。

第二十八条 自劳动能力鉴定结论作出之日起1年后，工伤职工或者其直系亲属、所在单位或者经办机构认为伤残情况发生变化的，可以申请劳动能力复查鉴定。

第五章 工伤保险待遇

第二十九条 职工因工作遭受事故伤害或者患职业病进行治疗，享受工伤医疗待遇。

职工治疗工伤应当在签订服务协议的医疗机构就医，情况紧急时可以先到就近的医疗机构急救。

治疗工伤所需费用符合工伤保险诊疗项目目录、工伤保险药品目录、工伤保险住院服务标准的，从工伤保险基金支付。工伤保险诊疗项目目录、工伤保险药品目录、工伤保险住院服务标准，由国务院劳动保障行政部门会同国务院卫生行政部门、药品监督管理部门等部门规定。

职工住院治疗工伤的，由所在单位按照本单位因公出差伙食补助标准的70%发给住院伙食补助费；经医疗机构出具证明，报经办机构同意，工伤职工到统筹地区以外就医的，所需交通、食宿费用由所在单位按照本单位职工因公出差标准报销。

工伤职工治疗非工伤引发的疾病，不享受工伤医疗待遇，按照基本医疗保险办法处理。

工伤职工到签订服务协议的医疗机构进行康复性治疗的费用，符合本条第三款规定的，从工伤保险基金支付。

第三十条 工伤职工因日常生活或者就业需要，经劳动能力鉴定委员会确认，可以安装假肢、矫形器、假眼、假牙和配置轮椅等辅助器具，所需费用按照国家规定的标准从工伤保险基金支付。

第三十一条 职工因工作遭受事故伤害或者患职业病需要暂停工作接受工伤医疗的，在停工留薪期内，原工资福利待遇不变，由所在单位按月支付。

停工留薪期一般不超过12个月。伤情严重或者情况特殊，经设区的市级劳动能力鉴定委员会确认，可以适当延长，但延长不得超过12个月。工伤职工评定伤残等级后，停发原待遇，按照本章的有关规定享受伤残待遇。工伤职工在停工留薪期满后仍需治疗的，继续享受工伤医疗待遇。

生活不能自理的工伤职工在停工留薪期需要护理的，由所在单位负责。

第三十二条 工伤职工已经评定伤残等级并经劳动能力鉴定委员会确认需要生活护理的，从工伤保险基金按月支付生活护理费。

生活护理费按照生活完全不能自理、生活大部分不能自理或者生活部分不能自理3个不同等级支付，其标准分别为统筹地区上年度职工月平均工资的50%、40%或者30%。

第三十三条 职工因工致残被鉴定为一级至四级伤残的，保留劳动关系，退出工作岗位，享受以下待遇：

（一）从工伤保险基金按伤残等级支付一次性伤残补助金，标准为：一级伤残为24个月的本人工资，二级伤残为22个月的本人工资，三级伤残为20个月的本人工资，四级伤残为18个月的本人工资。

（二）从工伤保险基金按月支付伤残津贴，标准为：一级伤残为本人工资的90%，二级伤残为本人工资的85%，三级伤残为本人工资的80%，四级伤残为本人工资的75%。伤残津贴实际金额低于当地最低工资标准的，由工伤保险基金补足差额。

（三）工伤职工达到退休年龄并办理退休手续后，停发伤残津贴，享受基本养老保险待遇。基本养老保险待遇低于伤残津贴的，由工伤保险基金补足差额。

职工因工致残被鉴定为一级至四级伤残的，由用人单位和职工个人以伤残津贴为基数，缴纳基本医疗保险费。

第三十四条　职工因工致残被鉴定为五级、六级伤残的，享受以下待遇：

（一）从工伤保险基金按伤残等级支付一次性伤残补助金，标准为：五级伤残为16个月的本人工资，六级伤残为14个月的本人工资；

（二）保留与用人单位的劳动关系，由用人单位安排适当工作。难以安排工作的，由用人单位按月发给伤残津贴，标准为：五级伤残为本人工资的70%，六级伤残为本人工资的60%，并由用人单位按照规定为其缴纳应缴纳的各项社会保险费。伤残津贴实际金额低于当地最低工资标准的，由用人单位补足差额。

经工伤职工本人提出，该职工可以与用人单位解除或者终止劳动关系，由用人单位支付一次性工伤医疗补助金和伤残就业补助金。具体标准由省、自治区、直辖市人民政府规定。

第三十五条　职工因工致残被鉴定为七级至十级伤残的，享受以下待遇：

（一）从工伤保险基金按伤残等级支付一次性伤残补助金，标准为：七级伤残为12个月的本人工资，八级伤残为10个月的本人工资，九级伤残为8个月的本人工资，十级伤残为6个月的本人工资；

（二）劳动合同期满终止，或者职工本人提出解除劳动合同的，由用人单位支付一次性工伤医疗补助金和伤残就业补助金。具体标准由省、自治区、直辖市人民政府规定。

第三十六条　工伤职工工伤复发，确认需要治疗的，享受本条例第二十九条、第三十条和第三十一条规定的工伤待遇。

第三十七条　职工因工死亡，其直系亲属按照下列规定从工伤保险基金领取丧葬补助金、供养亲属抚恤金和一次性工亡补助金：

（一）丧葬补助金为6个月的统筹地区上年度职工月平均工资；

（二）供养亲属抚恤金按照职工本人工资的一定比例发给由因工死亡职工生前提供主要生活来源、无劳动能力的亲属。标准为：配偶每月40%，其他亲属每人每月30%，孤寡老人或者孤儿每人每月在上述标准的基础上增加10%。核定的各供养亲属的抚恤金之和不应高于因工死亡职工生前的工资。供养亲属的具体范围由国务院劳动保障行政部门规定。

（三）一次性工亡补助金标准为48个月至60个月的统筹地区上年度职工月平均工资。具体标准由统筹地区的人民政府根据当地经济、社会发展状况规定，报省、自治区、直辖市人民政府备案。

伤残职工在停工留薪期内因工伤导致死亡的，其直系亲属享受本条第一款规定的待遇。

一级至四级伤残职工在停工留薪期满后死亡的，其直系亲属可以享受本条第一款第（一）项、第（二）项规定的待遇。

第三十八条　伤残津贴、供养亲属抚恤金、生活护理费由统筹地区劳动保障行政部门根据职工平均工资和生活费用变化等情况适时调整。调整办法由省、自治区、直辖市人民政府规定。

第三十九条　职工因工外出期间发生事故或者在抢险救灾中下落不明的，从事故发生当月起3个月内照发工资，从第4个月起停发工资，由工伤保险基金向其供养亲属按月支付供养亲属抚恤金。生活有困难的，可以预支一次性工亡补助金的50%。职工被人民法院宣告死亡的，按照本条例第三十七条职工因工死亡的规定处理。

第四十条　工伤职工有下列情形之一的，停止享受工伤保险待遇：

（一）丧失享受待遇条件的；

（二）拒不接受劳动能力鉴定的；

（三）拒绝治疗的；

（四）被判刑正在收监执行的。

第四十一条　用人单位分立、合并、转让的，承继单位应当承担原用人单位的工伤保险责任；原用人单位已经参加工伤保险的，承继单位应当到当地经办机构办理工伤保险变更登记。

用人单位实行承包经营的，工伤保险责任由职工劳动关系所在单位承担。

职工被借调期间受到工伤事故伤害的，由原用人单位承担工伤保险责任，但原用人单位与借调单位可以约定补偿办法。

企业破产的，在破产清算时优先拨付依法应由单位支付的工伤保险待遇费用。

第四十二条　职工被派遣出境工作，依据前往国家或者地区的法律应当参加当地工伤保险的，参加当地工伤保险，其国内工伤保险关系中止；不能参加当地工伤保险的，其国内工伤保险关系不中止。

第四十三条　职工再次发生工伤，根据规定应当享受伤残津贴的，按照新认定的伤残等级享受伤残津贴待遇。

第六章　监督管理

第四十四条　经办机构具体承办工伤保险事务，履行下列职责：

（一）根据省、自治区、直辖市人民政府规定，征收工伤保险费；

（二）核查用人单位的工资总额和职工人数，办理工伤保险登记，并负责保存用人单位缴费和职工享受工伤保险待遇情况的记录；

（三）进行工伤保险的调查、统计；

（四）按照规定管理工伤保险基金的支出；

（五）按照规定核定工伤保险待遇；

（六）为工伤职工或者其直系亲属免费提供咨询服务。

第四十五条　经办机构与医疗机构、辅助器具配置机构在平等协商的基础上签订服务协议，并公布签订服务协议的医疗机构、辅助器具配置机构的名单。具体办法由国务院劳动保障行政部门分别会同国务院卫生行政部门、民政部门等部门制定。

第四十六条　经办机构按照协议和国家有关目录、标准对工伤职工医疗费用、康复费用、辅助器具费用的使用情况进行核查，并按时足额结算费用。

第四十七条　经办机构应当定期公布工伤保险基金的收支情况，及时向劳动保障行政部门提出调整费率的建议。

第四十八条　劳动保障行政部门、经办机构应当定期听取工伤职工、医疗机构、辅助器具配置机构以及社会各界对改进工伤保险工作的意见。

第四十九条　劳动保障行政部门依法对工伤保险费的征缴和工伤保险基金的支付情况进行监督检查。

财政部门和审计机关依法对工伤保险基金的收支、管理情况进行监督。

第五十条　任何组织和个人对有关工伤保险的违法行为，有权举报。劳动保障行政部门对举报应当及时调查，按照规定处理，并为举报人保密。

第五十一条　工会组织依法维护工伤职工的合法权益，对用人单位的工伤保险工作实行监督。

第五十二条　职工与用人单位发生工伤待遇方面的争议，按照处理劳动争议的有关规定处理。

第五十三条　有下列情形之一的，有关单位和个人可以依法申请行政复议；对复议决定不服的，可以依法提起行政诉讼：

（一）申请工伤认定的职工或者其直系亲属、该职工所在单位对工伤认定结论不服的；

（二）用人单位对经办机构确定的单位缴费费率不服的；

（三）签订服务协议的医疗机构、辅助器具配置机构认为经办机构未履行有关协议或者规定的；

（四）工伤职工或者其直系亲属对经办机构核定的工伤保险待遇有异议的。

第七章　法律责任

第五十四条　单位或者个人违反本条例第十二条规定挪用工伤保险基金，构成犯罪的，依法追究刑事责任；尚不构成犯罪的，依法给予行政处分或者纪律处分。被挪用的基金由劳动保障行政部门追回，并入工伤保险基金；没收的违法所得依法上缴国库。

第五十五条 劳动保障行政部门工作人员有下列情形之一的，依法给予行政处分；情节严重，构成犯罪的，依法追究刑事责任：

（一）无正当理由不受理工伤认定申请，或者弄虚作假将不符合工伤条件的人员认定为工伤职工的；

（二）未妥善保管申请工伤认定的证据材料，致使有关证据灭失的；

（三）收受当事人财物的。

第五十六条 经办机构有下列行为之一的，由劳动保障行政部门责令改正，对直接负责的主管人员和其他责任人员依法给予纪律处分；情节严重，构成犯罪的，依法追究刑事责任；造成当事人经济损失的，由经办机构依法承担赔偿责任：

（一）未按规定保存用人单位缴费和职工享受工伤保险待遇情况记录的；

（二）不按规定核定工伤保险待遇的；

（三）收受当事人财物的。

第五十七条 医疗机构、辅助器具配置机构不按服务协议提供服务的，经办机构可以解除服务协议。

经办机构不按时足额结算费用的，由劳动保障行政部门责令改正；医疗机构、辅助器具配置机构可以解除服务协议。

第五十八条 用人单位瞒报工资总额或者职工人数的，由劳动保障行政部门责令改正，并处瞒报工资数额1倍以上3倍以下的罚款。

用人单位、工伤职工或者其直系亲属骗取工伤保险待遇，医疗机构、辅助器具配置机构骗取工伤保险基金支出的，由劳动保障行政部门责令退还，并处骗取金额1倍以上3倍以下的罚款；情节严重，构成犯罪的，依法追究刑事责任。

第五十九条 从事劳动能力鉴定的组织或者个人有下列情形之一的，由劳动保障行政部门责令改正，并处2000元以上1万元以下的罚款；情节严重，构成犯罪的，依法追究刑事责任：

（一）提供虚假鉴定意见的；

（二）提供虚假诊断证明的；

（三）收受当事人财物的。

第六十条 用人单位依照本条例规定应当参加工伤保险而未参加的，由劳动保障行政部门责令改正；未参加工伤保险期间用人单位职工发生工伤的，由该用人单位按照本条例规定的工伤保险待遇项目和标准支付费用。

第八章 附 则

第六十一条 本条例所称职工，是指与用人单位存在劳动关系（包括事实劳动关系）的各种用工形式、各种用工期限的劳动者。

本条例所称工资总额，是指用人单位直接支付给本单位全部职工的劳动报酬总额。

本条例所称本人工资，是指工伤职工因工作遭受事故伤害或者患职业病前12个月平均月缴费工资。本人工资高于统筹地区职工平均工资300%的，按照统筹地区职工平均工资的300%计算；本人工资低于统筹地区职工平均工资60%的，按照统筹地区职工平均工资的60%计算。

第六十二条　国家机关和依照或者参照国家公务员制度进行人事管理的事业单位、社会团体的工作人员因工作遭受事故伤害或者患职业病的，由所在单位支付费用。具体办法由国务院劳动保障行政部门会同国务院人事行政部门、财政部门规定。

其他事业单位、社会团体以及各类民办非企业单位的工伤保险等办法，由国务院劳动保障行政部门会同国务院人事行政部门、民政部门、财政部门等部门参照本条例另行规定，报国务院批准后施行。

第六十三条　无营业执照或者未经依法登记、备案的单位以及被依法吊销营业执照或者撤销登记、备案的单位的职工受到事故伤害或者患职业病的，由该单位向伤残职工或者死亡职工的直系亲属给予一次性赔偿，赔偿标准不得低于本条例规定的工伤保险待遇；用人单位不得使用童工，用人单位使用童工造成童工伤残、死亡的，由该单位向童工或者童工的直系亲属给予一次性赔偿，赔偿标准不得低于本条例规定的工伤保险待遇。具体办法由国务院劳动保障行政部门规定。

前款规定的伤残职工或者死亡职工的直系亲属就赔偿数额与单位发生争议的，以及前款规定的童工或者童工的直系亲属就赔偿数额与单位发生争议的，按照处理劳动争议的有关规定处理。

第六十四条　本条例自2004年1月1日起施行。本条例施行前已受到事故伤害或者患职业病的职工尚未完成工伤认定的，按照本条例的规定执行。

五、《最低工资规定》

中华人民共和国劳动和社会保障部令

第21号

《最低工资规定》已于2003年12月30日经劳动和社会保障部第7次部务会议通过，现予公布，自2004年3月1日起施行。

部长　郑斯林

二〇〇四年一月二十日

最低工资规定

第一条　为了维护劳动者取得劳动报酬的合法权益，保障劳动者个人及其家庭成员的基本生活，根据劳动法和国务院有关规定，制定本规定。

第二条　本规定适用于在中华人民共和国境内的企业、民办非企业单位、有雇工的个体工商户（以下统称用人单位）和与之形成劳动关系的劳动者。

国家机关、事业单位、社会团体和与之建立劳动合同关系的劳动者，依照本规定执行。

第三条　本规定所称最低工资标准，是指劳动者在法定工作时间或依法签订的劳动合同约定的工作时间内提供了正常劳动的前提下，用人单位依法应支付的最低劳动报酬。

本规定所称正常劳动，是指劳动者按依法签订的劳动合同约定，在法定工作时间或劳动合同约定的工作时间内从事的劳动。劳动者依法享受带薪年休假、探亲假、婚丧假、生育（产）假、节育手术假等国家规定的假期间，以及法定工作时间内依法参加社会活动期间，视为提供了正常劳动。

第四条　县级以上地方人民政府劳动保障行政部门负责对本行政区域内用人单位执行本规定情况进行监督检查。

各级工会组织依法对本规定执行情况进行监督，发现用人单位支付劳动者工资违反本规定的，有权要求当地劳动保障行政部门处理。

第五条　最低工资标准一般采取月最低工资标准和小时最低工资标准的形式。月最低工资标准适用于全日制就业劳动者，小时最低工资标准适用于非全日制就业劳动者。

第六条　确定和调整月最低工资标准，应参考当地就业者及其赡养人口的最低生活费用、城镇居民消费价格指数、职工个人缴纳的社会保险费和住房公积金、职工平均工资、经济发展水平、就业状况等因素。

确定和调整小时最低工资标准，应在颁布的月最低工资标准的基础上，考虑单位应缴纳的基本养老保险费和基本医疗保险费因素，同时还应适当考虑非全日制劳动者在工作稳定性、劳动条件和劳动强度、福利等方面与全日制就业人员之间的差异。

月最低工资标准和小时最低工资标准具体测算方法见附件。

第七条　省、自治区、直辖市范围内的不同行政区域可以有不同的最低工资标准。

第八条　最低工资标准的确定和调整方案，由省、自治区、直辖市人民政府劳动保障行政部门会同同级工会、企业联合会/企业家协会研究拟订，并将拟订的方案报送劳动保障部。方案内容包括最低工资确定和调整的依据、适用范围、拟订标准和说明。劳动保障部在收到拟订方案后，应征求全国总工会、中国企业联合会/企业家协会的意见。

劳动保障部对方案可以提出修订意见，若在方案收到后14日内未提出修订意见的，视为同意。

第九条　省、自治区、直辖市劳动保障行政部门应将本地区最低工资标准方案报省、自治区、直辖市人民政府批准，并在批准后7日内在当地政府公报上和至少一种全地区性报纸上发布。省、自治区、直辖市劳动保障行政部门应在发布后10日内将最低工资标准报劳动保障部。

第十条　最低工资标准发布实施后，如本规定第六条所规定的相关因素发生变化，应当适时调整。最低工资标准每两年至少调整一次。

第十一条　用人单位应在最低工资标准发布后10日内将该标准向本单位全体劳动者公示。

第十二条　在劳动者提供正常劳动的情况下，用人单位应支付给劳动者的工资在剔除下列各项以后，不得低于当地最低工资标准：

（一）延长工作时间工资；

（二）中班、夜班、高温、低温、井下、有毒有害等特殊工作环境、条件下的津贴；

（三）法律、法规和国家规定的劳动者福利待遇等。

实行计件工资或提成工资等工资形式的用人单位，在科学合理的劳动定额基础上，其支付劳动者的工资不得低于相应的最低工资标准。

劳动者由于本人原因造成在法定工作时间内或依法签订的劳动合同约定的工作时间内未提供正常劳动的，不适用于本条规定。

第十三条　用人单位违反本规定第十一条规定的，由劳动保障行政部门责令其限期改正；违反本规定第十二条规定的，由劳动保障行政部门责令其限期补发所欠劳动者工资，并可责令其按所欠工资的1至5倍支付劳动者赔偿金。

第十四条　劳动者与用人单位之间就执行最低工资标准发生争议，按劳动争议处理有关规定处理。

第十五条　本规定自2004年3月1日起实施。1993年11月24日原劳动部发布的《企业最低工资规定》同时废止。

附件：最低工资标准测算方法

（一）确定最低工资标准应考虑的因素：

确定最低工资标准一般考虑城镇居民生活费用支出、职工个人缴纳社会保险费、住房公积金、职工平均工资、失业率、经济发展水平等因素。可用公式表示为：

M = f（C、S、A、U、E、a）

M：最低工资标准；

C：城镇居民人均生活费用；

S：职工个人缴纳社会保险费、住房公积金；

A：职工平均工资；

U：失业率；

E：经济发展水平；

a：调整因素。

（二）确定最低工资标准的通用方法：

1. 比重法即根据城镇居民家计调查资料，确定一定比例的最低人均收入户为贫困户，统计出贫困户的人均生活费用支出水平，乘以每一就业者的赡养系数，再加上一个调整数。

2. 恩格尔系数法即根据国家营养学会提供的年度标准食物谱及标准食物摄取量，结合标准食物的市场价格，计算出最低食物支出标准，除以恩格尔系数，得出最低生活费用标准，再乘以每一就业者的赡养系数，再加上一个调整数。

以上方法计算出月最低工资标准后，再考虑职工个人缴纳社会保险费、住房公积金、职工平均工资水平、社会救济金和失业保险金标准、就业状况、经济发展水平等进行必要的修正。

举例：某地区最低收入组人均每月生活费支出为 210 元，每一就业者赡养系数为 1.87，最低食物费用为 127 元，恩格尔系数为 0.604，平均工资为 900 元。

1. 按比重法计算得出该地区月最低工资标准为：

月最低工资标准 = 210×1.87 + a = 393 + a（元）　　（1）

2. 按恩格尔系数法计算得出该地区月最低工资标准为：

月最低工资标准 = 127÷0.604×1.87 + a = 393 + a（元）　　（2）

公式（1）与（2）中 a 的调整因素主要考虑当地个人缴纳养老、失业、医疗保险费和住房公积金等费用。

另外按照国际上一般月最低工资标准相当于月平均工资的 40%～60%，则该地区月最低工资标准范围应在 360～540 元之间。

小时最低工资标准 = [（月最低工资标准 ÷20.92÷8）×（1 + 单位应当缴纳的基本养老保险费、基本医疗保险费比例之和）]×（1 + 浮动系数）

浮动系数的确定主要考虑非全日制就业劳动者工作稳定性、劳动条件和劳动强度、福利等方面与全日制就业人员之间的差异。

各地可参照以上测算办法，根据当地实际情况合理确定月、小时最低工资标准。

六、《企业职工患病或非因工负伤医疗期规定》

劳动部关于发布《企业职工患病或非因工负伤医疗期规定》的通知

1994 年 12 月 1 日，劳动部

各省、自治区、直辖市及计划单列市劳动（劳动人事）厅（局），上海市社会保险局，国务院各部、委，各直属机构：

为了适应劳动用工制度改革需要，保护劳动者合法权益，促进企业改革，完善劳动合同制度，根据《中华人民共和国劳动法》有关医疗期限的规定，我部制定了《企业职工患病或非因工负伤医疗期规定》，现予发布，自 1995 年 1 月 1 日起施行。

企业职工患病或非因工负伤医疗期规定

第一条　为了保障企业职工在患病或非因工负伤期间的合法权益，根据《中华人民共和国劳动法》第二十六条、第二十九条规定，制定本规定。

第二条　医疗期是指企业职工因患病或非因工负伤停止工作治病休息不得解除劳动合同的时限。

第三条　企业职工因患病或非因工负伤，需要停止工作医疗时，根据本人实际参加工作年限和在本单位工作年限，给予 3 个月到 24 个月的医疗期：

（一）实际工作年限 10 年以下的，在本单位工作年限 5 年以下的为 3 个月；5 年以上的为 6 个月。

（二）实际工作年限 10 年以上的，在本单位工作年限 5 年以下的为 6 个月；5 年以上 10 年以下的为 9 个月；10 年以上 15 年以下的为 12 个月；15 年以上 20 年以下的为 18 个月；20 年以上的为 24 个月。

第四条　医疗期 3 个月的按 6 个月内累计病休时间计算；6 个月的按 12 个月内累计病休时间计算；9 个月的按 15 个月内累计病休时间计算；12 个月的按 18 个月内累计病休时间计算；18 个月的按 24 个月内累计病休时间计算；24 个月的按 30 个月内累计病休时间计算。

第五条　企业职工在医疗期内，其病假工资、医疗救济费和医疗待遇按照有关规定执行。

第六条　企业职工非因工负伤致残和经医生或医疗机构认定患有难以治疗的疾病，在医疗期内医疗终结，不能从事原工作，也不能从事用人单位另行安排的工作的，应当由劳动鉴定委员会参照工伤与职业病致残程度鉴定标准进行劳动能力的鉴定。被鉴定为一至四级的，应当退出劳动岗位，终止劳动关系，办理退休、退职手续，享受退休、退职待遇；被鉴定为五至十级的，医疗期内不得解除劳动合同。

第七条　企业职工非因工致残和经医生或医疗机构认定患有难以治疗的疾病，医疗期满，应当由劳动鉴定委员会参照工伤与职业病致残程度鉴定标准进行劳动能力的鉴定。被鉴定为一至四级的，应当退出劳动岗位，解除劳动关系，并办理退休、退职手续，享受退休、退职待遇。

第八条　医疗期满尚未痊愈者，被解除劳动合同的经济补偿问题按照有关规定执行。

第九条　本规定自 1995 年 1 月 1 日起实行。